本书出版受中国博士后科学基金资助项目

（Project funded by China Postdoctoral Science Foundation）资助

互联网新型金融诈骗犯罪研究

Research on Internet Financial Fraud Crimes

乔 远◎著

中国社会科学出版社

图书在版编目（CIP）数据

互联网新型金融诈骗犯罪研究／乔远著 . —北京：中国社会科学出版社，
2024.1

ISBN 978 – 7 – 5227 – 2391 – 4

Ⅰ . ①互… Ⅱ . ①乔… Ⅲ . ①互联网络—金融—诈骗—刑法—研究—
中国 Ⅳ . ①D924.364

中国国家版本馆 CIP 数据核字（2023）第 143879 号

出 版 人	赵剑英	
责任编辑	许 琳 姜雅雯	
责任校对	李 硕	
责任印制	郝美娜	

出 版	中国社会科学出版社	
社 址	北京鼓楼西大街甲 158 号	
邮 编	100720	
网 址	http://www.csspw.cn	
发 行 部	010 – 84083685	
门 市 部	010 – 84029450	
经 销	新华书店及其他书店	

印 刷	北京君升印刷有限公司	
装 订	廊坊市广阳区广增装订厂	
版 次	2024 年 1 月第 1 版	
印 次	2024 年 1 月第 1 次印刷	

开 本	710 × 1000 1/16	
印 张	19	
插 页	2	
字 数	283 千字	
定 价	118.00 元	

凡购买中国社会科学出版社图书，如有质量问题请与本社营销中心联系调换
电话：010 – 84083683

序　言

王　新[*]

　　欣闻乔远博士所著《互联网新型金融诈骗犯罪研究》新书付梓。她请我为之作序。我作为乔远博士在北京大学法学院攻读博士学位时的刑法学科组导师成员，很高兴看到她在学术研究道路上日就月将、识学逾跻，于是便欣然应允。

　　在当前互联网金融呈现出蓬勃发展的态势下，金融诈骗犯罪表现出向互联网渗透和迁移的趋势，涉网金融诈骗犯罪由此成为刑法规制的新难点。究其缘由，涉网金融诈骗犯罪借助作为工具手段的互联网，无论从外观上抑或是在本质上，与传统的金融诈骗犯罪相比，均显现出许多新的特征。在当今依法惩治金融犯罪成为刑法参与社会治理和化解重大金融风险的重要命题之大背景下，本书的出版正当其时，具有重要的实践价值，值得向全社会推广。

　　就体例安排而言，本书因循涉网新型金融诈骗犯罪的自身特征及其刑法应对之脉络，共分五章进行讨论。其中，前两章具有总论的性质，将涉网金融诈骗犯罪产生的新金融背景、刑法介入新金融市场的必要与限度、涉网新型金融诈骗犯罪的特征以及刑法应对的历史沿革进行了梳理与讨论。第三章将域外主要国家有关涉网金融诈骗刑法规制的经验进行了十分细致的论述，并对我国如何借鉴进行了分析。乔远博士在澳大利

---

　　* 北京大学法学院教授、博士生导师，学位委员会副主席，刑法学科召集人。国家检察官学院兼职教授。中国刑法学研究会常务理事、中国行为法学会金融法律行为研究会副会长。

亚、美国、日本等国都有过学习和工作的经历,海外经验较为丰富,能够对域外相关资料远溯博索,她在这方面的优势在本章节的写作上体现得十分明显。本书在第四章对我国涉网新型金融诈骗的相关数据与案例,进行了较为详尽的统计与分析,有助于我们对目前现状进行理解。在本书第五章,乔远博士论述了涉网新型金融诈骗刑法应对的基本逻辑。在她看来,刑法在应对不断发展的金融诈骗行为时,应注意考察金融诈骗行为背后的交易类型和法律关系。这一不囿于刑法而综合考虑刑法与其他部门法交错衔接的思路,对金融诈骗犯罪刑法应对相关理论与实践问题具有一定价值。

在仔细阅读书稿之后,我认为,本书的脉络清晰、结构紧凑,既能将域外经验结合我国实际形成本土策略,同时又言近旨远,能以平实的文字阐述较为复杂的理论,是不可多得的佳作。特别是乔远博士在攻读博士期间即开始研究金融犯罪,不仅在刑法研究方面颇有心得,还在金融法研究方面取得了可观的经验,并且在一定程度上做到了法律实践与理论的良性互动。因此,本书能够更全面、深入地探讨涉网新型金融诈骗的刑法规制问题。

我曾在2018年为乔远博士主编的《金融警戒线:证券刑事法律实务探析》一书作序,并鼓励其在金融犯罪相关研究不断深耕。如今,乔远博士的本部著作即将出版,作为她的老师,我深感欣慰。这本《涉网新型金融诈骗及其刑法规制》是她在毕业任教后对金融犯罪不断研究积累的阶段性学术成果,也是其学术生涯的另一个重要印记。我曾以乔远博士名字中的"远"字鼓励她在今后的学术征程中取得更为长远的成就。现在,我对她的期待仍未改变,希望她在未来能继续努力,具有新的超越,功不唐捐。

是为序。

谨识于北京大学法学院陈明楼

二零二三年五月

目　　录

引　言

金融诈骗犯罪由来已久，历经数百年，已在如今的互联网时代中呈现出新的特点，逐渐发展成为涉网新型金融诈骗。现实中，各类新型案件频发，尤其是近一两年来 P2P 融资诈骗、PE 集资诈骗极为猖獗。P2P 集资诈骗第一案（2014 年"东方创投"案）及之后出现的"E 租宝""中晋系"等一批全国性重大案件与从前的金融诈骗案件有明显差别。这类新型的金融诈骗犯罪利用新科技，将互联网作为诈骗的手段，较之前的诈骗犯罪行为而言危害更大、波及面更广。此类涉网新型金融诈骗犯罪行为在多数情况下，都附着在更为复杂的交易结构和权利义务分配之上，因此有着与传统金融诈骗犯罪不同的特征和刑事风险。相应地，其刑法应对逻辑也应与传统金融诈骗犯罪的刑法应对逻辑有所分别。

从立法角度看，两高一部于 2019 年 1 月 30 日印发实施了《关于办理非法集资刑事案件若干问题的意见》，这意味着我国刑法已经从立法层面对互联网金融背景下的新问题进行了回应。2021 年 2 月 10 日国务院发布《防范和处置非法集资条例》，对涉网新型金融诈骗中非法集资的相关行为作出了进一步的明确。因此，结合立法的新发展，讨论涉网新型金融诈骗及其刑法规制正当其时。从学术角度看，我国刑法中第三章第四节规定的"金融诈骗罪"，是对涉网新型金融诈骗刑法规制而言最为重要的制定法依据。如何在现有刑法规范的基础上理解和处置涉网新型金融诈骗犯罪，有助于从学术角度重新审视我国刑法规定的"金融诈骗罪"，尤其是作为财产要件的"经济的财产损失"及作为责任要件的"非法占有目的"，皆有值得商榷的空间。从实践角度看，对涉网新型金融诈骗犯罪进行系统研究，识别其背后的交易结构及风险，显然不仅利于应对已经发生的案件类型，对未来可能出现的新的案件类型之刑法应对，亦有相当程度的正面价值。

一　国内外相关研究的学术史梳理及研究动态

目前为止，针对金融诈骗犯罪本身的研究，学界取得了较为丰硕的成果，大致可以分为两类：第一类，以传统金融为讨论背景的、有关金融诈骗罪的宏观研究成果；第二类，较新的、针对金融诈骗罪行为的研究成果。在第一类研究中，国内典型的有，王新、张明楷、吴玉梅、杨小强、刘远等学者发表的成果；海外的这一类研究成果则集中出现在 20 世纪 90 年代初期，A. T. H. Smith，Calavita K.，Pontell H. N.，Tillman R. 等的著作中。本类研究成果对当时社会经济背景中所发生的金融诈骗及其刑法规制进行了研究，现今仍具有一定的指导意义。[①]

在第二类研究中，一部分主要针对的是前几年频繁出现的金融诈骗案件，少量案件与涉网金融诈骗有关；另一部分则开始触及涉网新型金融诈骗，尤其是近年来的 P2P 集资诈骗。例如，有学者针对 P2P 融资模式下非法集资的法律应对作了深入研究。针对比特币交易，也有学者对其中可能涉及的金融诈骗犯罪作出了分析。除使用传统教义法学研究方法对非法集资问题进行研究外，我国学者近两年也开始适

---

① 王新：《金融刑法导论》，北京大学出版社 1998 年版；张明楷：《诈骗罪与金融诈骗罪研究》，清华大学出版社 2006 年版；吴玉梅、杨小强：《中德金融诈骗罪比较研究——以行为模式和主观要素为视角》，《环球法律评论》2006 年第 6 期；刘远：《关于我国金融刑法立法模式的思考》，《法商研究》2006 年第 2 期；A. T. H. Smith，Property Offences，*The Protection of Property Through the Criminal Law*，London：Sweet & Maxwell，1994；Calavita K.，Pontell H. N.，Tillman R.，*Big Money Crime：Fraud and Politics in the Savings and Loan Crisis*，Los Angeles：University of California Press，1997.

用法学实证研究方法，取得了可贵的成就。①

　　在本书看来，我国刑法中有关金融诈骗罪的规定，虽然从表面上看起来较为精细，然而，其对目前正在发生的涉网新型金融诈骗犯罪的规制效果却不尽如人意，这种状况使我们不得不对我国刑法关于金融诈骗犯罪的现有规制方式进行反思。诚然，我国学者在反思的过程中已经取得了一定的成果，尤其是学者们在学习德日刑法之后，在一定程度上已经将法教义学的部分精髓纳入我国刑法之中。但在本书看来，至少对涉网新型金融诈骗犯罪的刑法规制而言，这种吸收和纳入尚有欠缺。在当今中国的社会背景下，涉网新型金融诈骗行为的发展，早已超出了教义法学学者在进行历史归纳、构筑有关传统诈骗罪古典理论时所能遥想的极限。由于现实中的传统诈骗罪具有传统的本质和稳定的样态，因此刑法教义学从个案中寻找并总结出的规律在其应对上游刃有余，但若仍仅凭套用传统诈骗罪的模式，以期解决所有不断变化的涉网新型金融犯罪，却极易力不从心。因此，本书将试图重构上述我国学界目前有关金融诈骗犯罪刑法规制的理论，结合国外有关涉网新型金融诈骗罪的刑法规制研究，讨论我国刑法应如何应对互联网时代中涉网新型金融诈骗犯罪行为的问题。

---

　　①　限于篇幅，本书无法穷尽学者们研究金融诈骗与涉网新型金融诈骗时取得的成就，仅列明付梓之时笔者尽己所能收集到的、对本书影响较大的文献。王新：《指导性案例对网络非法集资犯罪的界定》，《政法论丛》2021 年第 1 期；高艳东：《诈骗罪与集资诈骗罪的规范超越：吴英案的罪与罚》，《中外法学》2012 年第 2 期；彭冰：《非法集资行为的界定——评最高人民法院关于非法集资的司法解释》，《法学家》2011 年第 6 期；彭冰：《P2P网贷与非法集资》，《金融监管研究》2014 年第 6 期；肖怡：《我国 P2P 网贷平台触及非法集资犯罪红线的研究》，《法学杂志》2019 年第 1 期；邓建鹏：《ICO 非法集资问题的法学思考》，《暨南学报》（哲学社会科学版）2018 年第 8 期；刘磊、朱一鸣：《民间融资与非法集资关联度实证研究》，《金融理论与实践》2015 年第 12 期；陈伟、郑自飞：《非法吸收公众存款罪的三维限缩——基于浙江省 2013—2016 年 397 个判决样本的实证分析》，《昆明理工大学学报》（社会科学版）2017 年第 6 期；叶良方：《P2P 网贷平台刑法规制的实证分析：以 104 份刑事裁判文书为样本》，《辽宁大学学报》（社会科学版）2018 年第 1 期等。

二 研究的主要内容和方法

（一）主要研究内容

1. 分析涉网新型金融诈骗犯罪的特征，重构其刑法规制的理论基础

目前，我国出现的新型金融犯罪主要呈现出涉网性、权义结构复杂性和高风险性等特征。具体而言，我国近年出现的涉网新型金融诈骗犯罪往往将互联网作为其手段，波及面广、危害性强。同时，涉网新型金融诈骗犯罪的权利义务结构复杂，不仅出现了多方交易主体，形成了"棋盘式"的复杂局面，更有除行为人和受害方之外的第三方充当帮助角色。在本书看来，我国刑法对金融诈骗罪的现有规定在适用上存在困难，主要原因在于传统的对诈骗的分析无法应对涉网新型金融诈骗犯罪的行为特征。金融行业中存在的涉网新型金融诈骗行为与传统生活中的诈骗行为，以及刑法教义学者多年前假想中的金融诈骗行为相比，存在着巨大的区别。因此，应结合涉网新型金融诈骗犯罪行为的特征，重构其刑法规制的理论根基。

（1）传统诈骗罪与涉网新型金融诈骗罪所针对的交易类型不同。因为主体的假设不同，传统诈骗罪与涉网新型金融诈骗罪相关的交易类型也存在差异。传统诈骗罪所针对的交易类型中，受害方是零散存在的，而涉网新型金融诈骗罪所针对的交易类型中，受害方是集中的。因为金融管制的存在，金融机构的数量总是有限的。传统诈骗罪所针对的交易是偶然发生的，如果没有诈骗的发生，交易可能根本不会发生，即受害人根本不会产生交易意图；而在涉网新型金融诈骗犯罪中，交易是批量化存在的，即使没有诈骗的存在，交易也会发生，只不过是交易的对象不同而已。因此，从根本上说，传统诈骗罪所虚拟的交易是偶然、间或性发生的；而涉网新型金融诈骗犯罪中，交易是格式化、普遍化、规模化的。加之新型金融诈骗罪犯往往使用互联网及高新科技，这使得其普遍化和规模化的特征更为突出，刑法对其应对的方式也理应有所不同。

（2）传统诈骗罪所模拟的主体是弱势且缺乏相关专业知识的民事

生活主体，而涉网新型金融诈骗所模拟的主体应当是"强且智"的商事生活主体。此外，涉网新型金融诈骗罪中，往往涉及除交易双方之外的第三方，这与传统诈骗罪所模拟的主体区别很大。虽然刑法中并没有因为主体参与生活的不同而对其有所区分，但是刑法毕竟是最后的制裁手段，刑事法律关系大多与其他法律关系有所交叉。传统诈骗罪所针对的是，在日常民事法律行为中为了骗取财物，使交易对方产生错误认识，从而作出处分行为的交易方式。而涉网新型金融诈骗罪所针对的是金融交易中的诈骗活动，交易的参与一方，即银行及其他金融机构，属于金融市场中的融资提供者，显然与传统诈骗罪的主体假设不同。新型金融诈骗又往往不止涉及一方主体，因而如何从刑法的角度处理多方主体的不法行为及其关系，也是本书将要研究的内容。

2. 与域外刑法的比较及对案例法的借鉴

自清末变法以来，我国便是地地道道的继受法国家。对于像我国这样的法制后进国家来说，转录与摹写国外的先进经验并结合本国国情与实际进行在地化转化，的确是不得不然的选择。对涉网新型金融诈骗的刑法规制而言，我们可喜地看到，我国法教义学者就相关问题进行了有益地探索，并敏锐地指出了我国刑法在处理本问题时已经遇到或可能遇到的问题。继续的方向之一，当然可以是就此问题在教义学的语境下进行研究，并同时对德日刑法进行借鉴。与此同时，我们不能否认，另一可行的途径便是对英美刑法的借鉴。就本书所要探讨的核心主题而言，域外的立法、案例与实践经验能为我国提供诸多有益的启示。现代金融业最早起源于英美，英美国家对于金融诈骗行为的刑法规制早已进行了富有成效地探索，适用刑法对其进行规制也经历了符合社会经济发展规律的转变过程。英美刑法对金融诈骗相关罪名的适用、对金融诈骗行为的刑法规制因在很大程度上依赖大量案例，故较刑法教义学更为灵活。若教义学在研究、借鉴德日刑法的同时，能详细分析英美国家适用刑法，尤其是适用其规制涉网金融诈骗犯罪行为的历史与现状，并且结合我国刑法中涉网新型金融诈骗罪的应对不足等问题展开分析，则可为未来我国金融诈骗罪的修法及涉网新型金融诈骗行为的规制提供重要参考样本。

3. 从财产保护到风险防控：未来涉网新型金融诈骗犯罪刑法规制的转向

涉网新型金融诈骗犯罪的刑法规制本质上与传统的诈骗犯罪有着巨大差异，其法律所保护的法益与风险承担不同。传统诈骗罪所保护的法益为当事人的合法财产，但是我们可以进一步追问，不同诈骗行为所侵犯的同为合法财产，但法律对其保护为何不同？从刑法的角度看，这种情况出现的根本原因，在于交易中存在不同的风险承担和分配。存在交易就会存在风险，对合法财产的保护，并非完全否认风险的存在，而只是在于风险的披露与发现。从这个角度来看，传统诈骗之所以入罪，就是在于其通过欺骗的手段，给受害者带来了超出可被容忍的风险：财产损失。而金融交易，本身即属于投资行为，具有高风险性。如果采取欺骗的手段，使得金融机构在合理的限度内无法发现欺骗手段的存在，则会给其带来过度的风险，进而可能超出社会的容忍程度，因而成为入罪化的标准。涉网新型金融诈骗犯罪，通过对互联网和高科技手段的运用，更进一步地扩大了其负面影响，带来了更大的风险。而在我国刑法目前规定的金融诈骗罪中，除信用证诈骗罪外，其余同普通诈骗罪一样都采取"重结果"的入罪模式，将"数额较大"作为入罪前提的做法。在本书看来这无法契合涉网新型金融交易中风险的分配，更无法应对新型金融诈骗罪的行为特征。因而，本书在考虑涉网新型金融诈骗犯罪所涉及的交易风险之基础上，探讨未来我国对涉网新型金融诈骗犯罪刑法规制的转向问题。

（二）研究的重点、难点及创新点

第一，由于本书所研究的涉网新型金融诈骗犯罪之刑法规制问题本身较新颖，学界几乎没有相关研究的成型成果。因此，对我国涉网新型金融诈骗犯罪进行分类，依据其交易类型的不同，对其刑法规制进行研究，是本书的重点难点，同时也是首要创新点。第二，我国刑法与其他国家刑法之间必然存在法律移植上的障碍。本书详述英、美、德、日四个国家应对新型金融诈骗犯罪的相关经验，并讨论如何在立足本土金融制度的前提下，对其进行利弊权衡并加以借鉴，以解决我国的具体问题，这也是本书的重难点及创新点之一。

（三）研究思路与方法

笔者主要采用比较分析及案例分析的方法，力图做到理论与实践结合，不但考察国内的学术状况，而且对国外的有关资料也进行透彻地研究，主要采用了：第一，比较分析法。英、美、德、日四国和我国针对涉网新型金融犯罪都有不同的立法及措施，其中经过实践检验的国外做法具有一定的借鉴意义，因此笔者着重考察了国外相关研究者对于这个问题的看法和态度。第二，案例分析法。本书已收集近30年来国内外关于金融犯罪的多个案例，并对其作出了分析。与此同时，在域外涉网新型金融诈骗一章中，尤其是英美部分，也引用并分析了大量案例。

三　研究的主要结构与逻辑

本书一共分为五章，第一章为本书的概述部分。首先，介绍和讨论涉网新型金融诈骗罪所依托的新金融（互联网金融）背景，以及在该语境下的金融风险。在此基础上，讨论刑法介入新金融市场的必要性。其次，由于我国涉网新型金融诈骗犯罪是由传统金融诈骗犯罪发展而来的，因而在探讨传统金融诈骗犯罪的基础上，又对我国涉网新型金融诈骗犯罪的新特征作出总结。

第二章主要介绍涉网新型金融诈骗犯罪的刑法规制历史、现状及目前面临的挑战。我国自1995年6月30日第八届全国人大常委会第十四次会议颁布《关于惩治破坏金融秩序罪的决定》后便对金融诈骗作出了较为详尽的规定，形成了目前我国规制涉网新型金融诈骗犯罪的雏形。1997年刑法对金融诈骗犯罪的规定相比于1979年刑法中的规定更为完善。互联网的发展丰富了金融诈骗犯罪的形态，原有的金融诈骗犯罪的规制难以完全约束新型多变的犯罪形态，因此需要相应的司法解释和政策文件对此作出解释和补充。我国刑法在这一背景下，开始积极应对涉网新型金融诈骗，尤其是P2P融资模式的兴起，刑法在相关集资犯罪行为的规制上所作出的积极回应，便是在一定程度上考虑到了其"涉网"特性。然而，目前金融诈骗罪立法及入罪模式仍对我国刑法的涉网新型金融诈骗犯罪之规制带来了挑战。

第三章主要介绍和分析美、英、德、日四国刑法对涉网新型金融诈骗规制的历史与现状。在总结各国刑法规制经验的基础上，讨论我国在这一问题上对其进行借鉴的可能及重点。本部分引用了大量外文资料及案例，十分详尽地分析了上述四国应对本国金融诈骗及涉网新型金融诈骗的相关立法及经验。

第四章对我国涉网新型金融诈骗现状作出基于案例和数据的分析。目前而言，我国的涉网新型金融诈骗犯罪行为主要是在 P2P 模式之下实施的各种金融诈骗行为，如直接利用互联网进行虚假融资、利用互联网进行外汇或虚拟货币交易、采取互联网返利传销模式实施的金融诈骗以及融合型涉网新型金融诈骗犯罪行为等，另有互联网支付催生的新的犯罪类型。此外，尽管非法吸收公众存款的犯罪行为和侵犯公民个人信息的犯罪行为并非真正意义上的涉网新型金融诈骗犯罪，但由于二者与涉网新型金融诈骗紧密相关，因此在本部分也对其作出分析。

第五章探讨我国涉网新型金融诈骗犯罪的刑法应对问题。在本书看来，基于不同的互联网金融交易结构，各种类型的涉网新型金融诈骗行为都具有相异性明显的特征。相应地，刑法也应对其有不同的规制逻辑，本章前四节便从这一角度展开。实践中，由行为人所实施的不同种类的涉网新型金融诈骗犯罪行为多依托公司的形式展开，因此对相关犯罪行为的规制逻辑也必然与互联网平台或公司的"设立"阶段与"运营"阶段相对应。而在不同的阶段中，相关涉网新型金融诈骗的交易模式不同，其刑事风险的成因与表现也各不相同，故应在对此有清晰理解的基础上讨论其刑法应对问题。从涉网新型金融诈骗刑法规制的角度看，与涉网新型金融诈骗犯罪行为相伴而生的侵犯公民个人信息的犯罪行为，会带来极大的金融安全风险。尽管对涉网新型金融诈骗而言，这种风险更多的是一种衍生性风险，但不能否认其危害性。

我国刑法中规定的"金融诈骗罪"，是规制涉网新型金融诈骗的主要制定法依据，因此从理论的角度讨论该罪是不可或缺的一环。事实上，我国"金融诈骗罪"本身的构成要件有诸多可供商榷之处。其中，作为财产要件的"经济的财产损失"及作为责任要件的"非法占有目的"最值得被关注。本章第六节对这两个要件的重构问题进行了学术上的探讨。本章第七节主要讨论有关涉网金融诈骗刑法规制的其他问题，包括分类监管模式的启示、不作为金融诈骗犯罪问题及增设计算机诈骗罪的可行性。

结论部分，重申了本书的主要观点，并在此基础上对我国未来涉网新型金融诈骗的刑法规制作出展望。

第一章　涉网新型金融诈骗罪
及刑法应对概述

金融是现代经济的核心，金融秩序的稳定和良性发展对社会的稳定与发展起着关键作用，因而各国皆将其作为法律保护的重点。[1]以银行为核心的金融行业天然地需要聚集资金，因而在现实中往往成为不法分子的窥觎对象。[2]在金融领域中，金融诈骗是常见的不法行为之一。[3]随着经济的发展和金融业务的不断扩张，金融诈骗行为在实践中不断翻新花样，对合法资金的侵害往往十分严重。同时，这些金融诈骗行为常常还可能对金融秩序造成严重破坏，甚至引发金融风险。正因如此，世界上几乎所有的国家都动用了刑法这一最为严厉的手段对金融诈骗及涉网金融诈骗进行规制。在我国，刑法中专门规定了"金融诈骗罪"对其进行规制。在传统金融逐渐转向互联网金融的进程中，金融犯罪行为也逐渐呈现出了新的特点。一方面，传统的金融诈骗犯罪因互联网的发展而展现出新的特征；另一方面，互联网金融也催生出了新型的涉网新型金融诈骗犯罪。与之相对的，传统的刑法规

---

[1]　R. Rajesh, T. Sivagnanasithi, *Banking Theory: Law and Practice*, New Delhi: Tata McGraw-Hill Publishing Company Limited, 2009, p. 2; Cliford Gomez, *Banking and Finance: Theory, Law and Practice*, New Delhi: Asoke K. Ghosh, PHI Learning Private Limited, 2011, p. 19.

[2]　王新：《金融刑法导论》，北京大学出版社1998年版，第120页。

[3]　Gorge Staple, "Serious and Complex Fraud", *The Mordent Law Review*, Vol. 56, No. 2, 1993, p. 127ff.; Howard Jones, "The Investigation of International Fraud: Policing Perspectives", *Commonwealth Law Bulletin*, Vol. 18, 1992, p. 1527ff.; Joseph J. Norton and George Walker (eds), *Banks: Fraud and Crime (the 2nd edition)*, London: LLP Professional Publishing, 2000.

制模式在应对时便出现了一些无法被忽视的问题，值得深入讨论。

第一节　新金融语境下的金融风险及刑法应对之可能

一　金融与新金融

所谓金融，是指以信用为基础的货币流通及货币资金融通的一切经济活动。①金融是社会经济的核心，而金融秩序的稳定则对社会经济的稳定和发展起着决定性的作用。②金融本身的流通及融通资金的功能意味着其能通过调动引导资金的方式促进投资与生产，从而在很大程度上促进社会经济的发展。反过来，蓬勃发展的经济也意味着市场对金融服务的依赖与需求。因而不难看到，在经济发展迅速的国家与地区，其金融行业一般也是发展迅速的。传统的金融理论认为，一般而言，金融在现代经济社会中是作为先导产业出现的，建立在"中介"作用基础上的先导作用，主要体现在金融产业可以通过对货币币值、利率、资本乃至信息进行支配。③

新金融（学界亦称"互联网金融"）这一概念自从被提出以来，便广受学界及业界关注。④2015 年 7 月，党中央、国务院批准发布的《关于促进互联网金融健康发展的指导意见》，明确了互联网金融是一种不同于银行、证券与保险的"新型金融业务模式"，认为互联网金融包括互联网支付、网络借贷、股权众筹融资、互联网基金销售、互联网保险、互联网信托和互联网消费金融等主要业态。目前我国学者们都广泛认同新金融业务由于采用了互联网及新科技，因而较传统

---

① 黄达：《金融学》，中国人民大学出版社 2017 年版，第 7 页。

② Robert J. Shiller, Walter Dixon, et al., *Finance and the Good Society*, Princeton：Princeton University Press, 2012.

③ 曾康霖、虞群娥：《当代金融业的定位与发展》，《金融理论与实践》2001 年第 5 期。

④ 谢平、邹传伟、刘海二：《互联网金融模式研究》，《金融研究》2012 年第 12 期。

金融而言有颠覆性的发展。[①]实践中，作为新业态的互联网金融在中央的大力扶持下，于近年来也如火如荼地展开。一方面，大规模的互联网公司开始进入金融领域，在互联网支付行业中颇有建树；另一方面，传统的金融机构也开始积极拓展互联网业务。与此同时，大量互联网金融机构借助互联网带来的便利涌入新型的金融业态。例如，各种形式的 P2P 网上借贷业务便是其中之一，十分引人注目。

一般认为，新金融（也称互联网金融）"是一个谱系概念，涵盖因为互联网技术和互联网精神的影响，从传统银行、证券、保险、交易所等金融中介和市场，到瓦尔拉斯一般均衡对应的无金融中介或市场情形之间的所有金融交易和组织形式"[②]。互联网金融下，互联网本身便可以被看作是金融市场，而并非简单的辅助工具或平台。在互联网的作用下，传统金融交易成本大幅降低，信息不对称性显著弱化，对交易风险进行定价与管理的效率也大大增加，这使得互联网金融与传统金融有着显著的不同。同时，互联网天然地可以将多个交易主体连接在一起，形成复杂的交易生态系统，因而其本身便可被定义为金融市场。

具体而言，新金融（互联网金融）的核心特征[③]可被总结为以下几点：

第一，互联网金融较传统金融而言，其交易成本大大降低。在代替传统金融所必需的物理网点及人工服务的基础上，互联网大幅优化了金融交易的运营方式，并且缩短了融资链条，从而降低了金融交易成本。

第二，互联网金融中信息不对称的程度降低。大数据广泛应用于不同的金融领域内，使得各个领域的信息不对称情况显著降低。

---

① 李扬、王国刚主编：《中国金融发展报告（2014）》，社会科学文献出版社 2014 年版；吴晓求：《中国资本市场研究报告（2014）——互联网金融：理论与现实》，北京大学出版社 2014 年版。

② 谢平、邹传伟、刘海二：《互联网金融的基础理论》，《金融研究》2015 年第 8 期。

③ 有关互联网金融的特征，参见谢平、邹传伟、刘海二《互联网金融的基础理论》，《金融研究》2015 年第 8 期。

例如，在信贷领域中，由于不同主体都可以通过互联网有效得知交易相关主体的信用状况，从而降低违约率。在证券市场中，互联网金融交易中的投资者可以进行有效互动，其信息也会得到较之前更为高效的传播，从而带来个体与群体之间的更为有效的相互影响，使其具有行为金融学所描述的特征。[①]与此同时，在互联网金融的语境之下，通过大数据的运用，证券市场中的交易进一步透明，逐渐接近有效市场假说所描述的状态。[②]而在保险领域中，互联网介入的保险交易能够通过大数据的运用，准确测算违约率，实现个体差异化定价。

第三，互联网金融交易是典型的去中介化交易，这一特征也会影响各个金融领域。就信贷领域而言，互联网金融的去中介化有助于匹配贷款需求及投资需求（尤其是个人与小微企业等主体的需求），从而成为传统金融的重要补充，近年来的 P2P 网贷平台便是其例。就证券市场而言，去中介化会在很大程度上降低交易对证券公司的依赖。同时，企业作为融资者可以灵活运用包括股票在内的各种资本工具，而投资者也可以因此拥有更多样及更及时的投资方式。就保险领域而言，通过互联网实现的去中介化的交易，会催生新的保险模式，例如对特定成员完全透明而不需经过保险公司作为中介的"众人保险"模式。[③]除此之外，新金融去中介化的特点还催生了区块链及相关交易的产生。

第四，互联网金融语境下，产生了新的交易模式，交易可能性集合拓展。近年来实践中常见的新型互联网理财、P2P 网贷等皆为其例。

第五，互联网金融带来支付领域的变革及各种传统金融产品的电

---

① 有关行为金融学描述的群体与个体之特征，参见 Shefrin H. and M. Statman, "Behavioral Capital Asset Pricing Theory", *The Journal of Financial and Quantitative Analysis*, Vol. 29, No. 3, 1994, pp. 323 – 349。

② 有关有效市场假说，参见 Fama E., Fisher L., Jensen M. and Roll R., "The Adjustment of Stock Prices to New Information", *International Economic Review*, Vol. 10, No. 1, 1996, pp. 1 – 21。

③ 王和：《大数据时代保险变革研究》，中国金融出版社 2014 年版。

子货币化。新金融以网上支付为基础，使支付成本乃至交易成本都大大降低，带来了支付领域的变革。支付宝、微信支付的普及便是典型的例子。在电子支付的基础上，多种传统金融已经或者可能被货币化。[①]"余额宝"便是依托传统的金融产品（货币基金）及电子支付而电子货币化的典型例子。

第六，新金融背景下，原本界限明晰的银行、证券、保险三大领域之边界逐渐模糊，业务不断混同。不仅如此，金融领域与其他非金融领域之间的界限也在不断被打破。

二 新金融语境下的金融风险

金融在现代经济社会中是作为风险产业出现的。其原因主要在于，包括银行在内的绝大多数金融机构都是以"信用"为基础运营的，较其他行业中的机构组织，其负债比、资本充足率及杠杆率都是极高的。这意味着，金融机构能够通过较小的资本控制巨大的资产规模。这对其繁荣和发展大有裨益，但同时也意味着极高的风险。与此同时，金融行业的门槛较高，是典型的知识密集型产业，这意味着相关的风险检测与防控需要特定的人来完成，客观上较其他行业而言难度更大。

在新金融的视域中，金融风险仍然是其最基本的特征与要素。较传统金融而言，在保有传统金融风险的前提下，新金融又在很大程度上扩大了传统金融的风险。新金融依托于互联网的本质，使金融市场资金融通的速度和效率都有大幅度的提升，并且使传统金融的价格发现功能有了质的飞跃。但与此同时，这一特质也加速了金融风险的传递。传统金融行业的风险，例如，信用风险、法律风险等并未消失，反倒可能因为互联网及大数据发展不够完善得到进一步加剧，若金融市场主体在高杠杆的情况下实施交易，很容易产生包括流动性风险在内的种种风险。

互联网金融市场广泛吸收中小型投资者，并对传统金融中的大额

---

① 谢平、石午光：《金融产品货币化的理论探索》，《国际金融研究》2016 年第 2 期。

金融资产进行分割，形成大量小额金融资产，并将其与广大融资者进行匹配。因此，传统金融中无法覆盖到的多种主题，例如，初创企业、新兴行业中的中小规模企业，乃至社会大众等，都被纳入到了金融交易之中，①也使金融风险以极快的速度扩散及下沉到了广大金融主体之间。同时，新金融还使得传统金融下许多不可能的交易变为可能，并拓宽了交易的边界，这使得之前传统金融无法覆盖的主体得以被覆盖。对于这些欠缺基础金融知识的主体而言，其便被这样暴露在了金融风险之中，很容易受到金融风险的影响。另外，由于这部分主体数量巨大，还容易引发社会风险。

　　较传统金融而言，互联网金融不仅加深了原有的金融风险，而且还衍生出了其他形式的多种金融风险。②例如，由于互联网较传统的金融中介而言极为高效，这导致非理性投资者在信息不对称的情况下极易受到误导，甚至导致市场信号错误等系统性风险。新兴的交易方式对技术的依赖度较高，例如，P2P、互联网股权众筹等交易模式都对相关技术有着很强的依赖性，这衍生出了与传统金融交易模式之下完全不同的技术风险，其中最主要的是信息安全风险及由此衍生出的公民信息和隐私安全风险。

　　总之，新金融与传统金融相比，呈现出完全不同的样貌，勾画出完全不同的图景。新金融的新变化、新特征及其带来的新风险不仅会影响金融行业本身，对本书讨论的涉网新型金融犯罪问题也有着直接而深远的影响。应当承认，在我国现有的金融市场分业监管模式之下，互联网金融交易主体极易通过该监管模式套利，同时逃避我国法律法规的规制与监管。近年来频发的利用互联网非法集资的刑事案件便是这种情况的极端体现之一。刑法规定的一系列罪名，尤其是本书关注的金融诈骗罪，便为互联网金融交易设定了法律底线。

---

① 谢平、邹传伟：《互联网金融模式研究》，《金融研究》2012 年第 2 期。
② 杨东：《互联网金融风险规制路径》，《中国法学》2015 年第 3 期。

三 刑法介入新金融市场的必要与限度

长久以来，刑法都是维持金融法治秩序的利器之一，我们似乎也早已习惯适用刑法解决金融市场中出现的问题。然而，这不代表刑法被适用的合理与必然。刑法是否有必要介入金融乃至互联网金融市场仍值得讨论，其介入的限度也有必要引起我们的重视。

一般而言，金融市场法治的秩序之需求，是刑法介入新金融市场的必要性依据。理论上，互联网金融交易较传统金融交易而言，市场被进一步分散与下沉。与此同时，尽管新金融背景下信息不对称的情况较传统金融市场得到了大幅度改善，但这种信息的不对称却无法被完全消除。因此，必须建立一套具有一定普适性的，用以平衡交易主体行为、保障交易自由的规则体系。其中，最为有效的规则体系便是相关的法律体系，而刑法作为其中最为严厉的规则，是维护金融市场秩序的最后一道防线。

然而，刑法在规制互联网金融市场、介入互联网金融交易时必须恪守谦抑，保持一定的限度。刑法在维持金融市场秩序时的确不失为一种严厉且高效的方式，但这种高效应当尊重市场的价值内核，即经济效益。互联网金融市场运行的核心目标便是创造经济效益，甚至可以说，维护市场秩序的最终目标也是保障市场能够充满活力以创造经济效益。这决定了刑法在介入互联网金融市场时，应当秉持其边界，尤其是罪刑法定原则所划定的边界。与此同时，金融市场，尤其是新金融市场不同于其他领域的重要特征之一便是其风险性。应当承认，"风险"在金融的语境中是一个中性词，低风险固然安全，但也意味着低回报。刑法介入金融市场、维持金融秩序、保障金融安全的作用，从本质上讲便是一种降低风险的做法。因此，刑法在介入之时不应试图抹杀所有风险，而应当尊重市场规律，允许一定的风险存在。互联网金融市场的特征也决定了传统的强监管思路和刑法规制方式未必能起到有效规制的效果，反而有可能加剧不法行为发生的数量和频次。

总之，与传统金融一样，刑法应当、也有必要介入新金融市场，以维持市场秩序，保障交易安全，然而，刑法在介入之时应注意其限度。互联网赋予金融以新的特征，同时也使刑法介入的方式有了更多可能。大数据的普及和运用使得执法者能够更准确地掌握金融市场主体的行为，使其在规制之时更加容易。在这种情况下，刑法介入的边界就更为重要，尤其是对新金融市场中出现的种种新型交易，刑法应保持谦抑态度，首先应考虑的是主体间的交易自由与平等，而非传统金融市场中建立起来的秩序。无论如何，刑法应当也只能是最后的选择，而不能作为规制市场的首先工具。

第二节　我国涉网新型金融诈骗犯罪及其特征

一　金融诈骗犯罪概述

金融诈骗犯罪是典型的金融犯罪。金融犯罪这一术语，虽然在我国刑法学术研究及司法实践中十分常见，但却不是一个纯粹的刑法概念。常见的类似表述还包括：破坏金融秩序犯罪[①]、侵犯金融管理制度犯罪[②]等。而"金融犯罪"这一表述，事实上是由立法者最先使用的。早在 1997 年 3 月 6 日，全国人大常委会副委员长王汉斌所作的《关于〈中华人民共和国刑法〉（修订草案）的说明》中，便使用了金融犯罪这个概念，随后被广泛使用。金融诈骗罪是刑法分则明文规定的一节犯罪，作为金融犯罪中的高发犯罪类型，当诈骗行为发生在金融领域时，一般则应适用作为诈骗罪的特别法条的金融诈骗罪。[③]

尽管我国学者的主流观点对金融诈骗罪的理解纷繁复杂，但这些理解无不肯定了对金融诈骗进行刑法规制之重要性。例如，白建军教授认为，金融诈骗罪是"为了骗取财产或银行信用而恶意利用来自被

---

① 如 1995 年 6 月 30 日第八届全国人大常委会第十四次会议颁布的《关于惩治破坏金融秩序罪的决定》，便采用了"惩治破坏金融秩序罪"这一术语。

② 20 世纪 90 年代的学术著作中，有学者使用了这种表述，如，陈兴良主编：《经济刑法学》（各论），中国社会科学出版社 1990 年版。其余的表述还包括：危害金融犯罪等。

③ 张明楷：《诈骗罪与金融诈骗罪研究》，清华大学出版社 2006 年版，第 317 页及以下。

害人的弱点，通过虚构事实、隐瞒真相的各种方法，使金融机构或开户单位、个人陷入认识错误，自动向诈骗犯交付财产或者提供银行信用的行为"①。陈兴良教授认为，"金融诈骗罪是指在金融领域内，以非法占有为目的，采取虚构事实或隐瞒真相的欺诈方法，骗取银行或其它金融机构的贷款、保险金或者进行非法集资、金融票据诈骗和信用证、信用卡诈骗，数额较大的行为。"② 当然，还有学者将金融诈骗罪定义为，"以非法占有为目的，采取法定的虚构事实或隐瞒真相的方式，进行集资、贷款、金融票据、金融凭证、信用卡、保险、有价证券诈骗，数额较大，或者进行信用证诈骗的行为"③等。④

不难看出，在对金融诈骗犯罪的理解中，学者都将针对或通过银行及其他金融机构实施的诈骗行为作为主要的规制对象。从另一个角度看，这正好也说明了传统金融诈骗犯罪最为典型的特征：针对或通过银行等金融机构实施。从刑法规制看，传统金融诈骗犯罪的这一特征体现在其所侵害的法益及其不法两个层面上。

传统金融诈骗犯罪是典型的侵犯以银行等金融机构为中心的金融秩序的犯罪。与其他经济犯罪不同，从表面上看，金融诈骗犯罪是通过使用包括货币、外汇、金融票证或各种虚假文书等方式实施的诈骗行为；但从实质上看，其侵犯的是金融市场赖以存在与发展的以银行及传统金融机构为核心而建立起来的金融秩序。应当承认，金融市场作为市场经济的重要组成部分，只有建立健全金融秩序，才能保证市场主体之间的公平竞争，维护市场活动的正常有序进行。具体而言，金融秩序包括主体行为秩序、机制秩序及市场规则秩序三个方面，分别作为金融市场的肌肉、骨骼与神经有机地构

---

① 白建军：《金融欺诈及预防》，中国法制出版社 1994 年版，第 2 页。
② 陈兴良：《刑法疏议》，中国人民公安大学出版社 1997 年版，第 333 页。
③ 赵秉志：《论金融诈骗罪的概念和特征》，《国家检察官学院学报》2002 年第 1 期。
④ 其他有关金融诈骗之定义文献，还可参见马克昌《金融诈骗罪若干问题研究》，《人民检察》2009 年第 1 期；刘远《金融诈骗罪研究》，中国人民大学出版社 1999 年版；赵秉志《金融诈骗罪新论》，人民法院出版社 2001 年版；舒慧明主编《中国金融刑法学》，中国人民公安大学出版社 1997 年版，第 258 页。

成了完整的金融秩序。①

申言之，金融诈骗犯罪对金融秩序的侵害，也分别表现在对这三个秩序的侵害上。首先，传统金融诈骗犯罪严重侵害了金融市场主体秩序。众所周知，金融市场主体主要包括个人和机构两类。而无论是个人抑或机构，逐利都是其本性。逐利本身并无原罪，然而逐利应该以秩序为前提。与此同时，亦应考虑资源合理配置及主体多样性等因素。因而，保障金融市场主体秩序不受侵害，对保障金融市场主体之规范活动与运营具有显而易见的价值与意义。其次，传统金融诈骗犯罪严重侵害了金融市场的机制秩序。金融市场在主体参与的前提下，有其内在运行机制，破坏这种机制会使金融市场无法正常运行。举例而言，信用证作为金融市场常用的交易工具，在个人或机构主体参与的前提下，很多时候都通过银行和信用承担着资金跨境流转的功用，而这一机制若被信用证诈骗行为所侵害，信用证的资金跨境流转作用就会大打折扣。因此传统的金融犯罪刑事立法中将这种行为规定为犯罪行为，对行为人予以刑事处罚，通过保障以信用证为核心形成的机制，进而保障金融市场的正常运行。最后，传统金融诈骗严重侵害了金融市场的规则秩序。前述金融市场的主体与机制秩序，事实上最后都集中体现在其规则秩序之中。遵循金融市场规则秩序，实现金融市场秩序化对金融市场的稳定与发展而言，具有决定其是否能正常运转的重要作用。因此，金融诈骗犯罪对金融市场规则秩序的侵害亦会导致金融市场发展过程中种种不稳定现象的产生，甚至影响金融安全。

二 涉网新型金融诈骗犯罪的特征

在新金融的语境下，互联网并非处于辅助地位的技术平台或单纯工具，而是会使大量金融交易模式发生根本性变化。主流观点认为，这些变化主要集中在三个领域：第一，作为金融基础设施的支付方式在新金融背景下与传统金融完全不同，将大大影响金融活动之形态；

---

① 王新：《金融刑法导论》，北京大学出版社 1998 年版；何炼成、邹东涛主编：《中国市场经济发展的无序与有序》，西北大学出版社 1993 年版，第 39 页。

第二，信息处理是新金融模式的核心内容，它作为新金融模式下资源配置的基础，与传统金融模式下的信息处理方式具有重大差别；第三，作为金融之根本目标的资源配置，在新金融模式下与传统金融亦有不同。[①]在本书看来，从支付、信息处理和资源配置这三个角度观察到的新金融行为都具有不同于彼此的行为模式，因而可以作为对新金融犯罪行为进行类型化研究及分析其刑法应对的基础。

（一）新金融交易模式催生了互联网金融犯罪的新特征

作为金融基础设施的支付方式的变化意味着金融活动形态的变化。在传统的金融模式下，支付主要通过现金或银行等方式完成；而在新金融交易模式下，支付是以第三方移动支付为基础完成的，所以该领域内的多数金融犯罪都是围绕第三方展开的，这直接改变了我国现有刑法中许多金融犯罪罪名的预设场景。在现有刑法的预设中，多数金融犯罪相关罪名并不关注支付平台作为责任主体的可能性，但在新金融的背景下，刑法却不可能不关注第三方。第三方支付平台或作为金融犯罪之工具被利用，或自身涉及犯罪，将是常态。尤其是在平台自身涉刑的情况下，传统共犯理论往往不足以解决问题，这时我们便需要进一步讨论刑法介入的前提和方式。互联网货币问题也是如此。互联网货币严格意义上讲是第三方货币，它完全游离于监管之外，创设了许多全新的刑事风险，这就需要我们思考完全不同于传统的新的刑法应对方式。

（二）信息处理作为涉网新型金融诈骗的新焦点

信息处理是新金融模式的核心内容。在信息处理领域中，传统的金融模式下信息或由持有者出售给资金供应者（如，评级机构便是典型的依靠有偿出售信息获利），或由政府强制要求披露（如，针对上市公司的强制披露监管）。然而在新金融的模式下，信息处理的方式完全不同。信息能够由大众通过网络社交平台大量产生和传播，从而对金融市场带来影响，而不再是通过有偿或者强制的方式被产生和被传播，这种情况也与现有刑法的预设完全不同。传统刑法在考虑信息

---

① 谢平、邹传伟、刘海二：《互联网金融模式研究》，《金融研究》2012 年第 12 期。

问题时，对于非法有偿出售信息的处置思维的主要关注点在于，禁止利用信息优势破坏市场秩序；对于非法披露的规制逻辑更为简单，即严重不按规定披露者为罪。很显然，这种规制信息处理的逻辑在新金融的背景下基本无法解决相关犯罪问题。一方面，新的信息处理模式的核心在于大众传播、无偿传播，那么刑法就无法像过去那样着眼于信息持有者或出售者，因为人人都可能是持有者或出售者；另一方面，刑法试图保护的法益也可能因此不同，个人所无偿掌握的信息若被汇集，很可能使信息本身具有极大价值，因而相关新金融犯罪行为便有可能直接或间接地以有价值的信息为目标，这便挑战了我国刑法中金融诈骗犯罪所试图保护之法益的传统内涵。

（三）新资源配置模式下的互联网金融犯罪

新金融模式下的资源配置，不再需要银行、券商、交易所等中介，而是能够直接通过网络完成。资源配置领域的这一变化直接颠覆了传统金融模式的资源配置方式，也从根本上动摇了我国金融刑法的预设前提。现有的刑法之预设前提在于，对于直接融资（如，通过证券等方式的融资），刑法关注的焦点在于信息是否被优势方滥用。我国刑法中的内幕交易罪便是在应对信息滥用问题。对于间接融资（主要指通过银行的融资），刑法关注的焦点在于融资主体是否适格。我国刑法中的擅自设立金融机构罪、非法吸收公众存款罪等罪名都是在强调规制无资格主体的间接融资行为。然而，新金融模式下出现了一种既不同于直接融资，又不同于间接融资的，通过互联网完成的融资模式。这种融资模式的最大特征就在于形成了信息几乎完全对称、交易成本极低的"充分交易可能性集合"，而这种融资模式是无法通过上述针对直接融资或间接融资的刑法规制方式完成的。近年来出现的刑法无法有效应对 P2P 集资案件的困难，事实上便是因不合理地套用传统间接融资的相关罪名所导致的。

总之，在支付、信息处理和资源配置三个领域中，新金融犯罪都各有其独特的底层交易结构，随之而生的涉网新型金融诈骗犯罪也因此具有与传统金融诈骗犯罪不同的新特征，相应地，对其也应采取不同的刑法应对逻辑和思路。

第二章　我国涉网新型金融诈骗的刑法规制：历史、现状及挑战

　　金融诈骗的刑法规制的发展过程主要分为两个阶段。第一阶段并不涉及互联网相关的金融诈骗，主要指 1979 年《刑法》出台之后至 1997 年《刑法》出台之时。这一时期，金融行业的迅速发展对刑事立法作出要求，刑法通过单行刑法以及刑法典并存的形式对金融诈骗犯罪进行规制，并且于 1997 年将与金融诈骗罪有关的单行刑法系统地纳入刑法之中。第二阶段则与涉网新型金融诈骗的猖獗有关，主要指 1997 年之后，通过陆续出台刑法修正案、司法解释以及相关规定等对金融诈骗犯罪及其认定作出规定的时期。互联网金融随着互联网的发展也在这一时期出现，其发展形态多变，从 21 世纪初将线下业务转移至互联网，到近年来的涉及金融业务的去金融机构化的各种互联网平台。这一时期的刑法并未对互联网金融的诈骗犯罪做直接规定，但是刑法上的相关变化仍可以视为对涉网新型金融诈骗犯罪的一种回应。

　　互联网金融是以金融和互联网高度融合为基础，以完善金融运行机制为手段，以实现资金高效流通为主要内容，实现信息对称、低风险、低成本的直接融资以及与之相关的开放式的创新型业态。①其主要形式有金融机构创新型互联网平台，P2P 网络借贷，互联网支付，众筹融资，非 P2P 的互联网小额贷款，以及基于互联网的基金、保险销售等。然而，涉网新型金融诈骗犯罪虽然在性质上不完全等同于传统

---

①　万志尧：《互联网金融犯罪问题研究》，黑龙江人民出版社 2016 年版。

的金融诈骗犯罪，但是两者之间仍具有共同的犯罪构成。例如，不法层面都包括对金融秩序的扰乱，犯罪的责任方面都包含"以非法占有为目的"的要求。因此了解涉网新型金融诈骗犯罪的刑法规制，仍需从金融诈骗犯罪的刑法规制入手。然而，互联网金融作为一个新产生的领域，其诈骗犯罪的形态仍有不同于传统金融诈骗之处，因此在互联网业务出现之后，刑法针对这些新产生的犯罪形态也作了相应的调整和补充规定。本书将从金融诈骗犯罪的刑法沿革入手，以1997年《刑法》的出台作为分界，第一部分介绍1979年至1997年期间对金融诈骗犯罪的初步立法；第二部分介绍1997年之后刑事立法和司法对金融诈骗犯罪的新规定；第三部分介绍目前金融诈骗犯罪刑事法律制度如何和其他法律制度相结合以应对互联网金融领域出现的诈骗犯罪新形态。

1979年刑法对金融犯罪的规定主要集中于货币管制上，对于包括金融诈骗犯罪在内的金融犯罪的规制较少，金融诈骗一类犯罪基本按照诈骗罪处罚。随着金融行业的发展，金融犯罪也呈现出复杂多样的犯罪形态，对金融诈骗犯罪进行更加准确化、精细化的认定和处罚势在必行。因此，自1979年《刑法》施行之后，全国人大常委会先后以"补充规定"和"决定"的形式颁布了20余部单行刑法。[①]其中，1995年6月30日第八届全国人大常委会第十四次会议颁布的《关于惩治破坏金融秩序罪的决定》（以下简称1995年《决定》），对金融诈骗罪的相关罪名作出了较为详细的规定。并且在1996年12月24日出台的《最高人民法院关于审理诈骗案件具体应用法律的若干问题的解释》（以下简称1996年《解释》）中对入罪数额和罪名的具体认定作出了规定。这些附属刑法的规定被比较系统地纳入1997年《刑法》中。在1997年《刑法》分则的第三章"破坏社会主义市场经济秩序罪"中，专门有两节规定了与金融犯罪有关的刑法规定，其中第五节是金融诈骗相关罪名，基本上确立了金融诈骗犯罪的犯罪形态与刑罚。下面将对金融诈骗的相关罪名进行具体论述。

---

① 刘宪权：《我国金融犯罪刑事立法的逻辑与规律》，《政治与法律》2017年第4期。

第一节　金融诈骗犯罪刑法规制的沿革与现状

一　1995 年《决定》对金融诈骗罪的规定

票据诈骗罪规定在 1995 年《决定》第 10 条。为了实现对宏观经济的调控和对国有银行信贷行业的保护，1995 年出台的《中华人民共和国商业银行法》第 2 条将"吸收公众存款"规定为商业银行的首要业务范围。与此同时，1995 年《决定》创设了与非法吸收公众存款有关的罪名，包括集资诈骗罪，以限制民间借贷，控制非国有银行和非官办金融组织的存在和业务开展。[①]1995 年《决定》将贷款诈骗罪规定为个人犯罪，其是为了打击投机者编造虚假经济合同或者虚假证明文件等以骗取银行低息贷款的行为。票据诈骗罪和金融凭证诈骗罪则规定在 1995 年《决定》第 12 条。与刑法作为社会规制的最后一道防线的理念不同，刑事领域对票据诈骗的立法早于其他部门法。其后，1996 年 1 月 1 日《中华人民共和国票据法》正式生效，为票据诈骗罪的入罪提供了部门法上的支持。信用证是国际贸易的产物，20 世纪 90 年代，中国刚刚接触国际贸易业务，民事法和商业惯例等尚不足以规制信用证欺诈的现象，[②]而"欺诈例外"等国际惯例对于信用证欺诈的防治力度也同样不足，因此，刑事领域率先对信用证欺诈作出规定，在 1995 年《决定》第 13 条中详细规定了信用证诈骗罪的形态。直到 1997 年中国人民银行制发《国内信用证结算办法》，才在非刑事领域对信用证欺诈作出规定。信用卡诈骗罪是指使用伪造、作废的信用卡或者冒用他人的信用卡，以及以非法占有为目的恶意透支，进行信用卡诈骗活动、数额较大的行为。该罪确立时同样尚未有单独的信用卡管理规定。保险诈骗罪的确立和其他部门法则同步配

[①]　何小勇：《我国金融体制改革视域下非法集资犯罪刑事规制的演变》，《政治与法律》2016 年第 4 期。

[②]　高艳东：《金融诈骗罪研究》，人民法院出版社 2003 年版，第 265 页。

合。1995 年 6 月 30 日《中华人民共和国保险法》通过，其中第 132 条规定："保险公司及其工作人员在保险业务中隐瞒与保险合同有关的重要情况，欺骗投保人、被保险人或者受益人，或者拒不履行保险合同约定赔偿或者给付保险金的义务，构成犯罪的，依法追究刑事责任。"同一天出台的 1995 年《决定》，在第 16 条为保险诈骗罪创设了相应的罪和犯罪构成。[①]

二　1996 年《解释》对金融诈骗罪的入罪标准之规定

有关上述罪名如何在司法实践中认定的问题，则在 1996 年《解释》中进行了规定，主要包括：个人进行贷款诈骗在一万元以上的，属于"数额较大"；个人犯票据诈骗罪在五千元以上，单位在十万元以上的，属于"数额较大"；信用卡诈骗中，行为人使用伪造的信用卡、作废的信用卡以及冒用他人信用卡诈骗数额在五千元以上或者恶意透支五千元以上的，属于"数额较大"；个人进行保险诈骗数额在一万元以上，单位在五万元以上的，属于"数额较大"；个人进行金融票据诈骗和金融凭证诈骗在五千元以上，单位在十万元以上的，属于"数额较大"。

三　1997 年《刑法》对金融诈骗罪的规定

1997 年《刑法》将之前的附属刑法的内容皆纳入其中，并且对附属刑法的规定作出了进一步的补充完善。对集资诈骗罪、票据诈骗罪、金融凭证诈骗罪和信用证诈骗罪的单位和个人的处罚作出明确划分，规定了对单位犯罪应负刑事责任的自然人处以与单纯自然人犯罪中的自然人不同的刑罚，废除了单位犯罪中的自然人的财产刑和死刑，体现了对两种犯罪的差别对待。[②]除此之外，对某些罪名的规定作了如下改动：一是在贷款诈骗罪的"情节特别严重的"这一量刑档次中增加了五万元以上五十万元以下罚金的规定，并在客观情形第

---

① 王新：《金融刑法导论》，北京大学出版社 1998 年版，第 242 页。
② 高艳东：《金融诈骗罪研究》，人民法院出版社 2003 年版，第 56 页。

（四）项中增加了"超出抵押物价值重复担保"的规定①；二是提高了票据诈骗罪的死刑适用条件，将原来的"数额特别巨大或者有其他特别重要情节的"，改为"数额特别巨大并且给国家和人民利益造成特别重大损失的"，并且对原来"数额特别巨大或者有其他特别严重情节的"一律并处没收财产，改为"并处五万元以上五十万元以下罚金或者没收财产"②；三是在信用卡诈骗罪和保险诈骗罪中，对自然人犯保险诈骗罪第四档的处罚上采用选择型的财产刑，即可以采取罚金或者没收财产。此外，1997 年《刑法》在破坏社会主义市场经济秩序罪一章的第五节中，新增了有价证券诈骗罪的法律规定。

1997 之前由于互联网尚未普及，金融诈骗犯罪仍以传统的方式开展，因而在上述阶段刑法也不可能对涉网新型金融诈骗作出回应。

总体而言，在这一阶段中，尚未有刑法对互联网金融行业的诈骗犯罪进行直接规制之立法例。但是针对该新兴行业的诈骗乱象，刑法正通过出台刑法修正案、司法解释和其他规定的方式间接地对其进行规制，并且与其他部门法相互配合，如在行政方面做好违法性认定，更加精确认定涉网新型金融诈骗犯罪。

第二节　1997 年后刑法对涉网新型金融诈骗的回应

1997 年《刑法》对金融诈骗犯罪的规定相比于 1979 年《刑法》更为完善。1997 年之后，随着金融行业的发展，陆续出台的几个刑法修正案又对金融犯罪作了完善和修改。互联网的发展逐渐丰富了金融诈骗犯罪的形态，原有的对金融诈骗犯罪的规制难以完全约束新型多变的犯罪形态，因此需要相应的司法解释和政策文件对此作出解释和补充。我国刑法在这一背景下，开始积极应对涉网新型金融诈骗，尤其是因 P2P 融资模式的兴起，刑法在相关集资犯罪行为的规制上积

---

① 高艳东：《金融诈骗罪研究》，人民法院出版社 2003 年版，第 107 页。
② 高艳东：《金融诈骗罪研究》，人民法院出版社 2003 年版，第 159 页。

极回应，便是在一定程度上考虑到其"涉网"特性。

一 非法集资相关的刑法应对

非法集资所涉及的两个罪名：非法吸收公众存款罪及集资诈骗罪，是涉网新型金融诈骗犯罪规制中涉及最多的罪名。这一阶段对于集资诈骗罪的刑法规制主要有：最高人民法院出台的《关于审理非法集资刑事案件具体应用法律若干问题的解释》（以下简称 2010 年《解释》），2011 年 8 月 18 日最高人民法院出台的《关于非法集资刑事案件性质认定问题的通知》（以下简称 2011 年《通知》），2014 年 3 月 25 日，最高人民法院、最高人民检察院、公安部联合下发的《关于办理非法集资刑事案件适用法律若干问题的意见》（以下简称 2014 年《意见》），2019 年最高人民法院、最高人民检察院、公安部印发的《关于办理非法集资刑事案件若干问题的意见》的通知（以下简称 2019 年《通知》）以及 2021 年 2 月 10 日国务院最新发布的《防范和处置非法集资条例》（以下简称 2021 年《条例》）。除上文提到的对"以非法占有为目的"的认定之外，从这几个文件可以看出司法上对包括集资诈骗罪在内的非法集资犯罪的规制的态度变化。下面将分别论述。

2010 年《解释》明确了非法吸收公众存款罪的构成要件，并且对集资诈骗罪的共同犯罪作出了规定。首先，《解释》第 1 条规定了非法吸收公众存款罪的四个要件：非法性、公开性、利诱性、社会性。其实质是将中国人民银行 1998 年的《取缔通知》中对"非法集资"的行政认定标准，经整理后变为刑法关于非法集资犯罪的一般认定标准。[①]正如 2010 年《解释》第 4 条规定的，以非法占有为目的使用诈骗方法非法集资的情形应该认定为集资诈骗罪，因此该解释对非法吸收公众存款罪的准确认定也有利于对集资诈骗罪的认定。其次，《解释》第 4 条还对共同犯罪采用"部分犯罪共同说"，将共同犯罪

---

① 何小勇：《我国金融体制改革视域下非法集资犯罪刑事规制的演变》，《政治与法律》2016 年第 4 期。

中不具有"以非法占有为目的"的非法集资行为排除在"集资诈骗罪"之外。与此同时，对于非法集资的认定也采取了更为轻缓的态度。如果将非法吸收或者变相吸收的公众存款主要用于正常的生产经营活动，而且能及时清退所吸收资金的，可以免予刑事处罚，情节显著轻微的则不作为犯罪处理。这与 2001 年《纪要》中对集资诈骗罪的审慎认定精神相统一，体现了在经历 2008 年金融危机后，审判机关对非法集资犯罪的从严规制态度的变化。[①]

然而 2011 年《通知》却与 2010 年《解释》的审慎认定态度有所不同。《通知》第 1 条规定：行政部门对于非法集资的性质认定不是非法集资案件进入刑事程序的必经程序。行政部门未对非法集资作出性质认定的，不影响非法集资刑事案件的审判。相比于 2010 年《解释》，该规定在一定程度上降低了非法集资案件的入罪门槛，使得非法集资行为在未有行政部门认定为非法集资的情况下，也存在触犯刑法的可能性。

2014 年《意见》为公安机关、人民检察院、人民法院在办理非法集资刑事案件中遇到的新问题提供了指导依据。该《意见》对非法集资类犯罪的认定相比于 2010 年《解释》更加严格，也使得互联网金融业务的开展范围更加狭小。这体现在以下几个部分：第一，2014 年《解释》第 1 条重申 2011 年《通知》中对于行政部门认定的规定；第二，2014 年《意见》将 2010 年《解释》第 1 条第 2 项规定的"通过媒体、推介会、传单、手机短信等途径向社会公开宣传"中的"向社会公开宣传"，解释为以各种途径向社会公众传播吸收资金的信息，以及明知吸收资金的信息向社会公众扩散而予以放任等情形，这扩大了公开宣传的途径，从而可以将互联网宣传纳入公开宣传途径之中；第三，虽然 2010 年《解释》第 1 条第 2 款规定"未向社会公开宣传，在亲友或者单位内部针对特定对象吸收资金的，不属于非法吸收或者变相吸收公众存款"，但是 2014 年《意见》缩小了这

---

① 何小勇：《我国金融体制改革视域下非法集资犯罪刑事规制的演变》，《政治与法律》2016 第 4 期。

一范围，将在向亲友或者单位内部人员吸收资金的过程中明知亲友或者单位内部人员向不特定对象吸收资金而予以放任的，以及以吸收资金为目的将社会人员吸收为单位内部人员，并向其吸收资金的行为认定为向社会公众吸收资金；第四，将帮助非法吸收资金以收取费用的行为也界定为共同犯罪。这对于打击融资方与互联网金融从业者相互配合，在平台上发布吸收资金的信息以达到帮助融资者非法集资目的的行为有一定的震慑作用。总的来说，2014年《意见》将很多"疑罪"都变为了有罪，整体变得更加严厉，压缩了互联网金融的发展空间，增大了互联网金融从业者的刑事责任风险。[①]

2019年《意见》的第1条对行政认定再次作出规定，要求非法集资中"非法性"的认定应当以国家金融管理法律法规作为依据，这规范了司法机关在案件办理过程中的认定标准，但是同时又对2010年《解释》所规定的"违反国家金融管理法律规定"这一前置性条件进行"类推"解释，"对于国家金融管理法律法规仅作原则性规定的，可以根据法律规定的精神并参考中国人民银行、中国银行保险监督管理委员会、中国证券监督管理委员会等行政主管部门依照国家金融管理法律法规制定的部门规章或者国家有关金融管理的规定、办法、实施细则等规范性文件的规定予以认定"，[②]这扩大了行政法上的认定依据，降低了非法集资的入罪标准。

此外，2019年《解释》还对非法集资刑事案件中上下级单位的共同犯罪作出规定。当上级单位未被认定为单位犯罪而下属单位被认定为单位犯罪的，对上级单位中组织、策划、实施非法集资犯罪的人员，一般可以按照自然人与下属单位成立共同犯罪处理。上级单位与下属单位均未被认定为单位犯罪的，一般以上级单位与下属单位中承担组织、领导、管理、协调职责的主管人员和发挥主要作用的人员为主犯，以其他积极参加非法集资犯罪的人员为从犯，按照自然人共同

---

① 黄楠：《论互联网金融中的"非法集资"——兼评最新非法集资司法解释》，《天水行政学院学报》2014年第5期。

② 李勇：《互联网金融乱象刑事优先治理政策之反思》，《西南政法大学学报》2019年第6期。

犯罪处理。

二 对"以非法占有为目的"的认定

2001 年最高人民法院印发的《全国法院审理金融犯罪案件工作座谈会纪要》（以下简称 2001 年《纪要》）强调，金融诈骗犯罪都是以非法占有为目的的犯罪。然而"以非法占有为目的"作为犯罪的主观方面，难以直接证明，需要通过对客观现象的认定来推断。因此该《纪要》规定，根据司法实践，对于行为人通过诈骗的方法非法获取资金，造成较大数额资金不能归还，并具有下列情形之一的，可以认定为具有非法占有的目的：（1）明知没有归还能力而大量骗取资金的；（2）非法获取资金后逃跑的；（3）肆意挥霍骗取资金的；（4）使用骗取的资金进行违法犯罪活动的；（5）抽逃、转移资金、隐匿财产，以逃避返还资金的；（6）隐匿、销毁账目，或者搞假破产、假倒闭，以逃避返还资金的；（7）其他非法占有资金、拒不返还的行为。由此限制了司法机关单纯以财产不能归还就按金融诈骗罪处罚的情形。这相比于 1996 年《解释》作了更加细化的规定。①

此后，2010 年 12 月 13 日，最高人民法院出台了《关于审理非法集资刑事案件具体应用法律若干问题的解释》（以下简称 2010 年《解释》）。《解释》第 4 条对"以非法占有为目的"再次进行了规定，并将具有非法占有为目的的使用诈骗方法非法集资的情形认定为集资诈骗罪。另外，对具有非法占有目的的认定行为进行修改，增加了"（一）集资后不用于生产经营活动或者用于生产经营活动与筹集资金规模明显不成比例，致使集资款不能返还的"以及"（七）拒不交代资金去向，逃避返还资金的"，并且对肆意挥霍集资款的情况作了限定规定，即"肆意挥霍致使集资款不能返还的"才构成"以非法

---

① 1996 年《解释》规定，行为人实施 1995 年《决定》第 8 条规定的行为，具有下列情形之一的，应当认定其行为属于"以非法占有为目的，使用诈骗方法非法集资"：（1）携带集资款逃跑的；（2）挥霍集资款，致使集资款无法返还的；（3）使用集资款进行违法犯罪活动，致使集资款无法返还的；（4）具有其他欺诈行为，拒不返还集资款，或者致使集资款无法返还的。

占有为目的"。相比于 2001 年《纪要》，其对"以非法占有为目的"的认定更加客观。

"非法占有目的"在认定上的变化对以互联网为背景的集资型金融诈骗行为规制具有重要的意义与价值。尤其是就涉网集资诈骗案件而言，多数情况下都是以行为人虚构集资项目后利用互联网进行发布、吸纳资金。与合法的涉网集资相比，其一大特征便是行为人在集资之后并不将所集资金用于生产经营活动，甚至在集资之时便依托互联网筹集规模明显大于所需的资金。2010 年《解释》中对非法占有目的的进一步细化有助于刑法更好地在互联网时代背景下，更为精准地对高发的涉网金融诈骗犯罪进行规制。

三　刑罚轻缓化

刑罚轻缓化，从严格意义上讲并非仅针对涉网新型金融诈骗犯罪，而是针对各种类型的金融诈骗犯罪。金融诈骗犯罪轻型化体现在两个方面：一是追诉标准的提高，二是金融诈骗罪中死刑的废除。一方面，2010 年 5 月 7 日，最高人民检察院、公安部印发的《最高人民检察院、公安部关于公安机关管辖的刑事案件立案追诉标准的规定（二）》［以下简称 2010 年《追诉标准（二）》］的通知提高了金融诈骗罪的入罪标准。具体体现在：将个人和单位犯集资诈骗罪的追诉标准分别调整为十万元以上和五十万元以上；贷款诈骗罪的在两万元以上；个人犯票据诈骗罪、金融凭证诈骗罪和保险诈骗罪的追诉标准为一万元以上；前述犯罪的单位犯罪追诉标准则分别为十万、十万、十万和五万。对信用卡诈骗罪则根据犯罪行为的不同有不同规定：使用伪造的信用卡、以虚假的身份证明骗领信用卡、使用作废的信用卡，或者冒用他人信用卡进行诈骗活动的，数额在五千元以上的应该立案追诉，而恶意透支的数额则从原先的五千元调整为一万元以上；有价证券诈骗则规定数额在一万元以上的，应予立案追诉。2010 年《追诉标准（二）》还对信用卡诈骗罪中的恶意透支作了宽宥的规定，规定数额在一万元以上不满十万元的，如果在公安机关立案前已偿还全部透支款息，情节显著轻微的，则可依法不追究刑事责任。另一方面，2011 年 2 月 25 日通过的《刑法修正案（八）》分别废除了票据诈骗罪、金融凭证诈骗罪、信用证诈骗罪的死刑，2015 年 8 月 29 日通过的《刑法修正案（九）》则废除了集资诈骗罪的死刑。

四 信用卡诈骗罪的刑法规制变化

2005 年《刑法修正案（五）》完善了信用卡管理秩序，于《刑法》第 177 条之后增加了"妨害信用卡管理罪"和"窃取、收买非法提供信用卡信息罪"，补全了信用卡诈骗罪的上游犯罪，并对《刑法》第 196 条信用卡诈骗罪的行为模式进行了修改，增加了"使用以虚假的身份证明骗领的信用卡"进行诈骗的情形。

2009 年最高人民法院、最高人民检察院出台《关于办理妨害信用卡管理刑事案件具体应用法律若干问题的解释》，规定《刑法》第 196 条第 1 款第 3 项所称"冒用他人信用卡"，包括"窃取、收买、骗取或者以其他非法方式获取他人信用卡信息资料，并通过互联网、通讯终端等使用的"。这在一定程度上承认了信用卡信息资料是信用卡的一种新型表现形式，突破了以往信用卡诈骗罪的对象只是实体信用卡的传统认知。[①]将信用卡诈骗犯罪的犯罪对象扩大到信用卡信息资料，将犯罪途径扩展到虚拟的网络环境，这是对互联网时代网络支付开始流行而产生的新犯罪形态的一种回应，也是对近年来互联网金融行业中互联网第三方支付行为发展的相应规制。

第三节 涉网新型金融诈骗犯罪的刑法
规制及其挑战

借互联网金融业务迅猛发展之势及互联网的普及，大量金融犯罪也披上了"新"金融的外衣，不断挑战法律监管，严重冲击市场秩序。近年来发生的金融犯罪案件早已不同于传统金融犯罪，无不呈现

---

① 刘宪权、李舒俊：《网络移动支付环境下信用卡诈骗罪定性研究》，《现代法学》2017 年第 6 期。

出与互联网金融之新业态相符合的特征。由于这类金融犯罪能够借助新科技及互联网，因而其危害较之传统金融犯罪而言往往更为严重，涉及面也更广。面对新金融背景下的金融犯罪，刑法并非无动于衷，但却一直左右为难。"一收就死"，刑法作为最为严厉的规制手段一旦介入某一新金融领域，该领域内的金融业务便常常会在很短一段时间内销声匿迹；"一放就乱"，若是刑法对某一新金融领域或某一类新金融业务显现出过分的谦抑，该领域或该种金融业务便会杂乱无序，乱象丛生，进而触及传统刑法底线。不仅如此，理应先行一步并引导制定法和司法实践的相关学术研究，似乎也陷入被新生案件所"引导"的局面之中。这给我国现有的刑法金融诈骗规制体系带来了一系列的挑战。

一　我国的金融诈骗犯罪规制体系及涉网新型金融诈骗

我国自改革开放以来，以银行为主导的金融业迅速发展，对社会经济发展起着举足轻重的作用。随着金融与银行业的飞速发展，金融诈骗案件的数量在近年来也不断攀升。尽管金融诈骗在我国并不是严格意义上的刑法概念，但我国刑法在对其的规制中却并未缺席。我国《刑法》第三章第五节所规定的金融诈骗罪，便是规制银行欺诈行为中最为重要的制定法依据之一。实践中，大量的金融诈骗案件也是依据此节罪名而定罪的。依据金融诈骗罪所定罪的集资诈骗、贷款诈骗、信用卡诈骗、信用证诈骗等与金融诈骗直接相关的刑事案件，在造成巨大经济损失的同时，也往往会引起社会的广泛关注，严重破坏了我国金融秩序及金融市场的稳定与发展。2006 年的"孙某集资诈骗案"、2007 年的"吴某贷款诈骗案""伍某信用卡诈骗案"、2009年的"吴某集资诈骗案"等案件皆是如此。随着互联网的发展，此类金融诈骗案件从前些年较为简单的案件，逐渐发展为近年来较为复杂的涉网新型金融诈骗，近一两年来极为猖獗的 P2P 融资诈骗案、PE 集资诈骗案便是如此，典型的如全国著名的"e 租宝"及"泛亚"非法集资案。与之前的金融诈骗犯罪行为相比，这类新型的金融诈骗犯罪利用新科技，将互联网作为诈骗的手段，较之前的诈骗犯罪行为而言危害更大、波及面更广。此类涉网新型金融诈骗犯罪行为在多数情况下，都附着在更为复杂的交易结构和权利义务分配之上。例如，很多涉网新型金融诈骗犯罪行为，都不再仅囿于行为人与受骗人两方当事人，而是几乎都会涉及作为第三方的平台等。因此，这也对规制脱胎于诈骗罪的我国传统金融诈骗罪带来了挑战。

在我国现行《刑法》中，适用于规制涉网新型金融诈骗行为的法条，一是我国《刑法》第226条规定的诈骗罪，指诈骗公私财物，数额较大的行为；二是我国《刑法》第三章第五节所规定的金融诈骗罪。按照一般学者的理解，我国刑法中所规定的诈骗罪与金融诈骗罪之间，是一种普通法条与特殊法条的关系。换言之，我国刑法中的诈骗罪，主要适用于一般的诈骗行为。而当诈骗行为发生在金融领域时，则应适用作为特别法条的金融诈骗罪。[①]因而，研究金融诈骗的刑法规制问题，必须首先研究诈骗罪。

具体而言，一般认为，我国刑法所规定的金融诈骗罪是从1979年《刑法》规定的普通诈骗罪中分解发展而来的，也因此，金融诈骗罪和诈骗罪被认为是特殊法条与普通法条的关系。[②]我国的金融诈骗罪在基本构造上与普通诈骗罪几乎一致。[③]依照我国刑法学界最为流行的看法，二者的构造都可以被总结为："行为人实施欺骗行为—对方陷入或者持续维持认识错误—对方基于认识错误而处分财产—行为人取得或者使第三人取得财产—被害人遭受财产损失"。[④]没有疑问的是，诈骗罪以行为人造成被害人财产损失结果为既遂要件。因此，诈骗罪是结果犯，并显然采取的是"重结果"的入罪模式。而脱胎于诈骗罪的金融诈骗罪的罪刑结构设计与诈骗罪事实上并没有原则性的差异，只不过与诈骗罪相比，其诈骗的对象与行为方式比较特殊而

① 张明楷：《诈骗罪与金融诈骗罪研究》，清华大学出版社2006年版，第317页及以下。

② 吴玉梅、杨小强：《中德金融诈骗罪比较研究》，《环球法律评论》2006年第6期。

③ 吴玉梅、杨小强：《中德金融诈骗罪比较研究》，《环球法律评论》2006年第6期；赵秉志：《论金融诈骗罪的概念和构成特征》，《国家检察官学院学》2001年第1期。

④ 张明楷：《诈骗罪与金融诈骗罪》，清华大学出版社2006年版，第5页；赵秉志：《论金融诈骗罪的概念和构成特征》，《国家检察官学院学报》2001年第1期。

已。但是，在要求造成财产损失结果的这一点上，没有实质差异。

涉网新型金融诈骗行为作为基于互联网的金融诈骗行为，理应适用我国刑法规定的金融诈骗罪，刑法对其规制必然遵循传统金融诈骗罪"重结果"的入罪模式。对于涉网新型金融诈骗行为的刑法规制而言，无论是常见的网络借贷和投资理财领域，抑或是私募股权等更为新兴的领域，但凡涉及金融诈骗的，莫不需适用金融诈骗罪，也无法脱离通过认定"财产损失"这一结果倒推行为人具有"非法占有目的"之故意，进而将其认定为犯罪这一入罪模式。

二　传统金融诈骗罪理论

在金融诈骗罪一节中，与涉网新型金融诈骗直接相关的罪名包括：第192条的集资诈骗罪、第193条的贷款诈骗罪、第194条的票据诈骗罪和金融凭证诈骗罪、第195条的信用证诈骗罪、第196条的信用卡诈骗罪。这六个罪名除信用证诈骗罪外，均将"数额较大"这一要件作为入罪的结果要素，显然体现的是以结果为导向的入罪模式。这与英美刑法中非法占有型诈骗罪和早期虚假陈述型诈骗罪所采取的"重结果"的入罪模式极其相似，所以本部分也将其称作"重结果"的入罪模式。这一点从法条本身的规定亦得以清晰显现，例如，《刑法》第192条便明文规定，"以非法占有为目的，使用诈骗方法集资，数额较大的"构成集资诈骗罪；第193条直接规定：有五种情形之一，"以非法占有为目的，诈骗银行或者其他金融机构的贷款，数额较大的"构成贷款诈骗罪；第194条规定的票据诈骗罪和金融凭证诈骗罪，也将"数额较大"明确规定在法条之中；第196条所规定的信用卡诈骗罪，同样要求行为人的行为符合"进行信用卡诈骗活动，数额较大"的规定。

值得注意的是，在《刑法》第195条规定的信用证诈骗罪的条文中，并没有将"数额较大"规定为信用证诈骗罪的入罪门槛，但是，仍然有文献将本条规定理解为结果犯，其主要理由在于：本条的规定不仅要求行为人使用虚假信用证或者骗取信用证，而且要求行为人利用前述信用证进行诈骗活动。同时，持此种观点的学者根据已被废止的 1996 年最高人民法院《关于审理诈骗案件具体应用法律的若干问题的解释》①，认为该罪和其他金融诈骗罪在定罪数额上并无很大差异。②本书不赞同前述观点，我国刑法规定的信用证诈骗罪便是典型地采取了行为犯立法模式，将其理解为结果犯的解释多少有些牵强附会。首先，按照该条规定，只要行为人使用伪造、变造的信用证或者附随的单据文件，以及使用作废的信用证，或骗取信用证等行为方式实施信用证诈骗活动的，无须造成数额较大的损害结果便足以成立信用证诈骗罪，这显然是行为犯的立法模式。这一点，也可以从 2010 年 5 月 7 日最高人民检察院和公安部联合发布的《关于公安机关管辖的刑事案件立案追诉标准的规定（二）》第 53 条的规定得到明显印证。按照该司法解释的规定，只要是进行以下信用证诈骗活动的，都应予立案追诉：（一）使用伪造、变造的信用证或者附随的单据、文件的；（二）使用作废的信用证的；（三）骗取信用证的；（四）以其他方法进行信用证诈骗活动的。由此可见，只要符合特定的信用证诈骗行为模式，原则上便具有了以该罪入罪的可能性。其次，根据 2001 年 1 月 21 日最高人民法院《全国法院审理金融犯罪案件工作座谈会纪要》的规定，个人进行信用证诈骗数额在 10 万元以上的，属于"数额巨大"；个人进行信用证诈骗数额在 50 万元以上的，属于"数额特别巨大"。但是，这里的"数额巨大"和"数额特别巨大"都属于信用证诈骗罪的法定刑升格条件，而并非是该罪的入罪要件，与贷款诈骗罪以及票据诈骗罪等罪名中规定的"数额较大"完全是不同性质的概念。据此，认为根据最高人民法院的相关司法解释，信用证诈骗罪和其他金融诈骗罪在定罪数额上并无很大差异的观点，显然是不符合事实的说法。

我们必须承认，在金融诈骗罪下，尤其是在实践中可用以规制金融诈骗的罪名，除信用证诈骗罪外基本都采取了"重结果"的入罪

---

① 《关于审理诈骗案件具体应用法律的若干问题的解释》已被 2013 年 1 月 14 日最高人民法院《关于废止 1980 年 1 月 1 日至 1997 年 6 月 30 日期间发布的部分司法解释和司法解释性质文件（第九批）的决定》所废止。

② 吴玉梅、杨小强：《中德金融诈骗罪比较研究》，《环球法律评论》2006 第 6 期。

模式。若不考虑信用证诈骗犯罪在未来是否具有因互联网发展而成为涉网新型金融诈骗犯罪的可能，单纯讨论"重结果"的入罪模式，可以看到，信用证诈骗罪采取非"重结果"的入罪模式之原因，正如将该罪名理解为结果犯的学者所言："因为信用证多发生在国际贸易中，并且信用证所涉及的金额都很巨大，因此一旦行为人使用诸如伪造的信用证进行诈骗行为，便具有造成法益受巨大损害的危险，因此便具有了可罚性。"①这事实上正好说明了我国刑法中适用金融诈骗罪规制金融诈骗，采取"重结果"之入罪模式在涉及跨国交易中的犯罪行为具有一定劣势，并且在涉案金额巨大、法益严重受损之时，对法益的保护不足。而同时也说明了"重行为"的入罪模式在我国刑法中具有可行的空间与可能。

不得不承认，至少是在涉网金融诈骗犯罪的规制上，我国金融诈骗罪所采取的这种"重结果"的入罪模式显然存在缺陷。至于我国刑法对于金融欺诈为何采取的是"重结果"的规制模式，有学者分析其原因在于：首先，普遍缺失诚实信用的金融伦理观念，这种伦理观念必然导致只注重金融交易的结果，而对违法交易行为难以作出刑事不法评价；其次，我国也缺乏对于危害行为进行有效监控的能力，所以只能将关注的重点放在不法行为所造成的恶害结果上；最后，有限的司法资源导致只能将刑事制裁的关注重点放在出现重大恶害结果的金融诈骗犯罪行为上。②确实，当前我国社会仍然处在互联网带来的剧烈转型中，不单在涉网金融领域，而是在整个社会中，伦理都呈现出整体滑坡的趋势。这在一定程度上为金融交易领域内不诚信的欺诈行为起到了推波助澜的作用。并且，公权力对于金融监管一定程度上仍然采取重惩罚轻预防的政策态度，这导致对于金融监管的投入不足，进而刑事制裁也只能将重心放在金融诈骗行为导致的严重危害后果上。但是，姑且不论目前这种重结果轻行为的规制方式到底是否真的节省了司法资源，仅从其对社会资源之影响的角度对其进行考察的话，亦可发现其局限

---

① 吴玉梅、杨小强：《中德金融诈骗罪比较研究》，《环球法律评论》2006 年第 6 期。

② 刘远、王玮：《金融刑法立法理念的宏观分析》，《河北法学》2006 年第 9 期。

性。事实上，由于金融欺诈所带来的危害后果之巨有目共睹——动辄涉及金额数亿，因此重行为轻结果的规制方式，在本书看来，其实在更大程度上导致了社会整体资源的浪费。

我国金融诈骗罪在上述构造之下，对涉网新型金融诈骗行为之入罪便必须着重考虑行为人实施的欺骗行为所造成的结果。同时，根据我国金融诈骗罪一节中各罪之规定，除信用证诈骗罪外，基本都将"数额较大"这一结果上的要求，明确规定在法条之中。我国金融诈骗罪下的金融诈骗规制，主要采取了这种"重结果"的入罪模式。而这种"重结果"的入罪模式在涉网金融诈骗行为的规制上所带来的最严重的问题，便是因"无财产损失不为罪"的思路所导致的刑法无法对金融秩序进行周延保护的状况。毕竟，金融诈骗行为所造成的不仅仅是对财产的侵害，更多的是对金融秩序的严重破坏。[1]同时，采取"重结果"的构成要件模式对于法益的保护更显滞后。[2]

就这一问题，我们必须承认，已有学者在分析我国金融诈骗罪时，敏锐地察觉到了"重结果"之入罪模式存在的问题。[3]然而却鲜见学者将这一问题与涉网新型金融诈骗行为的规制联系起来，只有少

---

① 刘远：《关于我国金融刑法立法模式的思考》，《法商研究》2006 年第 2 期；黄欣、黄皓：《关于我国金融法治重构的思考》，《中国法学》2002 年第 4 期；毛玲玲：《金融犯罪的新态势及刑法应对》，《法学》2009 年第 7 期；陈雪强：《浅议后金融危机时代我国金融犯罪的界定》，《犯罪研究》2012 年第 5 期；尹凤桐、刘远、赵玮：《论金融刑法改革的视域扩展》，《东岳论丛》2007 年第 4 期；尹彦昌：《金融犯罪风险的防范》，《黑龙江金融》2001 年第 9 期；杨兴培：《经济犯罪的刑事立法模式研究》，《政治与法律》2006 年第 2 期。

② 毛玲玲：《金融犯罪的新态势及刑法应对》，《法学》2009 年第 7 期；毛玲玲：《近年金融领域刑事司法状态的因果》，《法学》2011 年第 6 期；胡启忠：《金融刑法立罪逻辑论：以金融刑法修正为例》，《中国法学》2009 年第 6 期；黄韬：《刑法完不成的任务：治理非法集资刑事司法实践的现实制度困境》，《中国刑事法杂志》2011 年第 11 期；谢望原、张开骏：《非法吸收公众存款罪疑难问题研究》，《法学评论》2011 年第 6 期。

③ 刘远、赵玮：《金融犯罪构成形态的立法设计》，《人民检察》2005 年第 15 期；高艳东：《金融诈骗罪立法定位与价值取向探析》，《现代法学》2003 年第 3 期；武小凤、常莉：《金融诈骗罪立法评述》，《当代法学》2002 年第 2 期；于改之：《金融诈骗罪争议问题探究》，《法学评论》2004 年第 1 期。

数几位学者试图从刑法角度对银行犯罪等问题做出分析。[①]刑法领域中对金融诈骗之研究的缺失，不仅不利于应对我国近年来频频发生并造成了巨大危害的涉网新型金融诈骗案件，更不利于保护我国目前以银行为主导的金融体系及金融秩序。[②]同时值得注意的是，目前我国学者对金融诈骗和涉网新型金融诈骗相关问题的研究，几乎都只是停留在立足于本土对金融诈骗罪进行探讨的阶段。尽管有学者已经意识到英美刑法可为我国学者对金融诈骗罪的研究提供值得借鉴的经验，[③]但却很少有学者系统地对英美刑法中的相关内容进行深入研究。随着金融全球化的发展及互联网的迅速普及，我国相关金融法律法规已经逐步开始与国际接轨，而金融刑法也将不可避免地参与到这一进程中来。与我国相比，英美金融市场已然经过近一个世纪的发展，相较于我国起步较晚的金融市场而言显然更加成熟。在如何应对金融领域犯罪的问题上也自然地较我国积累了更多的经验。因此，虽然有学者认为对我国金融刑法的研究应尊重其"地方性知识的特征"[④]，但这并不表明研究借鉴他国刑法的相关内容没有必要。具体到涉网金融犯罪行为刑法规制的问题上，英美与德日刑法的经验至少能为我国金融刑法的进一步发展提供一种可能的借鉴思路，即以财产概念为核心对金融诈骗罪要件进行重塑，这一部分将在本书的第三章和第五章展开。

---

① 白建军：《论我国银行业的刑法保护》，《中外法学》1998 年第 4 期；白建军：《3+1＝?》，《山东公安专科学校学报》2002 年第 3 期；俞和明、杨希希：《刑法中的违法信贷行为——对近几年一系列银行大案的分析》，《金融法苑》2005 年第 6 期。

② 吴晓求：《世界金融体系演变与中国的选择》，《经济研究参考》2005 年第 63 期；李萌、高波：《"银行主导"或"市场主导"金融体系结构：文化视角的解释》，《江苏社会科学》2014 年第 3 期；刘宗华：《银行导向型和市场导向型金融体系的比较分析》，《当代财经》2003 年第 5 期。

③ 陈兴良：《金融诈欺的法理分析》，《中外法学》1996 年第 3 期；周密主编：《美国经济犯罪和经济刑法研究》，北京大学出版社 1993 年版；储槐植主编：《美国德国惩治经济犯罪和职务犯罪法律选编》，北京大学出版社 1994 年版；李建华：《略论外国经济刑法立法形式》，《当代法学》2002 年第 2 期；刘远、于改之：《金融诈骗罪立法评说—从欺诈犯罪说起》，《法学》2001 年第 3 期。

④ 毛玲玲：《金融犯罪的实证研究——金融领域的刑法规范与司法制度反思》，法律出版社 2014 年版，第 11 页。

三 新交易结构及涉网新型金融诈骗犯罪刑法规制的挑战

互联网金融背景下，当今中国金融业务发展之迅速、相关犯罪行为演变之复杂，早已超出数十年前我国刑法立法者及研究者构筑相关理论时所能遥想的极限。多数新金融背景下的涉网新型金融犯罪行为不仅早就不再具有现有法律规范所描绘的外观，甚至在底层交易逻辑上也因金融市场的发展而不同于以往。这导致在金融犯罪领域本就不够精细且缺乏相关金融理论支撑的我国刑法，在应对新金融背景下的"新"犯罪之时，不仅滞后，而且极易仅依刑事政策之考量，或无动于衷，或恣意介入。不仅如此，还常常出现对某一新型金融犯罪适用恰当罪名的困难。鉴于此，本书拟首先厘清新金融交易模式对金融犯罪乃至其刑法应对究竟有何影响，分析"新金融犯罪"因何而"新"，并对同一交易模式下的新金融犯罪进行类型化，在此基础上分析其刑法应有的应对逻辑。

（一）新金融交易模式对现有金融诈骗规制体系带来冲击

现有刑法尚未对互联网金融领域犯罪采取专门的立法，但是陆续出台的司法解释和相关规定是为应对金融诈骗犯罪的新问题而产生的，因此其对因互联网金融行业而产生的新的犯罪形态也有一定的规制作用，例如，在2018年最高人民检察院公布的第十批指导性案例中，就有一个利用网络借贷信息中介机构进行集资诈骗的指导案例（周某集资诈骗案）。其中对于犯罪的认定使用到上文提到的2010年《解释》第四条和2010年《追诉标准的认定（二）》，体现出现有司法解释和规定对金融诈骗犯罪的规制。

我国近年出现的涉网新型金融诈骗犯罪行为较传统的金融诈骗犯罪而言，其区别不单单在于大量以互联网作为基础手段，更重要的是其所涉及的主体更多，出现了多方的交易主体，并且基础的权利义务结构更为复杂。目前的金融诈骗规制方式仍以传统的以银行为核心的两方或三方交易模式作为前提，因而在应对涉网金融诈骗犯罪上遇到了一定的理论及实践困难。与此同时，在传统金融诈骗中受害方或是以银行为主的金融机构，或是零散的交易方，刑法对传统金融诈骗的交易主体及受害者的设定是"强且智"的商事主体，而在涉网新型金融诈骗中，受害方不仅是金融管理秩序下的金融机构，很多时候涉及数量巨大的、零散的个体受害方，真正的交易主体和受害方至少有一方事实上是弱势且缺乏相关专业知识的民事主体；传统金融诈骗中，交易是单个出现的，而在涉网金融诈骗中，多数交易都是批量出现的。因此，刑法对涉网金融诈骗的应对逻辑应因上述不同而有所区别，这就对其刑法应对提出了挑战，尤其要求我们对种种常见的新型金融诈骗犯罪背后的交易模式进行深入探讨（这一部分将在第五章展开）。

（二）对于 P2P 网贷、股权众筹平台等的定位

由于 P2P 网贷、股权众筹融资的运行模式和行业存在形态，与非法集资四个构成要件即"非法性""公开性""利诱性"和"社会性"高度重合，这类互联网金融业务的发展常常可能游走于非法集资的边缘，[①]因此对此类互联网金融平台如何定位和监管便显得十分重要。

尽管 2014 年《意见》规定行政部门对于非法集资的性质认定不是非法集资刑事案件进入刑事诉讼的必经程序，但是对于行业的互联网金融业务的行政认定仍十分必要。2015 年 7 月，中国人民银行等十部委联合印发了《关于促进互联网金融健康发展的指导意见》。根据该《意见》，第三方支付机构的客户备付金只得用于客户委托的付款业务，不可挪作他用；将 P2P 网络借贷平台定位为只能为投资方和融资方提供信息交互、撮合、资信评估等中介服务的中介平台；将股权众筹融资中的融资方限定在小微型企业，将其活动定位为通过互联网中介机构平台进行的公开小额股权融资活动。根据该规定，网络借贷平台如果不具有小额贷款公司的资质而从事网络小额贷款业务，股权众筹融资如果误导或欺诈投资者融入资金，都将涉嫌构成非法吸收

---

① 何小勇：《我国金融体制改革视域下非法集资犯罪刑事规制的演变》，《政治与法律》2016 年第 4 期。

公众存款罪或集资诈骗罪。[①] 2016 年《互联网金融风险专项整治工作实施方案的通知》也对 P2P 平台和股权众筹平台作出了规定。该《通知》要求 P2P 平台不允许从事设立资金池或提供贷款等各种非法集资行为，股权众筹平台不允许发布虚假标的或者自己筹资，不允许"明股实债或变相乱集资"。这些行政规定规范了互联网金融行业的发展，同时对界定互联网金融犯罪行为具有指导作用。

（三）个人信息保护及其刑法规制挑战

互联网金融模式最为核心的内容之一在于信息处理。由于互联网金融平台收集个人信息，利用大数据等方式为不同需求方提供资金融通，在这个过程中，不可避免地会涉及个人信息的采集和使用，因此，在涉网金融诈骗犯罪中有时会同时构成对个人信息的侵犯。事实上，这种依附于涉网新型金融诈骗的不法行为所能引起的刑事风险，在某种程度上比对金融诈骗所涉及的侵害财产的刑事风险更加值得关注。因为涉及信息，尤其是公民个人信息的不法行为往往不仅威胁金融交易秩序，而且威胁金融安全。这对于刑法规制涉网新型金融诈骗犯罪而言，显然亦是一大挑战。

《刑法修正案（九）》修改了出售、非法提供公民个人信息罪，将该罪的犯罪主体由原来的"国家机关或者金融、电信、交通、教育、医疗等单位的工作人员"扩大成一般主体。这扩大了对个人信息的保护范围，加强了涉网金融诈骗犯罪中对于个人信息侵害的打击力度。例如，若股权众筹平台与众筹项目发起人"违反国家规定，将在履行职责或者提供服务过程中获得的公民个人信息，出售或者提供给他人，情节严重的"，那么可按出售、非法提供公民个人信息罪定罪处罚，[②]这对防范涉网新型金融诈骗犯罪具有一定的积极作用。应当肯定的是，《刑法》第 253 条之一规定的"侵犯公民个人信息罪"也从个人信息保护的角度为刑法规制网上理财的"衍生"刑事风险提供了依据。此外，我国《刑法》第 286 条之一规定了"拒不履行信息

---

① 何小勇：《我国金融体制改革视域下非法集资犯罪刑事规制的演变》，《政治与法律》2016 年第 4 期。

② 刘宪权：《互联网金融股权众筹行为刑法规制论》，《法商研究》2015 年第 6 期。

网络安全管理义务罪"，对涉网新型金融诈骗中具有网络安全管理义务的主体进行规制；如果相关主体设立时便是以实施犯罪为目的，或者成立后实施的主要活动为犯罪活动，那么其还可能构成第287条之一规定的"非法利用信息网络罪"或第287条之二规定的"帮助信息网络犯罪活动罪"。

第三章 域外涉网新型金融诈骗刑法规制：经验及借鉴

对于涉网新型金融诈骗的刑法规制问题，域外国家有着一定可供参考的经验。域外应对涉网新型金融诈骗犯罪的立法、实践及学术成果皆有一定的参考价值，对此进行分析，有助于立足于我国本土新金融背景，结合我国涉网新型金融诈骗犯罪的现状，权衡其利弊，加以借鉴。本章选取了美国、英国、德国和日本四个国家进行分析。作为英美刑法及德日刑法的代表，上述四国对金融诈骗及涉网金融诈骗的刑法规制各有其特色，在借鉴吸收时自然应注意其差别。

第一节 美国涉网新型金融诈骗犯罪刑法规制经验及借鉴

美国的互联网金融监管体系相当复杂。以类似于我国 P2P 网络借贷平台为例进行比较，美国对此类互联网金融平台的监管涉及《1978 年电子资金划拨法》《1940 年投资顾问法》《1933 年证券法》（Securities Act of 1933）《1934 年证券交易法》（Securities Exchange Act of 1934）《工商初创企业推动法》（Jumpstart Our Business Startups Act，JOBS）以及各州的"蓝天法"等多项法案，以及包括证券交易委员会、联邦贸易委员会、消费者金融保护局等在内的多个政府机构。尽管近年来对于金融领域内的严重违法行为提出的刑事诉讼有所增多，但美国目前并没有专门法案或专章规定以针对金融犯罪的刑事规制问题。因此，本章将分别介绍美国规制涉网新型金融诈骗犯罪的主要法规。

一　美国涉网新型金融诈骗规制的背景：金融科技的发展

纵观美国金融科技的发展历程，大致可总结为以下三个主要阶段：1866 年至 1968 年为第一阶段、1969 年至 2008 年为第二阶段、2008 年至今为第三阶段。[①]

（一）第一阶段：金融全球化发展与美国金融体系的崩溃

1866—1968 年，是美国金融科技的第一个发展阶段，其以金融科技的全球化为主要内容，期间随着通讯与交通技术的发展，金融全球化在发达经济体间逐步推进。1866 年第一条跨大西洋电缆的铺设标志着全球性的金融市场逐步形成，这个继承了英国自由市场经济理念的北美大陆国家当仁不让地成为了金融全球化的重要参与者。这一时期金融科技的发展搭上了全球电气化浪潮中通信基础设施建设的便车，金融机构或者参与耗资巨大的基础设施建设的融资活动，或者受益于其发展使得跨国经营能够更加便利地开展[②]。受此影响，欧陆的银行与工业企业在长期的融资活动中逐渐形成了复杂的交叉持股以及联合企业结构，而同一时期北美大陆热络的证券交易使得投资银行服

---

① 这一划分参考了道格拉斯·W. 阿纹（Douglas W. Arner），亚诺什·巴伯斯（Janos Barberis）与罗斯·P. 巴克利（Ross P. Buckley）合著的《金融科技的演变后危机时代的新范式?》（*The Evolution of FinTech: A New Post-Crisis Paradigm?*）中所作的区分：1866—1967 年、1967—2008 年与 2008 年至今，其中 1866 年大西洋电报公司铺设了世界上第一条跨大西洋电缆，联通了北美与欧洲大陆，标志着第一个用以支持金融全球化的基础设施的诞生；1967 年是世界上第一台纸墨式的自动柜员机投入使用的时点，公众获取金融服务的便捷程度得到了前所未有的提高；2008 年的金融危机则深刻改变了金融科技的发展进路。参见 Douglas W. Arner, Janos Barberis, Ross P. Buckley, "The Evolution of FinTech: A New Post-Crisis Paradigm?", *Georgetown Journal of International Law*, Vol. 47, 2015, pp. 1271–1320。原文以世界范围内的金融科技发展进行梳理，并将第三阶段区分为两半段，本书参考美国的发展历程与监管体系变动稍作修改。

② Hannah L., William J. Hausman, Peter Hertner and Mira Wilkins, *Global Electrification: Multinational Enterprise and International Finance in the History of Light and Power, 1878–2007*, New York: Cambridge University Press, 2008, pp. 251–252.

务催生了大量混业银行。①这一时期还有一项重大的金融创新——信用卡。20 世纪 50 年代，大来卡、美国运通首次面向大众发行了付账卡，美国银行更是于 1958 年发行了第一张具有消费信贷功能的银行卡（这一功能成为日后信用卡的标准功能之一），现今的清算服务巨擘万事达卡（MasterCard）的前身——银行间卡协会（Interbank Card Association，ICA）也是在 1966 年成立的。②

"一战"后，美国的证券交易甚嚣尘上，不过 1929 年的大崩盘（Stock Market Crash of 1929）重创了美国的证券市场。由于估值过高、恶性投机、过度的保证金交易、信贷收紧等多种因素的作用③，纽约证券交易所内上市的股票从 20 世纪 20 年代起一路狂飙至 890 亿（至 1929 年 9 月 1 日）。而随后美元的总市值在 1929 年 10 月份短短一个月内跌至 710 亿美元，④在恐慌的抛售潮中纽约证交所 1929 年 10 月 29 日的交易量达到了惊人的 1600 万股，这一天也被称为"黑色星期二"。

此后，20 世纪 30 年代的银行危机将美国金融体系推到了崩溃的边缘。截至 1930 年 10 月，伴随着大崩盘的经济衰退似乎有所回转，然而，接下来接连发生在 1930—1933 年的银行恐慌造成的银行危机逐步由非联邦储备体系下的地区银行发展至全美，并最终蔓延为世界

---

① James H.，*Financial Innovation*，*Regulation and Crises in History*（1*st* ed.），Milton Park：Routledge，2014.

② 不过，当时这种由银行发行的信用卡的使用仍然局限于购买能力较强的个人和企业，普通消费者使用的是各个公司、加油站、商店发行的零售卡，这种零售卡像我们今天使用的储值卡。参见 Thomas A. Durkin，"Credit Cards：Use and Consumer Attitudes，1970 - 2000"，*Federal Reserve Bulletin*，September 2000。

③ 实际上，就是否存在泡沫，部分学者存在反对意见，例如，买格拉坦（McGrattan）和普雷斯科特（Prescott）（参见 Ellen R. McGrattan & Edward C. Prescott，"The 1929 Stock Market：Irving Fisher Was Right"，*International Economic Review*，Vol. 45，pp. 991，1003。）认为股价实际上被低估了。哈罗德·比尔曼（Harold Bierman）则认为公众及官员对于基本面恶化的过度恐慌所带来的影响远超基本面恶化本身的影响。但无论如何，这场股灾促使参议院采取行动，调查股票交易中的恶性投机行为。参见 H. Bierman，"Accounting/Finance Lessons of Enron：A Case Study"，*Johnson School Research Paper Series*，No. 41，2008。

④ United States Congress Senate，*Committee on Banking and Currency*，1934，pp. 7 - 8；United States Congress Senate Committee on Banking and Currency，*Stock Exchange Practices*：*Hearings Before the Committee on Banking and Currency*，United States Senate，1932 - 1934，pp. 7 - 8.

性的金融危机。在挤兑存款、流动性不足、联邦储备体系政策失误[1]以及经济衰退带来的基本面恶化的作用下[2]，大萧条期间银行大量倒闭——"1929 年 1 月，全美大约有 24000 家存款类金融机构，而到了 1933 年 3 月罗斯福下令银行休假时，这个数字减少到了 14000 家左右"[3]。

1. 存贷机构改革与联邦监管体系的建立

为应对大萧条，总统罗斯福采取了一系列旨在实现"通货再膨胀"的新政，与此同时，国会也通过一系列的法案对金融体系进行了大刀阔斧的改革。在这个阶段中，存贷机构改革[4]对美国金融行业体系的形成，乃至金融诈骗犯罪的影响不可小觑。银行危机发生后，参议院授权参议院货币与银行委员会进行调查，听证结束后发布的报告直陈存款机构同时经营商业银行业务与投资银行业务所造成的利益冲突给银行业带来的危害："诸种邪恶行径源自大型银行的附属投资公司。这些机构被当作投资商业银行自己的股票的工具，参与旨在操纵股票价格的市场运作以及开展法律禁止商业银行从事的业务。商业银

---

① Milton Friedman，Anna Jacobson Schwartz，*A Monetary History of the United States*，1867 – 1960，Princeton：Princeton University Press，1963.

② Charles W. Calomiris & Joseph R. Mason，"Fundamentals，Panics，and Bank Distress During the Depression"，*American Economic Review*，Vol. 93，pp. 1615，1637 – 1639. 亦有部分观点认为信息不对称所引发的逆向选择与道德风险，导致了金融危机。参见 Frederic S. Mishkin，Stanley Eakins，*Financial Markets and Institutions（9th Edition）*，London：Pearson，2018，pp. 211 – 214。

③ Gary Richardson，"Categories and Causes of Bank Distress During the Great Depression，1929 – 1933：The illiquidity versus Insolvency Debate Revisited"，*Explorations in Economic History*，Vol. 44，No. 4，2007，pp. 588，605 – 606.

④ 由于历史原因，美国银行业形成了"双重银行制度"的特殊结构，国民银行是根据《国民银行法》（*National Banking Act*）成立的，受到联邦政府的监管，并由货币监理总署负责具体的执法事务；州立银行则由各州政府许可并进行监管，由于许多州继承了自由银行制度时期（1837—1864 年）的理念，这些州立银行受到的监管相当有限。参见巫云仙《美国金融制度的历史变迁》，社会科学文献出版社 2017 年版，第 61—66 页。另外，依照《1913 年联邦储备法案》所成立的联邦储备体系在 20 世纪 20 年代间深陷纽约联邦储备银行与其他储备银行间的内部权力斗争，货币政策的制定与执行几乎陷于瘫痪（Markham，Jerry W.，"Banking Regulation：Its History and Future"，*North Carolina Banking Institute*，Vol. 4，2000，pp. 235 – 236）。

行毫不犹豫地违背对储户的信托义务，将那些来寻求不偏不倚的投资意见的储户的咨询交付给自己附属的投资机构。而这些投资机构则把他们手头上的股票肆无忌惮地销售到全无戒心的投资人和储户那。管理层和董事不断鼓动给投机活动加码，与此同时，他们也笑纳高额的津贴和分红。"①

对此，国会相继通过了《格拉斯 – 斯蒂格尔法案》（Glass-Steagall Act，Banking Act of 1933）与《1935 年银行法》（Banking Act of 1935）以加强对银行业的管制。其中，《格拉斯 – 斯蒂格尔法案》对银行体制进行了大刀阔斧的改革，该法案确立了商业银行与投资银行的分业体制②，设置了利率管制③并建立了联邦存款保险制度。④《1935 年银行法》进一步改革联邦储备体系的权力和结构，法案设置联邦储备理事会，赋予其管理贴现窗口利率、存款准备金率及证券信贷政策的权力，同时改革联邦公开市场操作委员（Federal Open Market Committee，FOMC）结构，从而加强理事会对其的影响并削弱地区储备银行在执行货币政策上的独立性，以此实现中央银行职能的集中行使。此外，《1935 年银行法》正式将《格拉斯 – 斯蒂格尔法案》设置的联邦存款保险公司（Federal Deposit Insurance Corporation，FDIC）确立为一个常设机构。

储贷机构⑤的联邦监管亦于这个时期建立。1932 年的《联邦住房

① United States Congress Senate Committee on Banking and Currency, *Stock Exchange Practices：Hearings Before the Committee on Banking and Currency*, United States Senate, 1932 – 1934, pp. 113 – 114.

② 但商业银行仍然可以参与一部分被称为"合格银行证券"（bank eligible securities）的买卖活动，这类证券主要是一些政府和公共事业证券，关于详细类型，参见12 U. S. C. §24 以下。

③ 包括授权联邦储备体系设定储蓄存款和定期存款的利率上限（Regulation Q），并明令禁止联邦储备体系的成员银行对活期存款支付利息。

④ Carpenter D. H., Murphy E. V. & Murphy M. M., *The Glass-Steagall Act：A Legal and Policy Analysis*, Library of Congress, Congressional Research Service, 2016.

⑤ 储贷机构（Thrift, Savings and Loan, S&L）资产规模通常较商业银行更小，并且以住房抵押贷款为主营业务。早期美国商业银行并不涉足住房抵押贷款业务，为购置住房，人们建立了此类机构通过储蓄存款汇聚资金并为购房者提供抵押贷款。

银行贷款法》（*Federal Home Loan Bank Act*）建立了联邦住房银行体系，为储贷机构提供低成本的流动性，并创建了联邦住房贷款银行委员会（Federal Home Loan Bank Board，FHLBB）进行监管。1934 年的《国家住房法》（*National Housing Act*）设立了一个类似于 FDIC 的机构——联邦储蓄贷款保险公司（Federal Savings and Loan Insurance Corporation，FSLIC），专门为储贷机构提供保险。[①]

在此后的 30 年间，国会通过的银行业监管法案主要在《1933 年银行法》与《1935 年银行法》所确立的基本框架上加以调整。例如，金融机构为开展混业经营抑或绕开地域限制通过银行控股公司方式展开经营，对此，《1956 年银行控股公司法》（*The Bank Holding Company Act of 1956*）将非单一银行控股公司纳入美联储的监管下，并限制银行控股公司或关联方从事非银行业务。[②]《1966 年金融机构监管法案》（*Financial Institutions Supervisory Act of 1966*）授权银行监管机构向从事不安全的银行业务或其他违法活动的银行发布中止或终止令。[③]

2. 证券市场改革与监管[④]

1929 年的大崩盘也迫使人们审视证券市场上层出不穷的欺诈发行、内幕交易与市场操纵行为，罗斯福总统在国会的报告中指出了证券市场的积病："在战后的十年间共计发行了 500 亿美元的新证券，在此之中，有一半（250 亿美元）的证券已变得一文不值。这些冰冷

---

① Federal Deposit Insurance Corporation，*History of the Eighties：Lessons for the Future*. Vol. 1，*An Examination of the Banking Crises of the 1980s and Early 1990s*，Washington，DC：FDIC，1997.

② 姚一凡：《保荐人先行赔付制度的解读与反思》，《金融法苑》2018 年第 1 期。

③ FDIC，"Important Banking Laws. Retrieved from FDIC：Federal Deposit Insurance Corporation"，2019，https：//www. fdic. gov/regulations/laws/important/index. html.

④ 早先，证券交易的管理主要依靠各州的州法，就其类型而言，可大致分为登记注册、充分披露（full disclosure）与实质管理（merit regulation）三种，前两种要求券商、经纪人或投资顾问进行登记或公开相关信息，后一种则对证券交易进行实质性的管理，各州得对发行人的股份进行冻结、设定资金用途乃至禁止发行等。参见余雪明《证券交易法：比较证券交易法》，证券基金会 2015 年版，第 5—6 页。这些各州的证券交易法被称为"蓝天法"（the Blue Sky Law）。一说"蓝天"这个称呼出源于联邦最高法院在 *Hall v. Geiger Jones Co.* 案的判决中，法官谴责部分证券欺诈行为是"行险侥幸的投机伎俩，其交易基础不过是几英尺长的蓝天"。参见赖英照《最新证券交易法解析：股市游戏规则》，台北：元照出版社 2017 年版，第 4—5 页。不过由于各州的证券法制不一，加之发行人往往开展跨州交易以制造法律冲突与调查障碍，蓝天法在用于监理证券市场时显得捉襟见肘。

的数字昭示着数以千计投资人的悲剧，他们将其毕生积蓄，辛苦多年的所得投入了这些毫无价值的股票之中。这些可以说是欺诈性的股票得以发行，原因在于承销商与交易商们在证券交易中彻底抛弃了公平、诚实与谨慎交易之标准，然而这些标准乃是促成投资创业之基石。轻松赚钱的承诺肆无忌惮地作出，然而将投资者的注意力吸引到估计证券价值所必要的事实上的努力却寥寥无几。在这个充满风险的行业之中，谨慎咨询不如高压推销。"[1]

有鉴于此，《1933 年证券法》与《1934 年证券交易法》正式开启了对证券交易的全国性监管。《1933 年证券法》确立了信息公开与禁止欺骗的基本原则，[2]《1934 年证券交易法》设立了证券交易委员会（Securities and Exchange Commission，SEC），并进一步规范二级市场中的公开交易。其中，《1933 年证券法》确立了两个基本目标：第一，保证投资者获得有关公开发行的证券的财务或其他重要信息；第二，在证券的发行中禁止欺骗、虚假陈述或其他类型的欺诈。《1933 年证券法》基于此设立了一套证券的发行注册程序，试图通过注册说明的方式进行信息披露，其中规定了未经登记公开发行非豁免证券的罚则以及虚假陈述的民事救济措施以确保充分披露的实现。[3]《1934 年证券交易法》则进一步规范二级市场上的证券交易行为，其法例主

---

① 所谓高压推销即经纪人通过夸张的动作、犀利的语言对客户施加心理压力，从而诱使客户在冲动之下购买证券。参见 Oxford University Press：High Pressure Selling，Oct. 4，2019，https：//www. oxfordreference. com/view/10. 1093/oi/authority. 20110803095936174。

② 有趣的是，在联邦证券法的立法过程中，早先的起草者汤普森（Huston Thompson）采用了实质管理理念，该草案赋予了联邦贸易委员会（Federal Trade Commission，FTC）撤销所涉事务处于不健全或者资不抵债状态的证券的发行注册，甚至允许 FTC 在出于公共利益的情形下，撤销那些业务或者企业并不是建立在合理原则（Sound Principles）之上的证券的注册。不过，这个草案既不符合罗斯福总统的原意，也遭到了众议院委员会的反对，随后在罗斯福的智囊（Felix Frankfurter）的安排下，由詹姆斯·兰迪斯（James Landis）、托马斯·科克伦（Thomas Corcoran）与本杰明·科恩（Benjamin Cohen）组成的团队在 Thompson 草案的框架上将其修改为以信息披露为核心的证券监管法规。参见 James M. Landis，"The Legislative History of the Securities Act of 1933"，*George Washington Law Review*，Vol. 28，No. 29，p. 34。

③ Alan R. Palmiter，*Examples & Explanations for Securities Regulation 7th Edition*，New York：Wolters Kluwer，2017，p. 38.

要包括四个方面的内容：（1）设立 SEC 作为联邦证券监管机构，授权其监管全国性交易所、经纪人和交易商及自律组织；（2）限制保证金交易；（3）禁止市场操纵等欺诈行为；（4）要求上市公司进行定期披露。

《1933 年证券法》与《1934 年证券交易法》形成了美国证券监管法律体系的基本框架，直至 2002 年的《萨班斯法案》（Sarbanes-Oxley Act，SOX Act）大幅调整金融监理体制前，国会在这一时期内制定了一系列这一基本框架下的专门法律。例如，《1939 年信托契约法》（Trust Indenture Act of 1939）加强了对债券发行人的监管；《1940 年投资公司法》（The Investment Company Act of 1940）与《1940 年投资顾问法》（Investment Advisers Act of 1940）进一步规范了基金和咨询业务。

除前文所述证券市场以外，期货市场的监管也大幅调整。新政期间，1936 年国会对 1922 年的《谷物期货法》（The Grain Futures Act）进行了大幅修订，将谷物期货委员会改制为商品期货委员会，授权其监管棉花、大米、黄油、鸡蛋等和谷物的期货交易，并禁止了所有商品的期权交易①，该法亦重新命名为《商品交易法》（The Commodity Exchange Act）。1968 年该法被再次修订，这次修订大幅提高了操纵市场行为的刑责，授权商品交易委员会发布中止及终止令，并再一次拓展了受监管商品的范围。②

3. 小结

在美国金融市场改革及新政不断推进之中，至少有三种观念逐步深入人心：第一，健全的金融市场有赖于公平价格的形成，若欺骗与操纵盛行，则价格机制亦为之扭曲，而形成热络之假象，以致无数投

---

① 期权禁令生效至 1981 年止。Michigan Law Review Association，"The Role of the Commodity Futures Trading Commission Under the Commodity Futures Trading Commission Act of 1974"，*Michigan Law Review*，Vol. 73。

② Graham Purcell and Abelardo Lopez Valdez，"The Commodity Futures Trading Commission Act of 1974：Regulatory Legislation for Commodity Futures Trading in a Market – Oriented Economy"，*South Dakota Law Review*，Vol. 21，1976，pp. 558 – 559.

资人因之遭受损失。因此，知情权乃是投资人的重要权利，政府亦有责任通过强化信息公开保护投资人不为恶意欺骗所戕害。第二，金融机构之审慎经营与专业人士恪守忠实义务乃金融体系顺畅运行之关键，唯现实中利益冲突频现、自我节制缺失与专业能力不足等情形终究打破人们对于自我信赖信条的天真想象，因而法律有必要深入忠实关系在金融体系中的阴暗晦涩地带，寻求平衡委托人与受任人利益之道。第三，金融市场并非是仅向有钱人开放的"游乐场"，相反，金融市场健康与否与一般公众之经济福利休戚相关，因此，规制金融犯罪并非单纯的政治作秀，而有其道德与经济上的理由。

而新政之风的遗产既体现在立法层面上——《1934 年证券法》第 10 条（b）及美国证券交易委员会（United States Securities and Exchange Commission，SEC）制定的 Rule 10b-5 为联邦检察官打击证券欺诈提供了新的有力武器，其亦影响着人们的内心——法官对文本的解读。后文将介绍的一种产生于该时期的对于欺骗概念的理解便是建立于被称为信息机会平等（Parity of Information Theory）的理论之上的。可想而知，市场交易本以契约自由意思自治为基石，加之当时资产定价模型尚不成熟，金融产品的客观价值几乎无从寻找，在此意义上如若追问何为平等便直面难以寻觅客观价值基础之难题，以至于不可避免地求诸法官内心的信念。这一植根于信息机会平等的理解，显然无法由社会习俗与文化背景积累而来的普通法体系直接推导而出，而是新政时期保护投资人政策之导向结果。也正是因此，新政被称为"对美国经济的一次全面重组和对美国制度的全面改革"①。

（二）第二阶段：金融的数字化与现代化

在第二个发展阶段中（1969 年至 2008 年），计算机与通信技术的成熟使得金融科技的成果不断涌现，电子银行业在这一时期走向成熟。1969 年，第一台现代意义上的自动取款机安装在了纽约州洛厄维尔中心的化学银行，这一发明极大地便利了人们获取金融服务。据

---

① ［美］杰里米·阿塔克、彼得·帕塞尔：《新美国经济史：从殖民地时期到 1940 年》，罗涛等译，中国社会科学出版社 2000 年版，第 662 页。

估计，到 2002 年，美国已经有超过 35 万台 ATM，交易总数在 140 亿笔左右。[①]1976 年，POS 系统被首先安装在了马萨诸塞州的两家杂货店中，20 世纪 90 年代中期电子查核系统逐渐完善后迅速推广。受益于此，信用卡逐渐流行开来，截至 1998 年 10 月，消费借贷总额从 1992 年的 7700 亿美元增长到了 1.3 万亿美元，其中约四成都来自信用卡，当时平均每个美国人持有三张信用卡，而且四分之一的支出都花在信用卡上。[②]而支撑这一系列发展的，则是自动清算所系统的完善。1970 年，票据清算所银行同业支付系统（Clearing House Interbank Payments System，CHIPS）建立。随着技术改善，通过自动清算所系统进行的电子票据支付金额也从 1986 年的 2.36 亿美元上升到了 1990 年的 4.67 亿美元，平均年增长率达到了 25% 左右。[③]在此基础上，移动电话与个人电脑的普及促成了家庭银行业务的发展。1981 年《美国银行家》发表了一系列文章宣传电话家庭银行业务。随着互联网的普及，家庭银行业务的开展也转向互联网，甚至在 1995 年出现了第一家无实体店面的互联网虚拟银行——安全第一网络银行（Security First Network Bank）。网络银行业务增长十分迅速，截至 1997 年，已经有超过 200 万家庭使用电脑进行银行交易。[④]

金融市场亦受惠于信息技术的发展。早在 20 世纪 70 年代，纽约证交所就通过指定委托单周转系统（Designated Order Turnaround）以电子化的方式处理委托单，纳斯达克（NASDAQ）[⑤]亦是于 1971 年建立的，截至 2000 年 12 月，纳斯达克全国市场大约有 3800 种股票，小盘股市场则大约有 900 种股票。[⑥]SEC 在 1984 年创建了电子数据收

---

① Hayashi F., R. Sullivan and S. Weiner, *A Guide to the ATM and Debit Card Industry*, Kansas：FRB Kansas City, 2003, pp. 17 – 19.

② Markham, *A Financial History of the United State：From The Age of Derivatives into the New Millennium*, New York：M. E. Sharpe, 2002, p. 284.

③ 马红霞：《美国的金融创新与金融监管》，武汉大学出版社 1998 年版，第 241—242 页。

④ Markham, *A Financial History of the United State：From The Age of Derivatives into the New Millennium*, New York：M. E. Sharpe, 2002, pp. 290 – 291.

⑤ 纳斯达克实际上就是一个将交易商通过电信网络连接起来的报价系统。

⑥ ［美］法伯奇：《金融工具手册》，俞卓菁译，人民出版社 2018 年版，第 51 页。

集、分析与检索系统（Electronic Data Gathering，Analysis and Retrieval System，EDGAR）对披露文件进行归档，到了 1995 年，超过七成的上市公司皆通过 EDGAR 提交文件。[①]此外，由于投资者能够更便捷地获取有关企业信用风险的信息，20 世纪 70 年代后证券市场与货币市场上也出现了新的金融工具：垃圾债券与短期商业票据，这使得信用评级较低的公司亦可通过发行长期或短期的债券进行融资。[②]

1. 金融体制的现代化

20 世纪 70 年代的通货膨胀以及衍生品市场的扩张和金融业务的创新，深刻改变了 20 世纪下半叶的美国金融市场状况。一方面，《美国利率上限条例》（Regulation Q）限制了存款利率的上限，而 20 世纪 70 年代的通货膨胀使得市场利率大大超过了限制利率，这一情况致使银行等传统金融中介无法吸引客户，使其资产份额持续萎缩。加之不受利率管制影响的货币市场基金和年金保险的兴起进一步挤压了银行等存款机构的市场份额，以至于直接引发了 20 世纪 80 年代的储贷行业危机，分业体制更是令美国银行在与欧洲全能银行的竞争中节节败退；另一方面，银行等存款机构也主动采取了一系列的金融创新——NOW 账户、可转让存单等新型金融工具的出现以及欧洲美元债券市场的发展使得银行试图绕过利率管制而获取资金，且法院亦有意放松对此类金融创新的管制。此外，变化不仅仅发生在传统的金融市场中，战后期货市场的恢复以及金融衍生品的出现不仅仅吸引了众多有着风险管理需求的企业主，还促成了投机的热潮——1973 年出现了史无前例的期货价格飙升，部分期货合约的价格甚至达到了历史最高价格的三倍，这一年内期货合约的交易量达到了 2580 万左右，相较于 1972 年整整增加了四成。[③]

---

① Markham，*A Financial History of the United State：From The Age of Derivatives into the New Millennium*，New York：M. E. Sharpe，2002，p. 29.

② Stanley Eakins Frederic Mishkin，*Financial Markets & Institutions*，London：Pearson，2018，p. 489.

③ Michigan Law Review Association，"The Role of the Commodity Futures Trading Commission Under the Commodity Futures Trading Commission Act of 1974"，*Michigan Law Review*，Vol. 73，pp. 716 – 717.

诸种变化成为了美国逐步调整金融监管体制的契机。为应对期货市场上的投机狂热，1974 年的《商品期货交易委员会法案》（*The Commodity Futures Trading Commission Act*）将商品期货委员会（The-Commodity Futures Trading Commission，CFTC）自商品交易委员会中独立出来，并授权其监管包含金融期货在内的任何类型的商品期货。储贷机构的危机促成了 1989 年《金融机构改革、回复与执行法》（*The Financial Institutions Reform，Recovery and Enforcement Act，FIRREA*）的通过，该法以 FDIC 取代濒临破产的 FSLIC 为储贷机构提供存款保险，并设立储贷机构监管办公室（Office of Thrift Supervision）替代FHLBB。日益凸显的证券监管法律冲突为 1996 年《全国证券市场促进法》（*The National Securities Markets Improvement Act*）的出台埋下了伏笔，该法豁免了联邦注册的多数证券及全国性基金的州证券法监理。[①] 1999 年的《金融服务现代化法案》（*Financial Services Modernization Act，Gramm-Leach-Bliley Act，GLBA*）最终打破了《格拉斯－斯蒂格尔法案》所设立的分业经营之藩篱，该法案允许金融机构通过金融控股公司之形式经营银行、证券与保险业务，在贯彻落实功能监管理念的同时将美联储作为银行控股公司的伞形监管者，改革了联邦住房贷款系统并加强了对金融消费者的信息保护。[②]

自 20 世纪 70 年代以来，美国金融体制现代化的进程一路高歌猛进，1982 年大陆伊利诺伊银行的倒闭及 1987 年股灾尽管造成了一定冲击，但总体而言并未动摇"避免过度监管以诱发道德风险"之信条。[③]

---

① Linda M. Stevens，"The National Securities Markets Improvement Act（NSMIA）Savings Clause：A New Challenge To Regulatory Uniformity"，*University of Baltimore Law Review*，Vol. 38，pp. 445 – 446.

② Michael P. Malloy，*Banking Law and Regulation*，New York：Wolters Kluwer Law & Business，Aspen Publishers，2014.

③ Donald L. Kohn，"The Evolving Nature of the Financial System：Financial Crises and the Role of the Central Bank：a Speech at the Conference on New Directions for Understanding Systemic Risk"，May 18，2006，https：//www. federalreserve. gov/newsevents/speech/kohn20060518 a. htm.

2. 安然时代的调整：安然在线及其影响

迈入千禧年不久，安然、世通的破产以及一系列华尔街财务丑闻的揭露，使得美国证券监管体系沉疴与公司治理改革迟缓的议题再次被推至前台，旨在遏制公司失当行为的《沙宾法案》（Sarbanes-Oxley Act，SOA）亦以此为契机出台。

安然公司的崛起得益于金融科技，其丑闻之发酵亦与金融创新之滥用息息相关。成立于 1985 年的安然公司本是一家位于休斯敦的传统天然气企业，并与其他能源同业一般乘上了 80 年代中期里根政府放松天然气价格管制的东风而茁壮成长。①不过有别于其他同业，安然在 1999 年推出了互联网商务交易平台——安然在线。安然在线并不向买卖双方收取费用，而是由安然公司作为做市商参与该平台中的交易。不收取佣金、交易便捷且商品种类丰富的安然在线迅速收获了成功，仅在设立一年后的 2000 年，安然在线便开展了 54.8 万笔交易，交易额达到了 3360 亿美元。②发迹于此的安然公司亦不断调整其业务重心，逐渐由传统的能源工业企业转变为以金融业务为主的能源交易商，其他能源供应商与消费者以安然公司为媒介达成相关远期合约，其中最著名者即所谓的"天然气银行"。不过此举亦使安然公司暴露于市场风险之下，因此安然公司进行了复杂精细的融资安排，从而使用甚至创造了大量的金融衍生品，而这一举动竟进一步推高了安然公司的业绩表现，并刺激安然公司进一步采取多元化战略——90 年代，安然投资了大量重资产，一时间世界各地的能源衍生品、水力、电力、通信乃至造纸行业均可见安然的身影。自 1996 年起至 2001 年破产前夕，安然公司连续六年被《财富》杂志评为美国最具创新实力公司，其于 2000 年末公布的营业额更是超过了 1000 亿美元，并荣获英国《金融时报》的"年度能源公司奖"与"最大胆的成功投资决

---

① John R. Kroger, Enron, "Fraud, and Securities Reform: An Enron Prosecutor's Perspective", *University of Colorado Law Review*, Vol. 76, p. 64.

② Markham, *A Fnancial History of Modern U. S. Corporate Scandal: From Enron to Reform*, Milton Park: Routledge, 2005, p. 62.

策奖"。①讽刺的是，安然光鲜外表之下却是大量的表外交易所掩盖的巨额负债。安然利用当时会计惯例上的漏洞，广泛从事各路结构性融资交易，其透过创设特定目的实体（Special Purpose Entity，SPE）以掩藏负债，②并故意隐瞒其控制下的有限合伙企业，从而进行关联交易以虚增利润或用于所谓的"对冲风险"以粉饰损失。③不过纸终究包不住火，负债累累并陷入 SEC 调查的安然在 2001 年 11 月 8 日重述其财务报告，宣布自 1997 年至 2000 年的收入减少了 5.91 亿美元，而 2000 年的负债增加了 6.58 亿美元，同月主要评级机构纷纷降低了安然的评级，这一举动使得安然公司约 40 亿美元的债务提前到期。在经历动能收购失败后，风雨飘摇中无力填补债务资金缺口的安然于 2001 年 12 月 2 日向法院申请破产保护。

安然丑闻并非个例，当时世通、泰科等诸多大型企业财务造假案的揭发将美国证券监管体系的关键——防止欺诈环节之短板展露于众多投资者，旋即掀起了一阵证券监管改革的浪潮，其中最著名者，则当属《萨班斯法案》（以下简称 SOX 法案）的出台。上市公司堂而皇之为财务造假情事的一大原因在于看门人的失职。④对此，SOX 法案设立上市公司会计监察委员会对上市公司的审计及相关工作者实施监管，并为加强审计师的独立性、避免证券分析师的利益冲突作出一系

---

① 陈依苹：《美国史上最大破产案安隆（Enron）深度报导》，《会计研究月刊》2002 年第 195 期；另请参见陈依苹、郑惠之《科技与人脑结合 IQ + EQ = BI 新经济商业智慧》，《会计研究月刊》2002 年第 201 期。

② 根据当时的一个会计惯例，若在 SPE 中其他的非关联公司的权益性资本达到 3%，即使该 SPE 的信用风险主要由该公司承担，也不需要将其纳入合并报表之中。请参见家澍、黄世忠《安然事件的反思——对安然公司会计审计问题的剖析》，《会计研究》2002 年第 2 期。滥用该惯例实际上违背了实质重于形式的会计基本原则。

③ 为操纵利润，安然不恰当地对其主要资产采用了逐日的公允价值计价，该计价方式允许安然以当日市价或估计的市价计算其资产价值，并将每季度的增值计入其当期利润，不过当市价下降或那些过于乐观的估计落空时，则可能发生损失。为此，安然恶意设立了一系列处于其实际控制下但不在合并报表之列的公司与安然订立对冲合同，然而，这些对冲公司仅仅起掩藏会计账目上的损失之用，因为这些公司仍然由安然公司以其自身的股份出资，换言之，风险的实际承担者仍然是安然。

④ John C. Coffee, Jr., *Understanding Enron: It's About the Gatekeepers, Stupid*, Columbia Law School The Center for Law and Economic Studies.

列改革。例如：禁止会计事务所在向一个客户提供审计服务的同时提供除部分带来利益冲突的非审计的服务，要求会计事务所保存工作底稿，授权 SEC 制定规则以解决证券分析师的利益冲突问题。公司内部治理失当亦为财务舞弊频发症结所在。因此，SOX 法案亦强化了上市公司的财务报告制度，包括要求上市公司设立独立的审计委员会负责注册会计师的聘用和监督工作，禁止公司为高管及董事提供贷款，强制 CEO 与 CFO 对定期报告、预期报告及与之相关的内部财务信息控制体系之健全性予以认证，并为出具不实认证者设立相应罚则①。此外，SOX 法案强化了证券法的执行机制，包括明确举报者具有防止公司报复之权利并提供相应诉因，为 SEC 提供更多资源的同时要求其更深入地审查上市公司所提交的报告，修订联邦司法指南，并授权开展数项与审计及执法工作相关的研究调查。

总的来说，尽管 SOX 法案创设的上市公司会计监察委员会的实际作用有待考量，且其相当篇幅为现有的法规或行业惯例之联邦化整编而被部分学者认为"萨班斯－奥克斯利法案虽口号响亮，且亦非完全无济于事，但其并没有产生自罗斯福以来的任何改革更为深远的影响，鉴于其可能有些效果，勉强可以给个 B＋"②。但该法案的一大启示在于：抗制金融诈骗的要点在于解决利益冲突——金融市场中介机构面临着维系客户与对投资公众负责之间的冲突、现代公司面临着所有权与控制权分离所带来的冲突，也正是因此，该法大费周章着墨于各种提高审计独立性与完善公司治理的措施，其落实的乃是忠实原则这一普通法中存在已久的代理他人事务之准则。

3. 小结

金融体制现代化的背景乃是现代公司结构的转变。随着金融管制的解除，日益活跃的资本市场使得多元且分散的投资成为现实，与之相伴的则是现代大型公司的结构转变，一如阿道夫·A. 伯利（Adolf

---

① 包括退回薪酬和红利、被 SEC 禁止担任公司高管或董事、处以至多 20 年的监禁或 500 万美元以下罚金或并罚等措施。

② Lawrence A. Cunningham，"The Sarbanes－Oxley Yawn：Heavy Rhetoric，Light Reform（and It Just Might Work）"，*Connecticut Law Review*，Vol. 35，p. 988.

A. Berle）与加德纳·C. 米恩斯（Gardiner C. Means）所言，"控制权在过去仅被视为所有权的一项功能，而现在则表现为一项独立的、可分割的要素"①。一者，公司管理者与股东之市场走向分离，至 20 世纪 90 年代，养老年金、医疗保险等信托基金急速扩张，此类寻求稳健投资的机构投资者皆采用现代投资组合之理念，分散其持股并依情势而动态调整其中各资产之成分，以此达成规避企业个体风险之功效。也正因此，除某些对冲基金外，个别企业之经营成败与基金整体表现联系甚微，因此众多基金虽身为股东，但缺乏参与监督企业经营之诱因；另外，职业经理人群体日益走向成熟，而彼等专业化的管理团队仅仅是为公司提供劳务服务而接受固定薪酬，自不同于股东金钱投资所面临的风险，换言之，投资人与经理人分别处于资本市场与劳动市场这两层截然不同的市场之中。二者，传统上认为，通过期权、绩效等方式将经理人表现与公司表现相联结便足以为经理人创造为股东利益服务之诱因。固然经理人可通过勤勉经营达成公司业绩之指标，但是，财务造假、关联交易等不法行径亦可达成操纵利润之目的，即使不采取不法手段，经理人仍可以通过从事投机交易、抛售公司资产等有损于长期发展之手段达成业绩目标，是故此联结并非万无一失。更为遗憾的是，用于防止此类经理人失当行为发生的公司治理体系，无论是内部的董事会还是外部的会计事务所、律师事务所抑或是评级机构等看门人也往往陷于利益冲突。三者，法玛（Fama）的文章曾指出，避免所有权与控制权分离所带来的代理问题的市场机制仰仗于有效的股票定价机制与激烈的劳动力市场竞争。②不过，现实却是经理人通过操纵利润粉饰财报营造一片欣欣向荣的景象。此类行径非但没受到质疑，反而促成投资人一轮又一轮的非理性投资热潮，股票的价格节节攀升，完全无法反映管理团队之水平；另外，劳动市场

---

① 需要留意的一点是，公司结构与财产权的转变仅为伯利与米恩斯的结论之一。[美] 阿道夫·A. 伯利、加德纳·C. 米恩斯：《现代公司与私有财产》，甘华鸣等译，商务印书馆 2005 年版，第 129 页。

② Fama E., "Efficient Capital Markets: A Review of Theory and Empirical Work", *The Journal of Finance*, Vol. 25, No. 2, 1970, pp. 383 – 417.

亦未能对经理人施加足够的竞争压力，甚至相反，因经营管理对公司绩效难以衡量，而股东往往以价格作为管理品质之指标，如此一来，经理人市场的竞争加剧只会反过来促成经理人虚报高价。实际上，自1995年以来，CEO的薪酬非但没有因为80年代与90年代间的并购热潮等竞争要素而减少，反而一路扶摇而上。①因此，所有权与控制权之间的分离以及随之而来的利益冲突，逐渐成为这一时期的关键议题。

在旧有理论因不符情势而被抛弃的同时，忠实义务这一普通法中的旧瓶子又装入了新酒。前述信息机会平等这一理念，既可能对合法且勤勉的投资人产生设想外的伤害，又难以与欺骗这一概念相合致；而现代公司结构的改变，使得经理人逐渐更为广泛地被视为一种受托人，金融科技的进步，尤其是互联网的运用，更令成千上万的美国人得以对上市公司持份，股权由此成为了一种"被动性财产"——一种以分配财富而非聚集资本为功能的权利，因此权利人获得来自公司诚实服务的权利主张亦日益凸显。一切的变迁使得受托人的忠实义务被空前强化，这一时期，美国社会抗制金融诈骗的努力不仅仅在于刑责的提高，还包括对公司内部治理与市场看门人的强化，美国法院在解读欺骗时亦回归到了忠实义务这一关键之上，并且以一系列的判例为这一古老原则不断注入新的内涵，使得欺骗之概念空前庞杂。

（三）第三阶段：后危机时代

发生于2007年的次贷危机以及此后绵延数年的全球金融危机彻底改变了金融科技的发展进程。2007年至2009年间，受金融海啸之影响，美国及世界范围内金融监管再度趋严，传统的金融机构面临巨大的监管压力；2012年后，《工商初创企业推动》应经济复苏的需求而出台，为初创企业提供了更多融资渠道。如此一来，初创企业与传

---

①　自1995年到2002年，标普500中公司CEO年薪的中位数总和从360万美元提高到了930万美元。Larcker David F. and Tayan Brian, "Loosey-Goosey Governance: Four Misunderstood Terms in Corporate Governance", *Rock Center for Corporate Governance at Stanford University Closer Look Series: Topics, Issues and Controversies in Corporate Governance*, No. CGRP - 79, 2019.

统科技企业在互联网技术进步与智能手机普及的加持下，亦成为各色传统金融产品的提供者。不过，与前两个时期的显著差异在于，此类新兴金融商品提供商不再以面对面交易的方式向消费者提供产品或服务，而是借由互联网推介各类金融商品。换言之，此阶段的金融技术发展方向与今日我们所熟知的"互联网金融"几无二致。

当今的金融科技主要应用于"支付""保险""计划""借贷、众筹""区块链""贸易与投资""数据分析"与"安全"等领域。[1]以移动支付为例，美联储 2016 年对 2220 名受访者展开了一项有关移动金融服务的调查。调查报告显示，2015 年期间，在 18 岁至 44 岁的消费者中，有 30% 以上的人曾使用手机付款。另据 PayPal 的 2019 年年度报告，仅 2019 年一年内，其新增净活跃账户便达到了 3700 万个，截至年底，共有 3.05 亿个活跃账户，完成了超过 124 亿笔交易，总额达到了 7120 亿美元。[2] 此外，美国也是全球最大的智能财务顾问市场，在 2019 年，美国智能顾问的使用者达到 828 万，总计 7497.02 万美元的资产处于智能顾问的管理之下。[3]

1. 《多德—弗兰克法案》的出台

在 2007 年次贷危机所引发的全球金融危机中，美国政府被迫推出不良资产救助计划（Troubled Asset Relief Program，TARP），为陷入财务困境的金融机构纾困。当时，TARP 授权以近 7000 亿美元税金来援助美国的大型金融机构与房地产企业，这种"花纳税人的钱为金融机构不当行为买单"的举动一度引发各界争论。由于 TARP 推出时未对用途加以明确限制，此后更是爆出了华尔街高管的巨额分红事件。

在此背景下，美国出台了一项全面而细致的金融监管改革法案——《多德—弗兰克法案》（*Dodd-Frank Wall Street Reform and Con-*

---

① International Organization of Securities Commissions，*Consultation on CIS Liquidity Risk Management Recommendations*，2017，CR04/2017，p. 4.

② PayPal，"2020 Proxy Statement"，Apr. 8，2020，https：//investor. pypl. com/financials/sec-filings/sec-filings-details/default. aspx? FilingId = 14064658.

③ Statista，"eCommerce 2020：Trends and Outlook"，https：//spaces. statista. com/f698ac3e1bf2405190307ce8e6063f47. pdf.

sumer Protection Act of 2010，*Dodd-Frank Act*）。该法开宗明义，法案长标题即指出其目的在于"以完善金融体系之问责制度与提高金融体系之透明度来促进金融稳定，结束'大而不倒'的纳税人救市，保障消费者免于金融服务之滥用"。《多德—弗兰克法案》主要包括五方面的内容：（1）设立金融稳定委员会与有序清算局监管金融行业的系统性风险及系统性重要金融机构；（2）对银行控股公司或其他金融机构施加更严格的审慎标准，采用沃尔克规则，限制存款机构从事投机性交易；（3）完善公司内部治理机制，限制高管薪酬；（4）强化对私募基金、信用评级以及衍生品市场之监管，并设立衍生品交易所；（5）防止掠夺性贷款，新设消费者金融保护局（Consumer Financial Protection Bureau，CFPB）专司金融消费者权益保护事务。①

2. 《经济增长、监管放松与消费者保护法案》的影响

尽管《多德—弗兰克法案》被人们寄以防范 2008 年全球金融危机的愿景，然而该法中的审慎标准对金融机构在资本、流动性以及风险管理方面施加了相当大的合规压力。部分研究指出，此举提高了社区银行的合规成本并将致使贷款供给减少（Congressional Research Service，2015）。此外，自"Equifax 信息泄露事件"② 发生后，金融消费者个人信息的保护亦逐渐成为热点问题。在此背景下，《经济增长、监管放松与消费者保护法案》（*Economic Growth*，*Regulatory Relief and Consumer Protection Act*）出台，并对《多德—弗兰克法案》进行了大幅修订。

《经济增长、监管放松与消费者保护法案》主要包括：（1）放松对小型贷款机构发放抵押贷款以及社区银行的资本要求；（2）大幅提高认定系统性重要金融机构的资产门槛，降低托管银行的资本及杠

---

① David S. Huntington，Paul，Weiss，Rifkind，Wharton & Garrison LLP，"Summary of Dodd-Frank Financial Regulation Legislation"，Harvard Law School Forum on Corporate Governance，2010，https：//corpgov. law. harvard. edu/2010/07/07/summary-of-dodd-frank-financial-regulation-legislation/.

② 具体情况，见 https：//www. equifaxsecurity2017. com/2017/09/07/equifax-announces-cybersecurity-incident-involving-consumer-information/。

杆率要求；（3）豁免小型风投基金的注册要求，减少州对联邦证券交易所交易的证券之监管；（4）延长信用报告的欺诈警告时限，允许个人请求冻结信用报告四个方面的内容。

3. 小结

相较于前两个时期，这一时期的美国，除胎死腹中的 2010 年《诚信服务修复法案》（*Honest Services Restoration Act*）① 及 2012 年通过的《停止交易国会信息法案》（*Stop Trading on Congressional Knowledge Act*, *STOCK Act*）② 外，并无重大的专门抗制金融犯罪的刑事立法活动，不过此时期金融消费者保护逐渐被列入金融监管的目标之一。实际上，自 1970 年的《消费者信贷保护法》（*Consumer Credit Protection Act*）以及《公平信用报告法》（*Fair Credit Reporting Act*）出台以来，美国便制定了多部法律保护金融消费者免遭剥削性的欺诈贷款及信用报告不受滥用。2010 年的《多德—弗兰克法案》更是设立了专门的消费者金融保护机构。此后的《经济增长、监管放松与消费者保护法案》在部分放松对金融机构监管的同时，也加强了对金融消费者的保护。随着金融科技的发展，CFPB 与公平交易委员会（Federal Trade Commission, FTC）也对许多金融科技企业展开过执法行动。例如，在 Allied Wallet 案③中，Allied 因故意帮助处理欺诈交易之款项受到 FTC 指控，并最终接受指控以 1.1 亿美元和解。当然，为避免过度监管损害市场竞争，CFPB 亦创设有无异议函（No-Action Letter）与监管沙盒以促进金融创新，避免法网过严伤及无辜。换言之，此时期的一大发展乃是借由保护金融消费者来遏制金融诈骗。

美国的金融监管政策在收紧与放松之间摇摆，亦影响法院对于金融诈骗之见解。例如，2008 年金融危机发生之后，金融机构冒险与

---

① 此法案明确获得诚信服务之权利乃邮政欺诈罪之保护对象。

② 此法案禁止国会议员利用内部消息从事内幕交易。

③ Allied Wallet 是一家主要处理在线支付的公司，据 FTC 的指控，Allied 在经营过程中不仅为从事欺诈行为的商户提供服务，恶意纵容这些商户制造虚假销售记录来降低退款率从而诓骗消费者，甚至帮助这些欺诈商户设立海外空壳公司和虚拟网站来逃避监管。详细案情见 *FTC v. Allied Wallet, Inc.*, Case No. 2：19 - CV - 4355, FTC No. 172 3155。

监管机构失职震惊朝野，法院一度重新审视其早先的以忠实义务为限的解释方法，转而在 Dorozhko 案中拓展欺骗之意涵。实际上，若放宽对于法条中欺骗之解释，势必有利于投资人之保障，然而代价是企业利益与市场效率之损失；如果收紧关于欺骗之解释，则又有加剧投资人与金融机构间信息不对等之虞，美国抗制金融诈骗之法制，亦在此二者之间摇摆。

二　美国的涉网金融诈骗刑法规制概述

（一）分散多元的互联网金融诈骗规制体系

在美国，对于何为金融犯罪并没有一个被普遍接受的定义，多数情况下，各种类型的金融诈骗犯罪都被归类至白领犯罪（White Collar Crime）或欺诈犯罪（Fraud Crime）加以讨论。就执法方面而言，联邦调查局所发布的 Financial Crimes Report 2010—2011 同样没有明确地为金融犯罪下一个定义，而仅仅指出金融犯罪是"针对金融领域的"并且"意图获取个人利益或商业利益而由个人或组织所实施的以欺骗、隐瞒事实或背信等非物理暴力为特征"的犯罪。① 历年的报告中收录的主要金融犯罪活动有：（1）公司欺诈（Corporate Fraud）；（2）证券与商品欺诈（Securities and Commodities Frauds）②；（3）医疗保险欺诈（Health Care Fraud）③；（4）金融机构欺诈（Financial Institution Fraud）；（5）保险欺诈（Insurance Fraud）；（6）大众营销欺诈（Mass Marketing Fraud）④；（7）身份盗用（Identity Theft）⑤；（8）洗钱（Money Laundering）。从世界范围来看，国际货币基金组织所发布的报告中亦表明了难以为金融犯罪下定义。报告在附件中提到

---

① US Department of Justice, Federal Bureau of Investigation, 2011.

② 所谓商品（commodity），强调其非现货的属性，并且包括权益和服务等无形物。

③ 医疗保险欺诈活动不仅仅包括虚构医疗服务、伪造医疗账单等骗保行为，还包括医务人员借由过度治疗所实施的滥用医疗保险行为。

④ 所谓大众营销欺诈泛指利用大众传媒所实施的欺诈活动。

⑤ 身份盗用，指非法转移、持有或使用他人身份信息实施犯罪，以及某些情形下编造、转移、持有虚假或非法签发的身份证明文件及上述身份证明文件的制作工具的行为。参见 Girgenti E.，"Computer Crimes"，*American Criminal Law Review*，2018，pp. 934 – 935。

了金融犯罪一词至少在三个层次上使用——最广义的金融犯罪泛指"任何造成金钱损失的犯罪"；另一个较为广义的定义则认为金融犯罪是"造成金钱损失的非暴力犯罪"，不过，在某些情形下，这个概念或被限缩至"行为人意图不法获利"；最为狭义的金融犯罪指"与金融机构相关的，造成金钱损失的非暴力犯罪"。① 可见，尽管未形成一致的定义，但是非暴力和与金融机构相关是金融犯罪的两大主要特征。

不同于我国刑法将金融诈骗罪单独成章从而实现一元化的规定，金融诈骗行为的刑责在现行的美国法例中涉及相当广泛且分散的规范。以一起上市公司季度报告中的财务造假为例，虚假的公开说明可能违反《1934 年证券交易法》第 10 条（b）② 及 Rule 10b-5 ③，如果公开说明是在提交给证券交易委员会的表格中作出的，那么还可能违反《美国法典》第 18 章第 1001 条的虚假陈述禁止④。此外，现如今多数企业亦会通过互联网发布相应的财务报告或者向部分位于其他州的重要客户邮寄报告，那么此时的不实陈述可能构成电信欺诈罪⑤或者邮政欺诈罪⑥。当然，如果这起案件发生在 2002 年之后，检察官还可能以《沙宾法案》增设的证券欺诈罪⑦起诉。除此之外，上述行为还可能违反各州制定的刑法。例如，在纽约州，编造一份上述的不实财务记录并公开发布可能构成发布虚假财务报告罪⑧与（第一级）密谋欺诈罪⑨。有鉴于此，本章对美国法上金融犯罪的刑事规制的比较研究将基于我国刑法规定的金融诈骗行为，寻找其可能违反的美国法

---

① International Monetary Fund, *Financial System Abuse, Financial Crime and Money Laundering— Background Paper*, Monetary and Exchange Affairs and Policy Development and Review Departments, 2001, https：//www. imf. org/external/np/ml/2001/eng/021201. pdf.

② 15 U. S. C. §78j.

③ 17 CFR § 240. 10b – 5.

④ 18 U. S. C. §1001.

⑤ 18 U. S. C. § 1343.

⑥ 18 U. S. C. § 1341.

⑦ 18 U. S. C. § 1348. 本罪 2009 年修订为证券与商品欺诈罪。

⑧ NY Penal Law § 175. 45.

⑨ NY Penal Law § 196. 65.

律，并着重探讨中美法律在"欺诈"这一概念理解上的不同。

（二）欺诈概念与美国金融诈骗犯罪

尽管同为普通法系的美国保留了大量来自英国的普通法，不过美国各州立法机关均不同程度地进行了普通法法典化运动，国会亦为应对现实需要而进行了广泛的立法工作。因此，制定法是美国相当重要的法源，相当多的判例亦围绕着这些制定法发展而来。这一点在金融法制的发展上尤为凸显，实际上，接下来我们要介绍的几乎所有对罪行的规制都来自国会的制定法，而这一系列法案受到了不同时期国会对于金融市场发展状况的态度的影响，因此，法官在解释条文的过程中亦渗透着不同历史时期的社会价值观念。

欺诈这一概念在美国法的发展中经历了相当巨大的变动。概念并非一成不变，其产生与发展均与人类社会之现实情境息息相关。通过观察概念之变迁，总结诸种解读，即为所谓的"概念史"之研究方法，此种比较各家观点并与现行法律体系相适配的研究方式亦为刑法教义学所广为接纳。不过，概念史并未触及的问题在于——"为什么概念要被如此理解？"或者说是"为何欺诈在中美法律之下的解读截然不同？"今日之著述大多沿用概念史之研究方式，比较中外各国设计构成要件上的不同，然后再考虑其与现行法律体系的适应性（是否符合"谦抑性"之要求抑或能否满足"法益保护"之需要），但往往并未触及何以作此理解之问题。为弥补此缺憾，本节讨论重点便在于补全概念生成之历史背景，从而力图揭开上述问题之答案。是故，在探析美国金融犯罪刑法规制之前，有必要了解美国互联网金融市场与金融监管的发展。

与我们常用的术语"互联网金融"不同，在世界范围内，这场信息技术与金融业结合的过程被称为"金融科技"（Financial technology，"Fintech"）①。正如这两个词字面上的区别，金融科技泛指技术

---

① 金融稳定委员会（Financial Stability Board，FSB）的术语表中将金融科技定义为技术推动的金融创新，其可能催生对金融服务的提供具有重大影响的相关商业模式、应用、流程或产品（Financial Stability Board，2019）。

在金融创新中的应用，而互联网金融更加强调互联网技术在金融服务中的应用以及互联网企业对金融市场的参与。[①]不过，现如今，无论是在发达经济体还是在新兴市场中，去中心化技术和大型技术企业都在深刻地改变着金融市场的结构[②]，而这些去中心化技术大多需要借助互联网得以实现，并且这些大型技术企业也多为科技公司。换言之，如果我们着眼于当下的金融科技发展趋势，可以说互联网金融是金融科技的发展方向之一。

三 美国金融诈骗与涉网新型金融诈骗的刑法规制

（一）普通法中的盗窃罪

与我国刑法中设定了一个一般性的诈骗罪不同，在美国普通法下，行为人实施欺诈行为而取得财产的，依其行为方式的不同，可能构成以不实陈述方式而为的盗窃罪（theft by false pretenses）。[③]

美国《模范刑法典》（Model Penal Code，MPC）将传统的盗取（larceny）、不实陈述（false pretenses）以及侵占（embezzlement）合并为单一的盗窃罪[④]。MPC 中的盗窃罪与普通法盗窃罪的区别主要在于，在 MPC 的单一盗窃罪下，即使检察官起诉所主张的盗窃之方式与证据所表明的不符，行为人只要借由此三种方式取得了财产，依然可被判为构成盗窃罪。

1. 以不实陈述而为的盗窃罪的构成要件

受买者负责（caveat emptor）原则的影响，早先的普通法不惩罚针对特定个人的欺诈行为，而成文反欺诈法规又不保护不发生所有权变动的欺诈[⑤]。直至 1779 年的 Pear 案[⑥]，普通法方形成与我国现行刑

---

① 李文红、蒋则沈：《金融科技（FinTech）发展与监管：一个监管者的视角》，《金融监管研究》2017 年第 3 期。

② Financial Stability Board, 2019.

③ 需要注意的是，不同的州可能设定有不同的罪名及刑责。

④ Model Penal Code § 223. 1.

⑤ 参见 30 Geo. II, c. 24 § 1 (1757)。

⑥ 本案中，被告人 Pear 向驯马师处租借马匹，声称数日后便归还，不过实际上 Pear 将马匹转卖给了他人。参见 King v. Pear, 1 Leach 212, 168 Eng. Rep. 208 (1779)。

法中诈骗罪类似的普通法罪行[1]，即以不实陈述而为的盗窃罪。

依照判例，普通法盗窃罪的构成要件大致包括：（1）对现在或过去之重大事实作出不实陈述；（2）侵害他人财产占有；（3）行为人知道该陈述之内容系属不实且意图欺骗他人；（4）行为人具备盗窃之故意。

表 3 - 1　　　　　　　　　普通法盗窃罪要素

客观构成要件	对现在或过去之重大事实作出不实陈述	
	侵夺他人财产占有	他人占有财产
		侵夺占有
主观构成要件	行为人具备盗窃之故意	
	行为人知道陈述之内容系属不实且意图欺骗他人	

（1）对现在或过去之重大事实作出不实陈述

在普通法上，只有对现在或过去的事实作出不实的陈述才构成盗窃罪，因此，虚假承诺不构成盗窃罪。换言之，如果行为人承诺以将来之给付为对价，纵使该承诺是虚假的，也不构成盗窃罪。例如，磋商中的商品价格、广告中的夸张说明等皆仅构成出卖人的观点，因商品之价格或性能乃买卖双方合意之结果。[2]此外，陈述真实与否仅取决于客观情况，若行为人的不实陈述"歪打正着"恰巧与事实相符，此行为亦不构成不实陈述，仅可能构成盗窃罪未遂。

普通法中盗窃罪严格约束于事实的观点在 MPC 中有所改变，依 MPC 之规定，"行为人故意地创设或加强虚假印象——包括对法律、价值、意图或者其他心理状态，但就履行承诺而言，不得仅以行为人未履行契约的事实而推定其意图实施欺诈；妨碍他人获取可能影响其交易决策的信息；对先前行为人创设或加强的虚假印象未予以修正，或者在信托关系中，行为人明知虚假印象将影响相对人；不予披露自

---

① Sanford H. Kadish, Stephen J. Schulhofer, Rachel E. Barkow, *Criminal Law and its Processes*: *Cases and Materials*, New York: Wolters Kluwer, 2017, pp. 1339 - 1341.

② Joshua Dressler, *Understanding Criminal Law*, Durham: Carolina Academic Press, 2015, §32.10.

己转让的或者为取得财产而设置负担的财产设置了留置权、对抗请求权或者其他法律上负担，不论该负担是否有效或者是否需要登记"，这些行为皆构成欺骗。

陈述的形式可以是口头的、书面的抑或是通过行为所表达的，通常而言，仅行为人主动作出陈述方该当该构成要件要素，是故，即使被害人因之产生了误解或轻信市场上之传闻，行为人亦无澄清之义务。不过，当行为人负有忠实义务时，应当主动予以陈述，否则亦构成盗窃罪。

（2）侵夺他人财产占有

成文反欺诈法规明确以"剥夺他人财产之所有权（Title）"为构成要件要素，而普通法盗窃罪的保护对象是"占有"而不是"所有权"，因此法院通过认定以欺骗方式取得他人所交付之财产时不发生所有权移转之效果，从而将此类行为纳入盗窃罪之范畴。①除此之外，普通法上还有占有（possession）与保管（custody）之区分，所谓保管，即行为人仅具有有限的权能与期限持有物品。换言之，如果行为人通过虚假的保管意思表示而取得财产，此时因行为人仅具有暂时保管之权能，其借此将保管下的财产据为己有的行为依然构成盗窃罪。②

因着重于"侵夺"这一要素，普通法盗窃罪中的财产仅包括动产，至于服务或不动产则不符合这一要求，若该动产属于无体物，则因其无法从物理上被侵害而不在此列。不过在 MPC 中，财产的范围被扩张到了任何有价值的物（anything of value）。此外，依照 MPC 之规定，以欺骗方式取得服务亦构成盗窃罪。

普通法盗窃罪之保护对象乃是财产的占有，因此，不论他人取得该财产之占有的方式是否合法，任何侵夺他人所占有财产的行为原则上皆构成盗窃罪。不过此观点致使行为人某些自力救济行为，例如从窃贼处盗回财产，亦被视为构成盗窃罪，是故盗窃罪中存在一项特殊

---

① Richard G. Singer, John Q. La Fond, Shima Baradaran Baughman, *Criminal Law*, New York：Wolters Kluwer, 2017, p. 1341.

② Joshua Dressler, *Understanding Criminal Law*, Durham：Carolina Academic Press, 2015, §32. 04.

的抗辩事由——"权利主张"（claim of right），即如果行为人有合理理由相信其对财产享有占有的权利，不构成本罪。[①]

（3）行为人知道该陈述之内容系属不实且意图欺骗他人

盗窃罪的成立要求行为人知道陈述的内容是虚假的，并且具有借此欺骗他人的意图。换言之，行为人乃"明知且故意地"以"欺骗他人的意图"作出不实陈述。[②]

（4）行为人具备盗窃之故意

所谓盗窃故意，即行为人具备永久剥夺他人之占有的目的，此构成要件要素与我国刑法中"非法占有目的"类似，作用在于排除使用盗窃的可罚性。在 MPC 中所谓永久性剥夺指永久地或在财产的经济价值能被利用的较长期间内扣留财产，或者以所有人无法恢复的方式处分该财产。[③]

此外，行为人具备盗窃故意之时点应在取得财物之前或同一时点。如果行为人仅在取得财产后形成盗窃故意，则事后故意不构成不实陈述方式而为的盗窃罪，不过可能构成侵占的盗窃罪。

2. 普通法盗窃罪的适用困境

普通法盗窃罪乃由判例形成而来，因其本为填补法律漏洞，所以普通法盗窃罪的三种方式——盗取、不实陈述、侵占，均有其各自的构成要件要素，不过这些理论上的区别在现实中又显得相当微小，检察官动辄可能以"错误"的罪名提起诉讼从而使行为人逃避刑责。

普通法发展出了三种盗窃罪（盗取、不实陈述、侵占），且三者并不能合并起诉，如果行为人所在州未采纳 MPC 的合并规定，因检察官只得以其中一种盗窃罪起诉，行为人可通过选择性自白而在三种盗窃罪间周旋，从而逃避刑责。例如，如果检察官以不实陈述的盗窃罪起诉行为人，行为人可通过自白——"自己乃是诚实地提出向被害

[①] Richard G. Singer, John Q. La Fond, Shima Baradaran Baughman, *Criminal Law*, New York：Wolters Kluwer, 2017, p. 178.

[②] Joshua Dressler, *Understanding Criminal Law*, Durham：Carolina Academic Press, 2015, § 32. 10.

[③] 参见 Model Penal Code § 223. 0（1）。

人借用，而剥夺被害人占有的意思是事后才萌发的"来进行抗辩，也就是说，案件可能由于检察官无法证明行为人盗窃意图的形成时点而无疾而终。此外，即使州法作出了合并规定，除非法条允许检察官得仅证明被告人非法移转或侵害了占有而不问其方式为何，否则检察官仍需要对行为人具体构成哪一种盗窃予以证明（或是同时对三者加以证明），那么实质上并未减轻证明上的困难。①不仅如此，在金融交易之中，非实物交易的特点使得原本并没有重大争议的普通法上"侵夺占有"要件的证明异常困难。尤其是金融市场上存在着多种类型的金融服务，就某一特定服务在某一时点分别证明行为人之行为属于剥夺所有还是侵夺占有相当困难。②除证明问题之外，受到普通法上买者自负原则的影响，在日常商业活动中，法院通常出于保护契约自由而对欺诈进行限缩解释。从上文"对现在或过去之重大事实作出不实陈述"的构成要件要素中亦可以看出，普通法上的虚假陈述通常只针对过去或现在的事实。且不同于《模范刑法典》中的扩大解释，为保护交易自由以及确保无罪推定原则之贯彻，许多地方法院会拒绝以刑罚威胁对于将来的承诺或者仅仅是表明观点的宣传行为。③

　　因此，就金融诈骗犯罪而言，除网络钓鱼这种比较"经典"的欺诈行为外，新型的金融犯罪行为通常都难以直接由普通法盗窃罪规制。实际上，当行为人涉及跨州犯罪或犯罪与联邦机构、设施或人员有关时，案件由检察官以联邦法规中的欺诈罪起诉更为常见。这类欺诈罪视行为方式和行为对象不同，主要有邮件欺诈④、电信欺诈⑤与

---

　　① Joshua Dressler, *Understanding Criminal Law*, Durham: Carolina Academic Press, 2015, §32.11.

　　② 因成文反欺诈法规与盗窃罪在此构成要件要素上不同，成文反欺诈法规要求剥夺所有权，不实陈述盗窃罪要求侵害占有，二者并不相同。

　　③ 参见 *Chaplin v. United States*, 157 F. 2d 697, 698（1946）（quoting Wharton's Criminal Law 12th Ed., Vol. 2, §1400, 1439），Sanford H. Kadish, Stephen J. Schulhofer, Rachel E. Barkow, *Criminal Law and its Processes: Cases and Materials*, New York: Wolters Kluwer, 2017, p. 1348。

　　④ 参见 18 U. S. Code § 1341（2018）。

　　⑤ 参见 18 U. S. Code § 1343（2018）。

银行欺诈①等。不过这类联邦法规与普通法盗窃罪完全不同，这类欺诈罪在构成要件要素上不要求实际的动产取得，行为人对于联邦机构或利用联邦机构、设施，实施一个欺骗性行为即可该当构成要件。此外，各州如设有类似于前述联邦欺诈罪的法规，且行为人之犯行仅限州内，地方检察官则也可能以这类法规提起诉讼。

（二）侵占罪与诈骗罪的规制方式及其经验

与我国刑法中设定了一个一般性的诈骗罪不同，根据美国刑法，行为人在金融领域实施欺诈行为，依其行为方式及附随情况的不同，除可能构成欺诈方式的偷盗（theft by deception），还有可能构成侵占（embezzlement）或欺诈（false pretenses）。

1. 构成要件

欺诈方式的偷盗的概念来自 Pear 案②，它指基于永久性剥夺他人财产的意图，故意实施欺诈行为，非法地取走他人的财产，具体要求如下：

（1）永久性剥夺他人财产的意图（The intent to deprive the owner of the property permanently）

永久性剥夺他人财产的意图又被称为偷盗故意，根据《模范刑法典》，永久性剥夺指永久地或在财产的经济价值能被利用的较长期间内扣留财产，或者以所有人无法恢复的方式处分该财产。③

（2）故意实施欺骗性行为

对此要件，《模范刑法典》作了一个较为广泛的解释。根据《模范刑法典》，故意实施欺骗行为指："行为人故意地创设或加强虚假印象——包括对法律、价值、意图或者其他心理状态，但就履行承诺而言，不得仅以行为人未履行契约的事实而推定其意图实施欺诈；妨碍他人获取可能影响其交易决策的信息；对先前行为人创设或加强的虚假印象未予以修正，或者在信托关系中，行为人明知虚假印象将影

---

① 参见 18 U. S. Code § 1344（2018）。

② 参见 *King v. Pear*, 1 Leach 212, 168 Eng. Rep. 208（1779）。

③ 参见 Model Penal Code §223.0（1）。

响相对人；不予披露自己转让的或者为取得财产而设置负担的财产设置了留置权、对抗请求权或者其他法律上负担，不论该负担是否有效或者是否需要登记。"①

此外，《模范刑法典》指出："欺骗不包括实施没有经济意义的虚假陈述或不会被一般大众视为欺诈的吹嘘广告。"②

与《模范刑法典》的扩张解释相反，普通法上的欺骗通常只限定于对过去或现在事实的虚假陈述，因此，怀着欺诈他人的意图，但仅仅是表达个人观点而非针对事实的虚假陈述行为通常不构成欺诈。③此外，若以沉默的方式实施欺诈，则须交易双方存在信赖关系。

（3）非法获取

非法指行为人不具有占有权或者未经权利人的同意。此处需要区分占有（possession）与保管（custody），保管仅仅是对物短时间内的直接控制，而不是对物的最终控制，即使行为人通过一定的行为合法取得财产的保管权，但如果行为人未取得财产的占有权，则依然该当非法取走。普通法上的取走指行为人将财产从一处移动至另一处，但根据《模范刑法典》，服务也可以被取得。④

（4）他人的财产

普通法上的他人的财产只限定于他人所有的有体动产。⑤ 但根据《模范刑法典》，财产的范围被扩张到了任何有价值的物（anything of value）。同样，所谓他人的，也被扩张至任何除行为人以外的人享有利益的财产。⑥

2. 侵占与欺诈

根据普通法，偷盗罪旨在禁止财产被非法地挪占，财产的所有权

---

①　参见 Model Penal Code §223.3。

②　参见 Model Penal Code §223.3。

③　参见 *Regina v. Bryan*，7 Cox Crim. Cas. 312（1857），转引自［美］约书亚·德雷斯勒《美国刑法精解》，王秀梅译，北京大学出版社 2009 年版，第 528 页。

④　参见 Model Penal Code §223.0（5）。

⑤　参见［美］约书亚·德雷斯勒《美国刑法精解》，王秀梅译，北京大学出版社 2009 年版，第 517—519 页。

⑥　参见 Model Penal Code §223.0（6）（7）。

是否发生变动并不在考虑范围之内。①因此，欺诈方式的偷盗并不能转移所有权而仅仅是取得占有权。侵占罪、欺诈罪与以欺诈方式的偷盗罪的区别在于——侵占罪中行为人事先以合法方式取得占有，而后通过欺诈手段取得所有权；而在欺诈罪中，行为人通过实施欺诈行为直接从被害人处取得所有权，其他要件与以欺诈方式的偷盗罪一概相同。

（三）邮件与电信欺诈罪②

在美国法中，欺诈类犯罪可以区分为两大类——以不实陈述而为的盗窃罪（theft by false pretenses）与欺诈罪（Fraud）。在发展史上，早期的欺诈罪只规制欺骗公众之行为，换言之，欺诈罪旨在保护公共利益而不处理私人之间因欺诈而发生的纠纷，所以在构成要件要素上也不设置被害人对其享有信赖与发生财产损害这两项民事欺诈所包含的要素。③因此类犯罪的成立不以实际损害为前提，是故其通常与未遂、煽惑、串谋罪等被称为不完整罪（incomplete crime）。1872 年出台的《邮件欺诈法》（The Federal Mail Fraud ACT）最初目的是防止联邦邮政系统遭滥用，④法条保护公共利益之面向使其在构成要件上保留不完整罪的特征。后来该法条之适用范围经由一系列案件扩张，并逐渐转变为今日美国刑法中最常用的反欺诈法条。

1. 构成要件

邮件欺诈罪规定于《美国法典》第 18 章第 1341 条，该条规定："任何人，密谋或意图密谋欺诈的阴谋或诡计，或者是为了获取金钱、财物而作出错误的、欺骗性的伪称、陈述或允诺……为了执行此计谋或试图执行此计谋……（而引致）邮政署发送或投递该等事物，或者（引致）任何私人或商业州际承运人发送或投递该等事物，将处

---

① 参见 *People v. Sheldon*, 527 N. W. 2d 76 (Mich. Ct. Ap. 1995)。

② 因电信欺诈罪与邮政欺诈罪结构基本相同，下文介绍以邮政欺诈罪为例。

③ Ellen S. Podgor, "Criminal Fraud", *American University Law Review*, Vol. 48, No. 4, 1999, pp. 736 - 737.

④ Jed S. Rakoff, "The Federal Mail Fraud Statute (Part I)", *Duquesne Law Review*, Vol. 18, No. 4, 1980, p. 783.

以 20 年以下监禁或罚金，或同时适用。"①其构成要件见表 3 - 2。

表 3 - 2　　　　　　　　　　　邮件欺诈罪构成要件

客观构成要件	施展诈术		
	借由邮政服务促成诈术		
	产生财产损害之危险	有形财产	
		无形财产	
		接受诚信服务之权利	违反忠实义务
			收受贿赂
主观构成要件	意图诈骗		

（1）施展欺骗性的阴谋或诡计

法院判决曾指出，欺诈的特点在于"不诚信"（dishonest），但究竟何者方为不诚实在司法上莫衷一是，尚不存在一劳永逸划清界限之方法。美国制定法中并无明确规定邮件欺诈罪中欺骗性的阴谋或诡计之含义，行为人的行为是否构成阴谋诡计主要委由法官自由心证。联邦第五巡回法院的霍姆斯（Holmes）法官曾坦白："法律不曾定义欺诈；欺诈本身亦不需要定义；它既如谬误般古老又同人类的创意般诡谲。"②另有最高法院曾试图对欺诈作出一个定义："通过不诚信的方法（dishonest methods）或计划侵犯他人的财产权利"，涉及"通过诡计、诈术、欺骗或不公平的行为侵夺有价值的事物"。③

邮件欺诈罪旨在禁止利用邮件从事欺诈，因此构成本罪不要求行为人的计谋成功或是付诸实施，不过依最高法院之判旨，欺骗性必须是"重大的"（material）④。最高法院的判决指出，所谓"重大的"指行为人的欺骗行为"对于决策主体而言，依其内在之倾向（a natu-

---

① 参见 18 U. S. Code § 1341（2018）。省略部分乃关于伪造类犯罪的规定。

② 参见 *Weiss v. United States*，122 F. 2d 675，681（5th Cir. 1941）。

③ 参见 *McNally v. United States*，483 U. S. 350，358（1987）；Michael L. Levy，"The Mail and Wire Fraud Statute"，*United States Attorney' Bulletin*，Vol. 49，No. 6，§ 128。

④ 参见 *Neder v. United States*，527 U. S. 1（1999）。

ral tendency）足以产生影响，或具备影响其决策之能力"①。不过下级法院在解释"重大的"欺骗时仍有所扩张，认为当行为人认识或应当认识到被害人有可能将其虚假陈述视作重要参考时其虚假陈述亦具欺骗性。据此，法院及陪审团一般依照《侵权法重述》所确立之标准确定欺骗是否该当"重大性"之标准："其一，理性人在决定交易与否时将其视为重要参考；其二，当陈述者知晓或有理由知晓其陈述对于被害人具有重要参考价值时，即使理性人不以为意"②，该陈述亦该当重大。

（2）借由邮政通信、州际商业运输促成诈术

在美国宪制下，犯罪与刑法一般乃各州保留之权限，不过《美国宪法》第 1 条第 8 款第 3 项规定美国国会有权规范各州通商行为，国会便据此以保护邮政系统为由率先于《1872 邮政欺诈法》中禁止使用联邦邮政系统实施欺诈之行为，1994 年，国会进一步将此项规定扩展至私人或商业州际运输系统。③

本罪法条用语包含"为了执行此计谋"，即成立本罪要求诡计是利用邮政通信所"促成"的，是故行为人使用邮政或州际运输服务与施行欺骗应当具有一定关联性。依 Maze 案④之判旨，所谓关联性乃行为人角度所做的事前判断，只要行为人认为使用邮政或电信系统乃计划之必要部分即具备关联性，至于事后其信件或电邮的实际效果如何则在所不问。

通常而言，下述三种情形不属于"促成"诡计：第一，欺骗性计划实施后方发送邮件，不过事后邮件若是旨在掩盖罪行、延误调查或迷惑受害者等则不在此列；第二，邮件乃依法令或日常业务流程之要求而发出，且邮件本身不具备欺诈内容，例如依法向受害者发送的凭

---

① 参见 *Neder v. United States*，527 U. S. 1；Lanuti，J.，"Mail and Wire Fraud"，*American Criminal Law Review*，2019，p. 1155。

② 参见 Restatement（Second）of Torts § 538（1976）；Brickey T. L. & Taub J.，*Corporate and White-Collar Crime：Cases and Material*，New York：Wolters Kluwer，2017，p. 172。

③ 同理，电信欺诈罪也以保护州际通商为由所制定，电信欺诈罪禁止利用电报、电话、互联网或电子邮件等电子通信手段施行欺诈。

④ 参见 *United States v. Maze*，414 U. S. 395（1974）。

证、税单、发票等，此等邮件即使本身构成诡计的一部分，也不属于第 1341 条上的促成诡计[①]；第三，使用邮政服务之目的在于避免欺诈成功施行、促成受害人发觉诡计或揭发欺骗行径。

大陆法系刑法理论中行为人成立故意应认识到所有客观构成要件之内容，但依美国法判例，对于该构成要件要素，只要一般理性人依照日常业务流程或基于相应情状得以预见邮政通信服务之使用即足以表明行为人对使用邮政服务促成诡计具有认识[②]。换言之，控方得通过举证：行为人确知使用了邮政服务或有合理理由相信施行诡计须使用邮政服务二者之一即可证明行为人存在使用邮政服务之故意。

（3）诈术具有造成金钱、财产损害或侵害受诚信服务之利益的危险

因法条之原意在于禁止通过邮政服务施展诈术，故邮件欺诈罪之成立不要求被害人遭受财产损害，仅具有引起财产损害之危险足矣。依 United States v. Pasquantino 案中第四巡回法庭之判旨，判断是否具有财产损害之危险的要点在于，"如果诈术得逞，被害人之财产权……是否会因此被侵夺"[③]。不过，财产损害必须与诈术存在关联，第七巡回法院在 United States v. Walters 案中指出，"第 1343 条的'欺骗性的阴谋或诡计'和'获取金钱或财产'均考虑了某种形式的转让。因此……只有通过欺骗性手段从受害者那里获取金钱或其他财产的诈术才会违反第 1341 条"[④]，即依照诈术之内容，被害人的损失应构成行为人的获利，倘若被害者人之损失并非来自诈术或仅仅是诈术的附随结果，则二者不存在关联。

邮政与电信欺诈罪上的财产损害既包括有形财产，也包括无形财

---

① 参见 Parr v. United States，363 US 370（1960）；Lanuti J.，"Mail and Wire Fraud"，*American Criminal Law Review*，2019，pp. 1160 – 1161。

② Michael L. Levy，"The Mail and Wire Fraud Statute"，*United States Attorneys' Bulletin*，Vol. 49，No. 6，pp. 8 – 9.

③ 参见 *United States v. Pasquantino*，305 F. 3d 291（4th Cir. 2002）；Lanuti J.，"Mail and Wire Fraud"，*American Criminal Law Review*，2019，p. 1162。

④ 参见 *United States v. Walters*，997 F. 2d 1219（7th Cir. 1993）；Thomas J. Miles，"Dupes and Losers in Mail Fraud"，*University of Chicago Law Review*，Vol. 77，p. 1137。

产。其中，无形财产之范围仅限于"长期以来被视作财产者"①，一般而言，此类无形财产乃"州法或反欺诈法所明确定义"②的财产或"法律长期以来承认并予以保护的财产"③。不过司法判例中对此问题显得莫衷一是，例如在 *United States v. DeFries* 案④中法院认为工会投票权乃一种有形财产，在 *Cleveland v. United States* 案⑤中法院否认了州政府的行政许可及相关收费权是一种财产权利，而在 *Pasquantino v. United States* 案⑥里法院却认为加拿大政府的税收权是一种财产权利。

除上述有形及无形财产外，美国判例法还形成了诚信服务欺诈理论，该理论要义为：如行为人因对他人负有忠实义务（fiduciary duty）而须为他人提供诚信服务，则其违背忠实义务侵夺他人所享有的接受诚信服务权利的行为构成欺诈。依最高法院之判旨，侵害诚信服务权利之利益的欺诈必须符合两项要素：违背忠实义务（fiduciary duty）；收受贿赂或回扣。

（4）意图欺诈

意图欺诈指"行为人明知计划具有欺骗性质而蓄意参与施行，并且意在实现此等不法目的"⑦，类似于大陆法系上欺诈故意（或曰双重故意）这一构成要件要素。换言之，构成邮件欺诈罪之行为人不仅故意使他人陷入认识错误，并且须具备侵害他人财产或受诚信服务之权利的故意。其中，法院对于控方是否负有证明行为人具备侵害他人财产之意图的举证责任这一议题存在分歧。不过通常而言，依照控方所提供的证据，诈术之必要结果乃损害他人财产时，即可推断出行为人具备欺诈故意。⑧此外，在诚信服务欺诈中控方毋须证明行为人意图侵害他人财产利益，仅证明行为人意图剥夺他人受诚信服务之权利或

---

① 参见 *Carpenter v. United States*，484 U. S. 19（1987）。
② 参见 *United States v. D'Amato*，39 F. 3d 1249（2d Cir. 1994）。
③ 参见 *United States v. Al Hedaithy*，392 F. 3d 580（3d Cir. 2004）。
④ 参见 *United States v. DeFries*，43 F. 3d 707（D. C. Cir. 1995）。
⑤ 参见 *Cleveland v. United States*，531 U. S. 12（2000）。
⑥ 参见 *Pasquantino v. United States*，544 U. S. 349（2005）。
⑦ 参见 *United States v. Bailey*，859 F. 2d 1265（7th Cir. 1988）。
⑧ 参见 *United States v. D'Amato*，39 F. 3d 1249（2d Cir. 1994）。

处遇即可。

因构成邮件或电信欺诈罪之行为人应具备欺诈故意，故如若行为人得合理确信其陈述乃真实者，则可主张"善意"（good faith）抗辩。据此，在行为人举证证明其相信所作陈述之真实性时，得请求法院向陪审团发布指示，澄清善意可阻却欺诈意图之成立。

2. 诚信服务欺诈与违反忠实义务

美国欺诈罪之发展特色在于其经由判例积累而将大陆法系中背信罪之内涵纳入反欺诈法规适用范围之内。1872 年《邮件欺诈法》仅规定"禁止……利用邮件来促成任何欺骗性的阴谋或诡计"，而在 1909 年的修正案中，国会将"任何欺骗性的阴谋或诡计"与"为了获取金钱、财物而作出错误的、欺骗性的陈述、表述或伪称"通过"或者"并列。据此 1941 年第五巡回法院在 *Shushan v. United States* 案中首倡，"为了以不正当之方式取得金钱，而计划背弃他人之委托，或与应为他人服务或提供建议勾结串谋者，纵使行为人不曾主动说谎，其行为仍可构成欺骗性的阴谋。密谋贿赂官员而取得条件更为优渥的行政合同之行为人，不仅犯有贿赂罪，而且其行为该当欺诈公众的阴谋"[1]。换言之，邮件欺诈罪所禁止者，不限于剥夺金钱或财产，尚且包括无形之权利，委托人接受他人诚信服务之权利即在此列。无论是公共部门或私营部门，如其成员对他人负有忠实义务，则其违背忠实义务之行为皆因损害委托人之接受诚信服务之权利而构成邮件欺诈罪。20 世纪 70 年代以来，该罪被广泛用于打击各种收受贿赂乃至秘密开展自我交易或隐匿利益冲突的白领犯罪，并在一定程度上演变为强制披露信息之法规。[2]

因以诚信服务欺诈起诉使得检察官无须负证明财产损害之责任，是故本罪适用范围之扩张亦引起广泛批评。一方面，白领犯罪之被告人对于各项法律及事实因素进行辩护之成本巨大，而检察官在认罪协

---

[1]　参见 *Shushan v. United States*，117 F. 2d 110（5th Cir. 1941）。

[2]　Korkor Samer and Ryznar Margaret，"Anti-Bribery Legislation in the United States and United Kingdom: A Comparative Analysis of Scope and Sentencing"，*Missouri Law Review*，Vol. 76，No. 2，2011，pp. 85 – 88.

商中享有相当广泛之裁量权，邮件欺诈罪本就为不完整罪，诚信服务欺诈理论进一步减轻控方之举证负担，更使得检察官在起诉前拥有有力筹码，占尽程序优势；另一方面，何为享有诚信服务的无形利益含糊不清，导致法院在理解诚信服务上标准不一。[1]直至 1987 年，最高法院于 *McNally* 案首次限缩其适用范围，判决结合第 1341 条的法条用语与立法历史，指出邮件欺诈罪的规范保护范围仅限于金钱或财产权利，而不包括公民接受善政或无瑕疵信息披露的无形权利，并特别表明"如果国会需要该法适用得更广，那么应当将其明确表示出来"[2]。严格来说，*McNally* 案之判决一并拒绝了无形财产理论，而将邮件欺诈罪限定于那些造成财产或金钱损害的"核心"欺诈罪。不过，国会旋即以通过修正案增补第 1346 条回应该判决，第 1346 条明订"'欺骗性的阴谋或诡计'应包括侵夺他人享有受诚信服务利益的阴谋或诡计"，至此，诚信服务欺诈以制定法形式被确定了下来，[3]并被广泛用于起诉背信之行为，而且适用范围远超一般大陆法系的背信罪。例如，*United States v. Frost* 案[4]中被告（大学教授）仅仅因允许其学生抄袭论文而被控侵夺了学校对其雇员（被告）所享有的接受诚信服务之权利，并被法庭裁定其邮件欺诈罪罪成；*United States v. Gray* 案[5]中被告教练因协助学生伪造学术经历申请奖学金而被裁定犯有邮件欺诈罪。

因诚信服务欺诈之范围过于模糊，最高法院再度于 2010 年的 *Skilling* 案中限缩其适用范围。Skilling 乃安然公司的执行官，任职期间利用会计政策漏洞操纵利润伪造安然业绩蒸蒸日上之假象，并借此向投资者作出虚假的公开陈述，其本人也在此期间取得丰厚的薪水、奖金与期权奖励。安然事件爆发后，Skilling 遂被以银行欺诈、对审

---

① 林志洁：《未积极揭露利益冲突资讯与受托义务违反之刑事责任（上）》，《月旦法学杂志》2015 年第 239 期。

② 参见 *McNally v. United States*，483 U. S. 350（1987）。

③ Jennifer Taub and Kathleen Rickey，*Corporate and White Collar Crime：Cases and Materials*（6*th ed.* ），New York：Wolters Kluwer，2017，p. 204.

④ 参见 *United States v. Frost*，125 F. 3d 346（6th Cir. 1997）。

⑤ 参见 *United States v. Gray*，96 F. 3d 769（5th Cir. 1996）。

计机构作出虚假陈述、证券欺诈、串谋罪等多项罪名起诉。其中，电信欺诈罪正是以 Skilling 操纵利润虚假陈述之行为侵夺了安然公司及其股东所享有的诚信服务权利为由。最高法院在审理 Skilling 案时结合过往判例，指出过往法院虽对收受贿赂、回扣等案件构成诚信服务欺诈罪达成一致，但对于不披露自我交易或利益冲突信息之行为是否属于欺诈则未能达成共识。是故国会于制定 1346 条时意在将违背忠实义务收受贿赂之行为纳入刑罚范围，但并未完整规定不揭露自我交易、利益冲突之行为的构成要件，倘若将利益冲突信息不予披露之行为纳入第 1346 条适用范围内则有违宪之虞，是故出于合宪性解释，诚信服务欺诈仅限于违背忠实义务而收受贿赂或回扣之情形①。

违背忠实义务乃诚信服务欺诈的要件之一，忠实义务要求行为人立于忠实主义的基本立场为他人处理事务，执行事务时应转为委托人之利益而为，并应避免自己或委托人的对手与委托人的利益影响事务之处理。美国法上尚无统一的"忠实义务"之定义，不过塔玛·弗兰克尔（Tamar Frankel）通过归纳司法判例与学说，总结出忠实关系之成立大致包含三项要件：

（1）有管理财产或行使权利之委托

社会生活中存在众多专业领域，例如医疗、法律、公司经营、资产管理等，此等领域绝非普通人接受常规训练即可从事，是故常人不得不仰赖专业人士或机构提供劳务服务。为有效提供专业服务，委托人须将财产、利益或权能，全权交由专业人士依其专业判断处理。因此忠实关系中受托人并非一般劳务提供者，而是具有相当裁量权限者②。例如，第五巡回法庭在审理 Skilling 案时，指出 Brown 案③中涉案的安然雇员不构成诚信服务欺诈的原因之一乃其受命于安然公司的

---

① 参见 Skilling v. United States，561 U. S. 358（2010）；Mathy P.，"Honest Services Fraud after Skilling"，Mary's Law Journal，Vol. 42，2011，pp. 646，684–688。

② ［美］Tamar Frankel：《忠实法》，林鼎钧、翁祖立译，台北：新学林出版社 2016 年版，第 5—9 页。

③ Brown 案中安然公司及美林证券的经理人为达成安然的财务预测目标而合作实施自我交易，被以侵夺了安然公司之诚信服务权利起诉电信欺诈罪。参见 United States v. Brown，459 F. 3d 509（5th Cir. 2006）。

决策者，并且实际上受到了公司的支持。[①]

（2）委托人对受托人有信任

委托人将权限委予受托人，其目的乃为增进委托人而非受托人之利益，是故委托人对受托人具有高度信任。由是观之，如若交付受托人处理之利益对于委托人不具有重要性，或委托人限制受托人权能，即为不信任之表征[②]。例如 United States v. Cochran 案中，法院指出唯有当行为人有理由相信其不实陈述或隐匿的信息，具有影响雇主行为决策的重要性时，方可谓构成诚信服务欺诈。[③]

（3）委托人之风险来自委托关系

在忠实关系中，委托人须承担受托人可能违背职责或滥用职权之风险，具体而言，此风险呈现于两个层面：第一，在不减少服务价值的情况下，委托人无法限制委托风险，或虽可控制受托人之行为或对其施加有效监督，但监督之成本过于高昂；第二，欠缺调节委托人风险的市场机制，亦即代理问题无法透过现有市场机制加以解决。[④]

透过将诚信服务权利视作财产损害，美国法中的欺诈罪同时具备欺诈与背信的双重内涵。经由案例修正，邮件与电信欺诈罪在制约背信行为时，其要点在于加入忠实义务之判断，就此而言，须先行判断行为人与被害人之间是否具备忠实关系；另外，诚信服务欺诈亦非所谓单纯强制披露利益冲突信息之规范，唯有行为人违背忠实义务收受贿赂或回扣之行为方构成诚信服务欺诈。

（四）金融机构欺诈罪

除上述邮件与电信欺诈罪外，美国法中尚有两项针对金融机构欺诈行为之法规，分别为《美国法典》第 18 章第 1014 条的对金融机构

---

① 参见 United States v. Skilling, 554 F. 3d 529 (5th Cir. 2009)。

② ［美］Tamar Frankel：《忠实法》，林鼎钧、翁祖立译，台北：新学林出版社 2016 年版，第 5、14—15、41—45 页。

③ 参见 United States v. Cochran, 109 F. 3d 660 (10th Cir. 1997)。

④ ［美］Tamar Frankel：《忠实法》，林鼎钧、翁祖立译，台北：新学林出版社 2016 年版，第 30—41 页。

作出虚假陈述罪与第 1344 条的银行欺诈罪。对金融机构作出虚假陈述罪乃虚假陈述（false statements）类犯罪的一种，第 1014 条禁止在贷款申请文书上作出虚假陈述[①]；第 1344 条乃欺诈（fraud）类犯罪的特殊法条，该法条禁止对金融机构实施诈术。

1. 对金融机构作出虚假陈述罪

《美国法典》第 18 章第 12 节第 1001 条禁止明知且蓄意向联邦机构作出虚假陈述之行为，以此为蓝本，第 1014 条禁止对联邦存款保险的金融机构故意作出虚假陈述或蓄意高估财产、抵押品价值之行为。本罪包括三项构成要件要素：（1）以影响金融机构之决策为目的；（2）故意作出虚假陈述或蓄意高估抵押品价值；（3）有关贷款或贷款违约保险、共同保证之申请、减免、担保或展期等事项。违反法规者将被处 100 万美元以下之罚金或不超过 30 年之监禁，或二者并用。[②]

表 3 - 3　　　　　　　　　**对金融机构作出虚假陈述罪构成要件**

客观构成要件	虚假陈述
	受保金融机构或部分政府机构
	与贷款有关
主观构成要件	明知陈述是虚假的或高估价值之行为是善意的
	以影响金融机构决策为目的

（1）作出不实陈述或高估价值

本罪的虚假陈述包含作出不实陈述与高估价值两种形式，不过法院对二者均进行了限缩解释。在 *United States v. Williams* 案中，最高法院认为默示欺骗不在作出不实陈述之列，法院要求对法条从文义加以理解，拒绝了控方的主张——空头支票之出票人默示其账户中有足够的资金兑付。同理，开立空头支票或伪造支票之行为亦不构成高估价值之行

---

① 除此之外，虚假陈述类犯罪还有许多与金融机构相关，例如，第 1005 条至 1007 条禁止金融机构内部人未经授权发行票据或制作虚假财务记录，第 1011 条禁止抵押权人在向联邦土地银行出售抵押品时作出虚假陈述，第 1035 条禁止就医保事项作出虚假陈述等相关作出虚假陈述类犯罪，鉴于此类犯罪构成要件相近，本书以第 1014 条为例。

② 参见 18 U. S. Code § 1014 (2018)。

为，因支票并非关于事实之陈述，其仅为指示银行付款或于银行支付不能时由出票人予以兑付的承诺，是故其价值等同于票面金额，至于行为人账户中是否有足够资金，自与支票价值是否被高估无关。①

与其他虚假陈述罪不同，依照 *United States v. Wells*② 之判旨，成立该罪的虚假陈述不须具有"重大性"（materiality）。第 1014 条乃由十三条业已存在于其他法案中的法规整合而来，其中，三条法规明确规定了重大性这一构成要件要素，另有十条则未作此规定。而在 1948 年的国会法案中，仅规定了"任何人，明知却制作虚假陈述或报告……为了对（金融机构的）决策产生任何影响"，加之在发生于修法十年前的 *Kay v. United States* 案中，法院判决明言如若行为人以欺骗住房贷款公司之意图提供了虚假报告，即该当第 8 条（a），至于住房贷款公司是否会受到虚假报告的实际影响则与之无关③，而国会未对该判决作出任何响应，遂法院便对第 1014 条采以文义解释，即该当第 1014 条的虚假陈述不以重大性为必要④。

因本罪旨在禁止虚假陈述，因此成立本罪不须实际影响金融机构之决策或金融机构对行为人之虚假陈述有所信赖，不过承诺不构成虚假陈述。依照 *United States v. Kennedy* 之判旨，金融机构是否实际受到影响与成立本罪无关。⑤进一步地，在 *United States v. Blumenthal* 案中法院指出，即使行为人之虚假陈述乃银行的唆使或主动协助之结果，仍然不影响本罪之成立。⑥不过，如果行为人于文件中仅仅作出了虚假的承诺，即使该承诺与金融机构之决策有关，亦不该当虚假陈述。⑦

（2）联邦存款保险的金融机构或部分政府机构

法条以列举的形式规定了本罪的行为对象，主要包括接受联邦存

---

① 参见 *Williams v. United States*, 458 U. S. 279 (1982)。

② 参见 *United States v. Wells*, 519 U. S. 482 (1997)。

③ 参见 *Kay v. United States*, 303 U. S. 1 (1938)。

④ Bradford R. Hise, "Federal False Statement Prosecutions: The Absurd Becomes Material", *Journal of Criminal Law & Criminology*, Vol. 88, pp. 879 – 881.

⑤ 参见 *United States v. Kennedy*, 564 F. 2d 1329 (9th Cir. 1977)。

⑥ 参见 *United States v. Blumenthal*, 945 F. 2d 280 (9th Cir. 1991)。

⑦ 参见 *United States v. Rothhammer*, 64 F. 3d 554 (10th Cir. 1995)。

款保险的金融机构与部分政府机构。接受存款保险的金融机构不仅包括受保银行或储贷机构等，如果非联邦存款保险的金融机构所发放的贷款资金来源于受保金融机构，亦在保护范围之内。①作为本罪行为对象的部分政府机构主要是提供金融服务的独立政府机构，例如联邦住房管理局、联邦农作物保险公司、联邦储备银行等。

（3）与贷款有关

成立本罪要求行为人之虚假陈述与贷款或贷款违约保险、共同保证之申请、减免、担保或展期等任何事项有关。判例上，法院对此采取了实质理解，例如在 *United States v. Cerrito* 案中法院拒绝了行为人应收账款融资协议不属于贷款的抗辩，其判决指出，"一般而言，贷款乃以不附条件的还款义务为对价转移资金之行为。今日，利息存在与否乃判断交易是否为贷款的重要标准"②。此外，法条亦未要求虚假陈述与贷款之批准有关，纵使贷款已获批准，就贷款之发放事宜提交虚假陈述亦构成本罪。③

（4）以影响金融机构决策为目的

本罪之成立不要求行为人具有欺诈目的，具有影响金融机构之决策目的便足以成立本罪。因此控方不需要证明行为人意图损害银行，不过因刑事诉讼程序中控方排除合理怀疑的证明行为人具有影响金融机构决策之目的，造成控方至少得证明行为人所作的虚假陈述在实质上具有影响决策之可能，这一点与判断虚假陈述是否具有重大性颇为相似。

2. 银行欺诈罪

前述对金融机构作出虚假陈述罪乃保护金融机构不受欺诈的主要法规，不过由于在 *Williams v. United States* 案中最高法院表明第 1014 条不适用于支票诈骗，国会遂于 1984 年通过了第 1344 条银行欺诈罪

---

① 参见 *United States v. Graham*, 146 F. 3d 6 (1st Cir. 1998)；Ellen S. Podgor, Peter J. Henning, Alfredo Garcia, Cynthia E. Jones, *Criminal Law: Concepts and Practice Fourth Edition*, Durham: Caroline Academic Press, 2019, § 8A: 41。

② 参见 *United States v. Cerrito*, 612 F. 2d 588 (1st Cir. 1979)。

③ 参见 *United States v. Smith*, 838 F. 2d 436 (10th Cir. 1988)；Ellen S. Podgor, Peter J. Henning, Alfredo Garcia, Cynthia E. Jones, *Criminal Law: Concepts and Practice Fourth Edition*, Durham: Caroline Academic Press, 2019。

以填补法律漏洞。银行欺诈罪的构成要件与邮件欺诈罪相仿，第1344 条法条全文如下：

> 任何人故意执行，或意图执行一项阴谋或诡计，而该等阴谋或诡计：
>
> （1）旨在欺骗金融机构；或者
>
> （2）借由错误的、欺骗性的伪称、陈述或允诺来取得由金融机构所有、保管或控制的任何金钱、款项、贷款、资产、证券或其他财产；
>
> 处以不超过100 万美元的罚金或不超过30 年的监禁，或二者并用。①

表3－4　　　　　　　　　　　银行欺诈罪构成要件

客观构成要件	施展或试图施展诈术	欺骗金融机构
		通过伪称取得金融机构控制的财产
	具有财产损害之危险（如果诈术旨在欺骗金融机构）	
	金融机构	
主观构成要件	欺诈意图（如果诈术旨在欺骗金融机构）	
	取得财产的目的（如果诈术旨在通过伪称取得财产）	

（1）施展诈术

本罪处罚执行或力图执行诈术的行为，因此就同一诈术可以进行执行或试图执行。不过法院在判断哪些举止可以构成执行而哪些举止仅仅是计划的一个步骤时意见有所不同，例如在 *United States v. Poliak* 案中，第九巡回法院认为应当参照第1344 条邮件欺诈罪加以理解，如果说在邮件欺诈罪中，凡"使用"邮件服务皆构成犯罪，那么在银行欺诈罪中，纵使计划预定了多项举止，行为人采取计划中的多项举止仍然构成多次执行，即如果行为人计划中包含了十份不良支票，那

---

① 原文见18 U. S. Code § 1344 。

么行为人十次开票行为便构成了十次独立的执行。①而在 *United States v. Anderson* 案中，法院认为判断数个举止是否构成执行的关键在于其是否构成了"与业已承受的风险相分离的有着明显区别的其他财务风险"。②

银行欺诈罪包含了两种使用诈术的方式：欺骗金融机构与通过伪称取得财产。前者在解释上基本与邮件欺诈罪相同，该诈术须具备重大性，并且具有引起财产损害的危险③或以收受贿赂或回扣的方式侵害了银行的诚信服务权利。对于后者而言，虽同样有着重大性之要求，不过法院在解释何为伪称时依照国会之目的进行了扩张解释——明示欺骗与默示欺骗、言语欺骗或行为欺骗均该当该构成要件，是故行为人伪造或利用空头支票向银行请求兑付、使用失窃票据、冒用他人信用卡或使用失效信用卡、以欺诈方式使用 ATM 等行为虽不构成对金融机构作出虚假陈述罪，但可以理解为行为人默示其具有相应处分权限，遂足以成立默示欺骗。④

（2）金融机构

尽管法条仅列明"金融机构"，但法院在解释上仍采用《美国法典》第18章第20条（1）关于金融机构的定义规范进行解释，即仅限于受保金融机构与部分提供金融服务的政府机构。⑤ 在 *United States v. Dennis* 一案中，第十一巡回法院便以受欺诈银行不属于受保银行为由撤销了定罪。⑥与对银行作出虚假陈述罪类似，如果行为人所施展诈

---

① 参见 *United States v. Poliak*，823 F. 2d 371 (9th Cir. 1987)；Ellen S. Podgor, Peter J. Henning, Alfredo Garcia, Cynthia E. Jones, *Criminal Law: Concepts and Practice Fourth Edition*, Durham: Caroline Academic Press, 2019, § 8A: 21。

② 参见 *United States v. Anderson*，188 F. 3d 886 (7th Cir. 1999)；Scott Mah, Priya Datta, Mackenzie Dooner, Brett Kohler, Aleksey Pricinovskis, "Financial Institutions Fraud", *American Criminal Law Review*, Vol. 57, No. 3, 2020, p. 795。

③ 参见 *United States v. Briggs*，939 F. 2d 222 (5th Cir. 1991)。

④ Scott Mah, Priya Datta, Mackenzie Dooner, Brett Kohler, Aleksey Pricinovskis, "Financial Institutions Fraud", *American Criminal Law Review*, Vol. 57, No. 3, 2020, pp. 790 – 791, 796 – 797.

⑤ 参见 18 U. S. Code § 20 (1)。

⑥ 参见 *United States v. Dennis*，237 F. 3d 1295, 1304 (11th Cir. 2001)。

术之直接对象并非受保银行，但依行为人之诈术，其造成的财产损害来自受保金融机构，行为人依然成立本罪。[1]不过行为人不知具体哪一家银行将遭受财产损害或受害银行是否属于受保银行不阻却故意。[2]此外，欺骗之对象不限于自然人，如果行为人像欺骗自然人般以欺诈方式使用 ATM，依然该当该构成要件。[3]

成立本罪要求受保金融机构乃依行为人之诈术所预期或实际损害的对象。不过，法院认为，金融机构既不必须是直接受害对象，亦不要求为受其管领财产的实际所有权人。例如在前述 *United States v. Edelkind* 案中，第一巡回法院认为虽被行为人所直接欺骗的金融机构不在受保银行之列，但受保的雷曼兄弟为其提供的再回购承诺实乃受骗非受保金融机构为其发放贷款之关键，因此本案之实质欺骗对象乃受保之人雷曼兄弟。[4]而在 *United States v. Morgenstern* 案中，法院认为如果行为人之诈术中包含了欺骗银行，那么自银行处诈领第三方资金之行为亦该当对金融机构施行诈术。[5]

（3）欺诈意图与取得财产意图

法院依据第 1344 条之文本，对第（1）项与第（2）项所包含的主观构成要件要素作出了不同解释。如果诈术旨在欺骗金融机构——对应第 1344 条（1），则行为人须具备欺诈意图。在 *Loughrin v. United States* 案中，最高法院指出如果对"（1）旨在欺骗金融机构"与"（2）借由伪称来取得银行控制的财产"同样施加欺诈故意之要求将致使第（1）（2）两项同义反复，因此法条结构表明应将其区别理解。是故，法院认为第 1344 条（2）不以欺诈意图为要件，不过行为人之陈述必须在"本质上得以引诱（naturally induces）"受保银行移转受

---

① 参见 *United States v. Edelkind*，467 F. 3d 791（1st Cir. 2006）。

② 参见 *United States v. Brandon*，17 F. 3d 409（1st Cir. 1994）。

③ 参见 *Lavin v. United States*，299 F. 3d 123，128 – 29（2d Cir. 2002）。

④ 参见 *United States v. Edelkind*，467 F. 3d 791（1st Cir. 2006）。

⑤ 参见 *United States v. Morgenstern*，933 F. 2d 1108（2d Cir. 1991）；Scott Mah, Priya Datta, Mackenzie Dooner, Brett Kohler, Aleksey Pricinovskis, "Financial Institutions Fraud", *American Criminal Law Review*，Vol. 57，No. 3，2020，p. 798。

控财产①并且须与取得有价值的物相关联②。换言之，控方据1344（2）的起诉仅需要证明行为人意图以伪称引诱银行移转财产，而不负证明行为人损害银行财产或引起财产损害危险之责任。

（五）以欺诈为本质的内幕交易

前述《1934年证券交易法》第10条（b）与Rule 10b-5不仅仅适用于证券欺诈行为，且同时适用于内幕交易，盖因美国法院透过将内幕交易解释为一种欺骗而将其纳入反欺诈规范之适用范围内。在1961年 *SEC v. Inre Cady, Roberts & Co.* 行政诉讼案③中，SEC阐明持有重大非公开信息之内部人买卖证券，无疑破坏了证券交易的公平原则，因而禁止欺诈之规范亦适用于内幕交易，持有重大非公开信息之人必须在交易前披露该等信息，如若无法披露信息，则应放弃交易，此即所谓的 "公开或戒绝交易" （disclose or abstain rule） 原则。随后，美国第二巡回上诉法院在 *TGS* 案④中采纳公开或戒绝交易原则，使之成为正式法源，不过其采纳的理由是信息机会平等，指国会制定证券交易法之目的在于使 "所有投资公众承担同等市场风险"⑤，是以 "所有内部人在非面对面交易之交易所中，得以相对平等地取得重大信息"⑥，不告知重大非公开信息而买卖证券，毋宁侵害了其平等取得信息之地位，因而构成欺骗。因此观点在解释内幕交易规范时立足于所有投资者皆得以平等渠道获知信息（equal access to information），是故其又被称为信息机会平等理论。

美国联邦最高法院在 *Chiarella v. US* 案⑦中推翻信息平等理论，采取信义义务理论（fiduciary duty theory）作为公开或戒绝交易义务产生的原因。信义义务理论反对设定普遍的公开义务，其立于欺骗

---

① 参见 *Loughrin v. United States*，573 U. S. 351（2014）。

② 参见 *Shaw v. United States*，137 S. Ct. 462（2016）。

③ In re Cady, Roberts & Co. , 40 S. E. C. 907, 1961 WL 3743（1961）.

④ *SEC v. Texas Gulf Sulphur Co.* , 258 F. Sup. 262（S. D. N. Y. 1966）.

⑤ Id. , at 852.

⑥ Id. , at 847.

⑦ *Chiarella v. United States*，445 U. S. 222（1980）.

之意，要求只有在买卖证券的行为人与交易相对人间存在忠实关系的情况下，行为人之不公开方构成欺骗。通常而言，只有公司之董事、经理、高级管理人员及临时受任处理相关事项之人等典型的内部人对其交易相对人，即股东负有信义义务。不过，信义义务理论亦肯定外部人与内部人共同违反信义义务构成内幕交易，此即信息传递责任（tipper-tippee liability）：当内部人违反信义义务或保密义务传递信息，而信息受领人明知内部人违反义务且内部人因此取得金钱、声誉或其他任何形式之有利于个人的对价时，即产生信息传递责任构成内部交易。

此外，美国最高法院在 *O'Hagan* 案①中发展出窃取理论，将"对信息来源"的欺骗与对"交易对手"的欺骗同视为证券欺诈构成内幕交易。首先，最高法院认为知悉重大非公开信息的公司外部人，虽对交易相对人不负信义义务，然当其对信息来源负信义义务或类似之忠实义务时，亦不得利用其自信息来源处所获的重大非公开信息谋取私利，否则，行为人以伪装的忠诚取得信息之行为即属对信息来源的欺骗。② 其次，最高法院之判决同时认为基于保护市场诚信而增进投资者信赖之立法目的，因此内幕交易规范所禁止的欺骗，不仅包括对交易相对人的欺骗，信息来源者亦在禁止欺骗之列，是故，对信息来源的欺骗亦属与证券买卖相关。③ 换言之，行为人是因未向负有信义义务之信息来源公开意图而自行利用重大非公开信息买卖证券构成内幕交易，该理论即为窃取理论（misappropriation theory）。

综上，美国通过一系列司法判决确立了一种违反信义义务即属于欺骗的内幕交易规制进路。这种思考模式类似于大陆法系中的不作为欺诈，当行为人对于财产处分人具有法律上的说明义务时，行为人即负有排除他人错误想象的保证人地位，如不说明，则仍构成实施欺骗。对应美国法上的内幕交易规范，无论是经典理论抑或窃取理论，

① *United States v. O'Hagan*, 521 U. S. 648 - 649（1997）.

② Id, at 652 - 653, 655.

③ Id, at 658 - 659.

均以违反信义义务为前提，亦即行为人因负有信义义务而须揭露重大非公开信息，如若不揭露而买卖证券，仍属于一种欺诈。对于互联网金融诈骗而言，其适用的方式在本质上也基于同一逻辑。

表 3 - 5　　　　　　　　　　　经典理论与窃取理论比较

经典理论	信义义务理论：对股东负有信义义务之人，本于重大非公开信息买卖证券违反信义义务
	信息传递责任：当内部人违反信义义务或保密义务传递信息，而信息受领人明知内部人违反义务且内部人因此取得金钱、声誉或其他任何形式之有利于个人的对价时，即属共同违反信义义务
窃取理论	受托人为个人利益而使用其来自委托人之重大非公开信息，而未向委托人披露其使用信息之行为属一种信义义务之违反

四　基于 Rule 10b-5 的金融诈骗及涉网新型金融诈骗刑法规制

Rule 10b-5[①] 是美国最主要的规制证券欺诈行为的法规。该规则由证券交易委员会（Securities and Exchange Commission）根据《1934 年证券交易法》第 10 条（b）[②] 授权所制定。与我国在刑法典中分别制定了八种金融诈骗犯罪不同，由于美国《1933 年证券法》对证券采用了一个极为宽泛的定义，[③]因此 10b-5 所规制的证券欺诈与我国集资诈骗罪、贷款诈骗罪、票据诈骗罪、金融凭证诈骗罪、信用证诈骗罪与有价证券诈骗罪等多项罪名具有可比性。与此同时，互联网金融诈骗若采取上述方式，也同样作为重要的刑法规制方式。

证券欺诈行为的刑事制裁由《证券交易法》第 32 条 [④]所设定。

---

① 参见 17 C. F. R. § 240. 10b-5。

② 参见 15 U. S. Code § 78j（b）。

③ 尽管《1933 年证券法》与《1934 年证券交易法》中对于"证券"的定义存在细微的差别，但根据最高法院在 Tcherepnin 诉 Knight 案中的判决，认为二者"实质性相同（virtually i-dentical）"。参见 *Tcherepnin v. Knight*, 389 US 332, 336, 342 (1967). Steinberg, Marc I. and William E. Kaulbach, "The Supreme Court and the Definition of Security: The Context Clause, Investment Contract Analysis, and Their Ramifications", *Vand. L. Rev.*, Vol. 40, 1987, p. 489。

④ 参见 15 U. S. Code § 78ff。

行为人故意违反 Rule 10b-5，将被处以 500 万美元以下罚款或 20 年以下监禁，或同时适用上述两项刑罚；若是法人，则将被处以 2500 万美元以下的罚款。

（一）刑事管辖的扩张

Rule 10b-5 本属于证券领域内的监管规则，但得益于"证券"的宽泛定义，以及在线市场借贷（Online Marketplace Lending）① 的证券化，在线市场贷款亦被纳入证券监管体系中。这意味着法院对违反该规定实施证券欺诈的行为人具有刑事司法管辖权。

1. 在线市场借贷的证券化

证券化（Securitization）指将某些特定类型的资产汇集后打包成证券的过程。② 资产证券化的意义在于使得某些不具有流动性或者流动性较差的资产得以转化为可在资本市场上流通的有息证券，从而减小流动性风险。

对于在线市场借贷而言，证券化意味着将流动性较差的消费信贷、中小企业信贷债权等转化为可自由交易的证券，从而使得在线市场借贷平台更容易实现融资，如果进一步发展，还可能形成一个以在线市场借贷平台为交易场所的二级市场，进一步降低平台的经营风险。

不同于我国多种形式的 P2P 借贷平台，美国的在线市场借贷平台基本上采取的都是债权转让模式③。这种模式由平台作为金融中介，向不同借款人提供贷款后作出投资计划，此后，投资人向平台的各项计划

---

① 类似于我国的 P2P 互联网借贷平台被美国称为在线市场借贷平台，因为美国在线市场借贷的投资者已经不再仅仅局限于个体，而涉及投资机构、对冲基金以及其他众多的金融机构。参见 Treasury, U. S., *Opportunities and Challenges in Online Marketplace Lending*, Washington, DC: US Treasury, 2016。

② 参见 Jobst, Andreas, "Back to Basics-What Is Securitization?" *Finance & development*, Vol. 45, No. 3, 2008, p. 48。

③ 此模式类似于我国从事股权众筹融资的 P2P 平台。参见中国人民银行、工业和信息化部、公安部、财政部、国家工商总局、国务院法制办、中国银行业中国证券监督管理委员会、中国保险监督管理委员会、国家互联网信息办公室：《关于促进互联网金融健康发展的指导意见》，中国政府网，http://www.gov.cn/xinwen/2015 – 07/18/content_ 2899360. htm。

进行投资，而平台则以借款人还款为条件向投资人付款。以融资模式的不同基本可以分为直接模式（图3－1）与合作模式（图3－2）两类。①

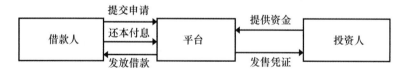

图3－1　直接模式

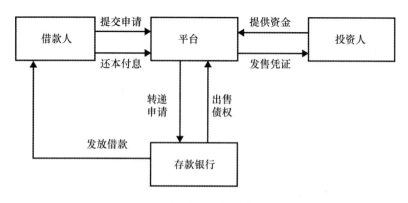

图3－2　合作模式

在线市场借贷平台采用合作模式主要是由于各州对于平台直接开展信贷业务的监管要求不同，与相应的金融机构合作能够降低平台的合规成本。无论是直接模式还是合作模式的融资，在线市场借贷都能够进行证券化。以合作模式的在线市场借贷为例（如图3－2），平台将类型相近的信贷转让给一个特定目的载体（Special Purpose Vehicle）后由其向投资者发行证券；如果平台进一步发展，允许用户在其提供或合作的在线平台上交易 SPV 发行的凭证，则可能形成一个以平台为中心的二级市场（如图3－3中虚线部分）。②

由此可见，在线市场借贷的证券化使得平台通过 SPV 发售的凭证

---

① 参见 Treasury, U. S., *Opportunities and Challenges in Online Marketplace Lending*, Washington, DC：US Treasury, 2016。

② 若属于注册豁免的证券，则仅能向合格投资人、发行人与家庭成员转让。

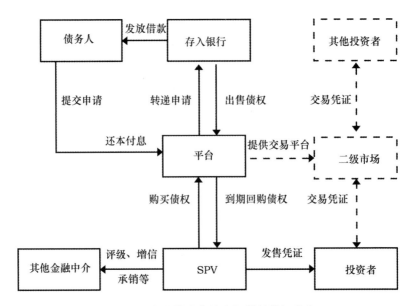

图 3 - 3　合作模式在线市场贷款的证券化

与资产支持证券（Asset-Backed Security）[①] 具有高度的相似性。2008 年，证券交易委员会向美国最大的在线市场借贷平台 Prosper 发出指令，宣布 Prosper 发行的票据属于证券法所规定的证券，并要求 Prosper 停止发售凭证。

2.《1933 年证券法》的宽泛定义

在线市场贷款得以被纳入证券法监管还得益于美国证券法中对"证券"作出了一个相当宽泛的定义。

根据美国《1933 年证券法》及相关修正案，证券主要包括：

（1）任何票据、股票、库存股票、证券期货合约、基于证券的掉期合约、债券、无担保债券、债务凭证、任何利润分享协议的权益证书或参与证书、抵押信托凭证、法人设立前证书或认购

---

① 资产支持证券是由某些金融资产作为抵押的一种债务工具。参见 Tarun Sabarwal，"Common Structures of Asset-backed Securities and Their Risks"，*Corporate Ownership and Control*，Vol. 1，No. 4，2006，pp. 1 - 25。

书、可转让股票、投资契约、股权信托凭证、证券存款凭证；
（2）石油、天然气或其他矿藏权利的小额共有权；（3）任何证
券、存款证、证券组合或证券指数（包括任何利益或其派生利
益）的看跌期权、看涨期权、跨式期权、选择权或优先权；在全
国性证券交易所交易的与外汇有关的看跌期权、看涨期权、跨式
期权、选择权或优先权；（4）或一般而言，任何通常被称为
"证券"的权益或文契，或者上述任何一种的权益证书或参与证
书，或者上述任何一种的临时证书、接收、担保、认购权。①

根据这一宽泛的定义，在线贷款平台发售的凭证可能构成作为证
券的投资契约（Investment Contract）或作为证券的票据（Notes）。

根据证券交易委员会诉 Howey 案所创立的"Howey 检验标准"②，
投资契约指"一人将其资金投资于一个联合投资企业③，并且利润主
要④来自他人的努力"。投资契约包含三个构成要件：（1）货币投资；
（2）投资于一个联合投资企业（Common Enterprise）；（3）获利主要
来自他人的努力。

就在线市场贷款而言，（1）当平台根据借款人的申请制成借款计
划发布于平台并接受投资人提供的资金时，存在着货币投资；
（2）所有的借款人与投资人必须依赖平台来申请借款、为借款提供
资金或还本付息，因此所有交易参与者都会受到平台运营状况的影
响；（3）在线市场贷款平台协议通常禁止投资人绕过平台与借款人

---

① 参见 15 U. S. Code § 77b（a）（1）。
② 参见 *SEC v. W. J. Howey Co.*，328 U. S. 293（1946）. SEC Release No. 8984（November 24，2008）。
③ 投资者的财产与该实体混同，收益取决于发起人或第三人的运作与成功。
④ 根据字面解释利润应当"单独地"（solely）来自他人的努力，但法院认为"单独地"不应该按照字面解释，只要利润"显著地"（significant）来自他人的努力就足够了。参见 *SEC v. GlennW. Turner Enterprises*，474 F. 2d 476（1973）；Pease，Gregory J.，"Bluer Skies in Tennessee-The Recent Broadening of the Definition of Investment Contract as a Security and an Argument for a Unified Federal-State Definition of Investment Contract"，*University of Memphis Law Review*，Vol. 35，2004，p. 109。

取得联系或进行交易，因此所有投资人的获利不得不建立在平台的运营上。故而，在线市场贷款平台发售的凭证具有很明显的投资合同特征。

根据 *Reves* 案①所建立的 Reves 票据检验规则略微复杂。根据此规则，任何票据都被推定为证券，除非其属于非证券票据且通过家族相似性检验（与前述的非证券票据具有高度相似性）。前述特定种类的非证券票据主要指：消费融资中提供的票据；房屋抵押担保的票据；基于小型企业或其资产的担保权的短期票据；证明应收账款的短期票据；证明商业银行用于日常业务贷款的票据等，即经常项目交易所产生的短期票据。②

如果票据不属于上述短期商业票据，则需要通过家族相似性检验，这种检验主要考察四个要素：（1）买方和卖方的动机；（2）分配或发售计划；（3）投资大众的合理预期；（4）现有替代监管体系。

对于在线市场贷款而言，（1）在线市场贷款平台的买方（投资人）主要是出于投资获利或者伴随着投资获利的动机而进行交易；（2）在线贷款平台通过互联网直接向公众公开发售相应的凭证；（3）对于投资人而言，平台所展示的计划显然是具有投资特征的项目，投资人可以合理期待他所注入的资金能够通过平台获得类似于投资交易回报，事实上，大量机构涌入该领域购买凭证表明了相当多数的投资人都将其作为一种投资理财工具。（4）在线市场贷款作为一种新兴的金融工具，显然并没有受到相应的监管体系的约束。换言之，在家族相似性测试中，在线市场贷款并没有表现出与非证券票据的相似性，反而与投资交易具有众多相近的特征，这意味着在线市场交易很可能被认为是证券交易活动。③

综上，由于在线市场贷款自身的证券化发展，加之《1933 年证券法》中对于证券的宽泛定义，在线市场贷款亦被认定为证券活动，

---

① 参见 *Reves v. Ernst & Young*, 494 U. S. 56（1990）。
② 参见 15 U. S. Code § 78c（a）（10）. SEC Release No. 8984（November 24, 2008）。
③ 参见 SEC Release No. 8984（November 24, 2008）。

纳入证券监管体系，故而法院得以对在线市场贷款领域内的欺诈行为依据 Rule 10b-5 施以刑事处分。[①]

（二）构成要件

1. 法律规定

根据证券交易委员会发布的《1934 年证券交易法》中第 240 条 10b-5 [②]，Rule 10b-5 的法律规定为：

> 任何人直接或间接地，利用任何州际商业的手段或工具或邮政，或在任何全国性证券交易所的任何设备，就与任何证券买入或卖出有关的事项，实施下列行为均属违法：
> （1）使用任何计划、阴谋或诡计进行欺诈；
> （2）对于重要事实作出不实陈述，或遗漏重要事实，而这一重要事实在当时对于确保陈述不具有误导性具有重要意义；
> （3）实施任何可能对他人产生欺诈之效果的行为或商业活动。

此外，根据《证券交易法》第 32 条[③]之规定，仅在行为人蓄意（willfully）违反上述规定时方可施以刑事处分，且行为人可通过证明他不知道该规则而免予刑事处分。

2. 具体构成要件

不同于据以 Rule 10b-5 发起的民事诉讼，由司法部发起的刑事诉讼仅需具备三个要件：（1）对于重要事实的虚假陈述或遗漏；（2）与证券的买卖有关；（3）恶意（scienter）。在此处仅作介绍，于下面一部分"证券欺诈罪"中详细分析：

（1）对于重要事实的虚假陈述或遗漏

构成 Rule 10b-5 上的证券欺诈行为不仅要求行为人作出虚假陈述

---

① 即使是依据 Regulation D 506（c）或《证券法》4A（a）6 获得注册豁免的证券，亦受到反欺诈条款的约束。仅在信息披露标准上有所不同。

② 参见 17 C. F. R. §240 10b-5。

③ 参见 15 U. S. Code § 78ff（a）。

或遗漏，而且要求该欺诈行为所关涉的事实具有重要性。所谓重要性，由于毋需考虑民事诉讼所要求的信赖要件，因而通常采用理性投资人标准，即对于一个理性的投资人来说，该事项对于其作出投资决策具有重要性。[1]由于该事项乃是于投资决策有关之事实，因此诸如将来的投资计划等关于未来之承诺，亦可能纳入该重要事实之范畴。此外，单纯的违反信托义务并不构成欺诈行为。[2]

（2）与证券的买卖有关

Rule 10b-5 适用于任何证券，无论该证券是否根据《1933 年证券法》或《1934 年证券交易法》进行了登记或未进行登记或是属于登记豁免的证券，亦不论该证券是否公开发售。[3] 同样地，适用 Rule 10b-5 的证券种类也不仅限于股票等资本证券，而是包括上述《1933 年证券法》所定义的所有类型的证券。

其次，Rule 10b-5 不仅规制证券的卖方。根据 Rule 10b-5，无论是销售者还是购买者[4]，凡实施欺诈行为，皆构成 10b-5 上的证券欺诈。且该买卖不仅包括单纯的有价证券之交易行为，公司兼并或重组过程中进行的股权互换或股权回购，甚至公司给予雇员的股权激励等行为，皆可能构成证券买卖。[5]

此外，Rule 10b-5 亦不要求被告人是证券的直接持有人或目标公司之股东，只要行为人实施的欺诈行为与买与卖有关即可。这意味着，所谓"外部人"实施的虚假陈述，亦能够该当该要件。

（3）恶意（主观构成要件）

在据 Rule 10b-5 发起的刑事诉讼中，最高法院要求证明被告具备恶意，该恶意之要件类似于我国的欺诈双重故意——行为人不仅具有

---

① 参见 *Basic, Inc. v. Levinson*，485 U. S. 224，231 (1988)。

② 参见 *Santa Fe Indus., Inc. v. Green*，430 U. S. 462，472－74 (1977)。

③ 参见 *SEC v. Lauer*，864 F. Supp. 784 (N. D. Ill. 1994)。

④ 与 Rule 10b-5 相比，《1933 年证券法》仅规制卖方的欺诈行为。参见 15 U. S. Code § 77q (a)。

⑤ 参见 *Rudinger v. Insurance Data Processing, Inc.*，778 F. Supp. 1334 (E. D. Pa. 1991)，转引自张学安《证券法》，中国政法大学出版社 2003 年版，第 660 页。

实施欺诈行为的故意，且行为人故意地陈述（或遗漏）重大事实[1]，但最高法院并没有明确否认轻率（recklessness）[2] 能否该当该恶意之要求。

此外，根据《证券交易法》第 32 条，行为人得通过证明其不知行为违反规范而免予刑事处罚，但法院认为所谓的规范亦包含那些为行为人违反的不成文的规范。[3]换言之，控方可以在诉讼中举证证明被告人对所陈述事项的真实性漠不关心而使陪审团推定被告人具有欺骗投资人的恶意。[4]

（三）证券欺诈罪

美国国会制定的《1933 年证券法》与《1934 年证券交易法》乃规管证券发行与交易的主要法规。为贯彻信息公开与反欺诈两大目标，《1933 年证券法》第 17 条（a）禁止于出售证券时实施欺诈[5]。由于未明文规定以欺诈方式购买证券的违法性，《1934 年证券交易法》第 10 条（b）授权 SEC 制定规则以禁止证券买卖中的欺骗与操纵行为。[6]1942 年，SEC 在填补《1933 年证券法》第 17 条（a）法律漏洞的基础上制定了 Rule 10b-5，而根据《1934 年证券交易法》第 32 条（a）之意旨，"蓄意"（willfully）违反前述规定者将被施以刑事制裁。

Rule 10b-5 透过将内幕交易行为纳入适用范围而扩张了普通法欺诈之内涵。依美国法制，公司内部人，例如高级管理人员或董事，仅在存在特别事实或特殊情势（special facts or special circumstances）时

---

① 参见 *Ernst & Ernst v. Hochfelder*，425 U. S. 185，193（1976）。

② 根据《模范刑法典》，轻率指行为人有意识地忽视实质性的构成要件或实施具有实质性的不合理风险的行为，类似于我国学说上的间接故意。参见 Model Penal Code §2.02（c）。

③ 参见 Palmiter A.，*Securities Regulation：Examples & Explanations*（6th ed.），New York：Wolters Kluwer Law & Business，2014，pp. 578 – 579。

④ 参见 Buell，Samuel W.，"What Is Securities Fraud"，*Duke Law Journal*，Vol. 61，2011，p. 560。

⑤ 参见 15 U. S. Code §77q（a）（2018）。

⑥ 参见 15 U. S. Code §78j（b）（2018）。

方负有向股东公开信息之义务。① 换言之，交易对象为不特定匿名投资者的二级市场中，通常不存在此类特殊情势，是故公司内部人不向公开市场投资者公开重大信息之行为不构成欺诈。直到 1961 年 SEC 在对券商 Cady，Roberts & Co. 的合伙人罗伯特·M. 金特尔（Robert M. Gintel）所作的行政处罚中首次扩张 Rule 10b-5 之适用范围，首倡 Rule 10b-5 规则不仅适用于面对面交易，公开市场中的匿名交易亦为其所规管。在此后的 TGS 案中，第二巡回法院明确了"公开或戒绝交易之规则"（disclose or abstain rule），据此，知悉重大信息之人须在交易前公开信息，如不欲或无法公开，则须放弃交易机会。②此后，美国法院判决在何人方负有前述公开或戒绝交易之义务此问题上有所徘徊，不过，内幕交易乃一种以不作为（负有公开义务者隐瞒重大信息）形式而为的欺骗已为其所广泛接受。

除上述《1934 年证券交易法》第 10 条（b）与 Rule 10b-5 外，SOX 法案还增订了专门的证券欺诈法规——《美国法典》第 18 章第 1348 条证券与期货欺诈罪。③该法规仿照前述银行欺诈罪法规而设计，是故其构成要件要素之重点在于"施展诈术"而非"重大欺骗或隐瞒"。此外，诚信服务欺诈理论亦可适用于第 1348 条。鉴于该法条结构更为简单，除传统 Rule 10b-5 外，检察官亦可能采用此法条起诉操纵市场与证券欺诈行为。

1. 一般反欺诈规范

《证券交易法》第 10 条（b）与 Rule 10b-5 构成了美国证券法上的一般反欺诈规范。《1934 年证券交易法》第 10 条（b）授权 SEC 制定规则禁止证券交易中的欺诈行为：任何人直接或间接利用州际商业运输、邮政服务或全国性证券交易所设施，于买卖上市或非上市证券或于证券交换协议中，如若违反证券交易委员所规定之禁止操纵市场或欺诈的规则，而该等规则系出自维护公共利益或保

---

① 参见 *Strong v. Repide*，213 U. S. 419（1909）。

② 参见 *SEC v. Texas Gulf Sulphur*，401 F. 2d 833（2nd Circuit，1968）。

③ 参见 18 U. S. Code § 1348（2018）。

护证券投资者之必要，即属违法。为实施前述规范，SEC 制定了
Rule 10b-5。

在民事诉讼中，Rule 10b-5 包含（1）使用州际商业运输、邮政
服务或全国性证券交易所设施；（2）作出不实陈述或遗漏；（3）该
等不实陈述或遗漏具备重大性；（4）与证券之买卖有关；（5）被害
人对其陈述有信赖；（6）被害人因此信赖而受有财产损害；（7）行
为人具备欺诈之恶意（scienter）与（8）行为人蓄意违反规范八项构
成要件要素。不过，其中的（5）（6）（7）三项乃民事赔偿诉讼所必
备之要件，违反本法条之刑责仍保有其欺诈类犯罪之特点，是故检察
官不负证明因果关系与财产损害之责任。[1]

表 3 – 6　　　　　　　　　**民事诉讼中 Rule 10b-5 包含的要件**

	使用州际商业运输、邮政服务或全国性证券交易所设施	
客观构成要件	作出重大不实陈述或重大遗漏	作出不实陈述或遗漏信息
		陈述或信息具备重大性
	与证券之买卖有关	证券
		与证券买卖有联系
	因果关系与财产损害（仅适用于民事诉讼）	被害人对陈述有信赖
	被害人因此信赖而受有财产损害	被害人因此而买卖证券
		被害人因此买卖而受有财产损害
主观构成要件	恶意（仅适用于民事诉讼）	
	蓄意违反规范	

2. 作出不实陈述或遗漏[2]

Rule 10b-5 所禁止的不实陈述或遗漏并无形式上的明确限定，凡
于理性投资者用以获取信息的公开媒介上作出重大不实陈述或隐瞒重
要信息者皆可构成本罪。因此，无论是向投资者所发布的自行编制的

---

① Nick Joynson, "Securities Fraud", *American Criminal Law Review*, Vol. 57, No. 3, 2020, p. 1281, 1283.

② 尽管依 Rule 10b-5 起诉内幕交易行为仍属于前述重大遗漏，不过关于公开或戒绝交易之义务将于后文专开一项予以阐述。

财报，抑或是向 SEC 所提交的申报文书（SEC fillings），皆可该当陈述或隐瞒信息之媒介。例如，在 *SEC v. Pirate Investor LLC* 一案中，第四巡回法院认定行为人通过电子邮件向订阅用户兜售虚假消息属于作出不实陈述。[①]

依最高法院之判旨，唯有对信息具有终局控制权限者方属信息的作出者。在 *Janus Capital Group，Inc. v. First Derivative Traders* 一案中，上诉人 Janus Capital Group，Inc.（JCG）创立了基金 Janus Investment Fund（JIF），并由 JIF 对外发布了招股说明书。期间，JCG 下属的投资顾问公司 Janus Capital Management LLC（JCM）的人员负责 JIF 的日常经营及准备招股说明书。嗣后，因 JIF 的招股说明书存在重大遗漏而受到了 Rule 10b-5 的起诉。本案中，最高法院认为 JCG、JCM 与 JIF 皆为独立的法律实体，并且在组织结构上作出了符合法定要求的独立性安排，亦即裁判 JCM 是在 JIF 的最终控制下协助招股说明书之制定的。据此，最高法院以消息的作出者应对信息的内容以及发布形式等具有终局控制权为由判决 JCM 不属于基金招股说明书中虚假陈述的作出者。[②] 不过，如果行为人以欺诈意图传播虚假信息，虽不属于 Rule 10b-5 第（b）项的信息作出者，但可能因该当第（a）项"施用诈术"或第（c）项的实施具有欺诈效果的行为而成立证券欺诈罪。[③]

通常而言，表达观点的陈述不在不实陈述之列，不过经过判例之发展，证券欺诈罪中观点之成立标准相对前述欺诈罪稍显严格。在 *Omnicare，Inc. v. Laborers District Council Construction Industry Pension Fund* 案中，最高法院虽认定诚挚的纯粹观点之表达不属于重大不实陈述，但在下述三种情形中行为人仍该当该构成要件：（1）观点的作出者并非持有其所陈述之观点；（2）观点中掺杂了事实，而该等事实是虚假的；（3）观点中遗漏了部分事实，而该等事实与理性投资者通

---

① 参见 *SEC v. Pirate Investor LLC*，580 F. 3d 233，244（4th Cir. 2009）。
② 参见 *Janus Capital Group，Inc. v. First Derivative Traders*，564 U. S. 135（2011）。
③ 参见 *Lorenzo v. United States*，139 S. Ct. 1094，1104（2019）。

过其所陈述的观点得出的结论相抵触。[①]

3. 重大性

唯有不实陈述或遗漏的事实具备重大性时，行为人方负违反《证券交易法》第 10 条（b）与 Rule 10b-5 的责任。一般而言，在判断证券交易中有关信息的重大性时，法院采用 *TSC Industries，Inc. v. Northway，Inc.* 案所创设的相当可能性（substantial likelihood）标准——如果理性投资者在证券有关之决策中，具有相当之可能将某信息作为重要参考因素，该等信息即具重大性[②]。现实中，因公开之信息种类繁多、内容冗杂，加之市场中亦存在分析或传闻等信息，是故理性投资者往往会将其可获知的各种信息加以通盘考量。法院亦对此予以认同，是故法院在判断信息是否具备重大性时不以单一信息源为依据，而是将各种投资者可借由公开渠道所取得信息总结为所谓的"信息综合体（total mix）"，并判断该信息综合体对理性投资者之决策是否具有重要性。同时，如果行为人通过过度披露以期用冗杂信息"淹没"重要信息，亦可能使得投资者所得的"信息综合体"具备误导性，因此掩埋事实之行为亦可能构成证券欺诈罪。[③]

不过，发行人所公开之前瞻性信息载有足以引起投资者注意的警告，或仅为不包含具体信息的宣传概述则一般不在虚假信息之列。在证券交易中，除历史信息外，公司尚负有一定程度公开前瞻性信息之义务，不过前瞻性信息仅为公司之预测，与事实之发展势必有所出入，如对此等信息施加与历史信息的同等标准未免强人所难，是故法院在判决中形成了"提示注意（bespeaks caution）"原则。依此原则，如果公司在公开前瞻性信息的同时载有关于预测可能落空之警告，则该等信息不具重大性。不过如欲适用提示注意原

---

① 参见 *Omnicare，Inc. v. Laborers Dist. Council Constr. Indus. Pension Fund*，135 S. Ct. 1318（2015）；Nick Joynson，"Securities Fraud"，*American Criminal Law Review*，Vol. 57，No. 3，2020，p. 1255。

② 参见 *TSC Industries，Inc. v. Northway，Inc.*，426 U. S. 438，450（1976）。

③ 参见 *Kohn v. American Metal Climax，Inc.*，322 F. Supp. 1331（E. D. Pa. 1970）（Alan R. Palmiter，*Securities Regulation*，New York：Wolters Kluwer Legal & Regulatory，2017，p. 99）。

则避免刑责，警告必须具有实质内容，即针对具体的预测而作出，如仅为格式化的一般性警告条款则仍属未尽提示义务①。此外，《私人证券诉讼改革法》（Private Securities Litigation Reform Act，PSLRA）上尚设有法定安全港规则，符合其要求的前瞻性信息可豁免证券欺诈的民事责任。

若信息所关涉之事项尚处于运作之中，具体影响须就运作结果而视，则另以 Basic 案所确立的"概率/影响"（probability / magnitude）标准判断信息是否具备重大性。受理 Basic 案的初审法院采用"原则一致"（agreement in principle）标准进行分析，该见解认为在诸如并购谈判等场合，只有双方对于合并价格、合并后的公司结构等重要事项达成合意方具备重大性。对此，最高法院认为投资者具有分析信息的必要理性，换言之，影响理性人投资决策的那些信息不必待谈判事项达成一致原则方可形成。另外，最高法院亦指出重大性并不取决于陈述的最终成真与否，"如果不实陈述所关涉的事实微不足道，那么诱导性陈述或信息遗漏无足轻重"。有鉴于此，最高法院提出以"概率/影响"标准进行个案分析。此标准要求在检验信息的重大性时，通盘考虑所有有关情势，权衡有关事项所发生的概率与有关事项对于公司整体运作之影响二者并加以认定。②

4. 证券

美国《1933 年证券法》第 2 条（1）与《1934 年证券交易法》第 3 条（a）（10）对证券作出了相当宽泛且灵活的定义。依法条之规定，证券大致可分为四类。鉴于《1933 年证券法》对于证券作出了广泛的定义，今日新兴之金融产品亦可能落入证券定义之下。

（1）网络众筹

网络众筹在美国的发展较为独特，美国借贷众筹的主要运营者皆采用了一定程度的证券化措施以便利资金之筹措并隔离风险，随着市

---

① 廖凡：《鼓励与强制之间——美国证券法对前瞻性信息披露的规定》，《金融法苑》2003 年第 3 期。

② 参见 Basic, Inc. v. Levinson, 485 U. S. 224, 238（1988）。

场的发展，相当多数的金融机构也纷纷作为投资者或通过第三方之安排进入借贷活动中。因此，美国网络众筹严格来说只是一种以非传统银行为中介进行在线借贷的方式，是故其又被称为在线市场借贷（Online Marketplace Lending）。①不同于我国多种形式的 P2P 借贷平台，美国的在线市场借贷平台基本上采取的都是债权转让模式，具体论述见前文。

由于市场规模的扩张与金融工程的应用，在线市场借贷通常借由结构金融（Structured Finance）之形式将贷款予以证券化（Securitization）。证券化的意义在于使得某些不具有流动性或者流动性较差的资产（比如具有固定期限的贷款）转化为可在公开市场上流通的有价证券，从而减小流动性风险。对于在线市场借贷而言，证券化意味着将流动性较差的消费借贷、中小企业信贷等不易变现的债权转化为可自由交易的证券，从而使得借款人于在线市场借贷平台融资更容易实现，如果进一步发展，还可能形成一个以在线市场借贷平台为交易场所的二级市场，进一步增强规模效应。

尽管前述票据在名义上仅为借款人承诺还款的书证，但在美国法下此类票据仍可能构成"证券"。《1933 年证券法》与《1934 年证券交易法》虽均将"任何票据"包含在证券之定义内，不过显然实际经济交往中存在着大量主要是起着证明作用的类似于"欠条""贷款证明"之类的文书，此类文书无法像证券一般在金融市场中自由地流通，其所表彰的债权也千差万别——不同的贷款有不同的期限、利率乃至不同负担有不同的抗辩等。为了区分作为"证券"的票据与作为证明文书的票据，最高法院在 *Reves v. Ernst & Young* 案中采用了一种被称为"家族相似性"的检验方法②。该方法的要旨在于首先确定一组典型的非证券票据——例如住房抵押贷款的票据、应收账款担保的企业短期融资票据这类起证明作用的文书或者

---

① 定义来源于：Department of the Treasury，2016。
② 参见 *Reves v. Ernst & Young*，494 U. S. 56，60 – 61（1990）。

商业往来中常用的短期融资交易工具①，如果某一票据在此范围内则不属于证券。相反，如果某一票据不在非证券票据之列并且期限在九个月以上，法院将进一步检视该票据的买卖动机、分销方式、购买者的预期及现有避险措施这四项要素是否充分来整体判定该票据是否属于证券②，具体而言：

A. 买卖动机主要分析票据所筹措资金的用途。如果该笔借款并未限定用途而是用于支持企业的常规业务经营，则可能被视为证券；相反，如果借款明确限定了用途，例如，"支付购房款""支付某笔货款"等，则更可能被视为非证券票据。例如在 *Resolution Trust Corp. v. Stone* 案中，法院认为汽车经销商打包出售并且能够在二级市场上交易的汽车应收款票据不属于证券，因该票据的收益来自特定汽车贷款的还款而不是经销商派发的股息。③

B. 分销方式则注重该票据的发售方式。如果票据发行的范围广泛，并且能够在一定范围内的匿名市场中自由交易，换句话说，就是向不特定多数人发行并且具有一定的流动性，则可能被视为证券；另外，如果该票据的发售乃是经由面对面谈判磋商，或者是仅有少数小范围的债权人，则不属于证券。

C. 金钱回报是判断购买者预期的关键。一般而言，投资者愈倾向于将该交易视为投资，则该票据愈接近于证券，其中，金钱回报乃SEC及法院判断该交易是否被投资者视为投资的重要因素。Poplogix LLC 意图设立一间艺术众筹网站，艺术工作者可借此网站自公众处募集借款。因依其描述该等借款是无息且不可转让的，于是，该项目于

---

① 此类非证券票据主要有消费借贷的票据、住房抵押贷款的票据、短期的企业留置权（或资产）担保的票据、应收账款担保的短期票据、向银行客户提供的"定制化"的贷款证明、日常业务中产生的未清账户债务的书面证明、商业银行日常经营贷款的证明文件。

② James D. Cox, Robert W. Hillman, Donald C. Langevoort D., *Securities Regulation: Cases and Materials*, New York: Wolters Kluwer, 2016, pp. 71 – 84.

③ 参见 *Resolution Trust Corp. v. Stone*, 998 F. 2d 1534（10th Cir. 1993）; Nick Joynson, "Securities Fraud", *American Criminal Law Review*, Vol. 57, No. 3, 2020, p. 1270。

2010 年收到了 SEC 的不行动书（No-Action Letter）①。类似地，在 *SEC v. Thompson* 案中，法院认为高额利息乃证明投资人将票据视为投资的有力依据。②

　　D. 降低风险措施包含政府的监管措施与发行人自行采取的措施两类。在美国的伞形监管体系下，某些金融创新工具即使不受证券法规制，但其仍可能处于其他金融法规的监管之下，如果此类监管机制能够有效减小投资人之曝险，于此金融工具即无施以证券监管之必要。在 *Marine Bank v. Weave* 一案中③，最高法院便认为可转让存款证持有人已享有联邦银行法之保护，因此该等存款证不属证券。④不过，并非所有的替代监管法规皆被法院认为具有降低风险之功用，在 *Holloway v. Peat，Marwick，Mitchell & Co.* 案中⑤，法院认为州法尚不足以作为替代监管之法规，并暗示联邦银行法方属 Reves 案所要求的替代监管法规。⑥

　　（2）虚拟资产

　　虚拟资产，即以数据形式表示价值的资产。⑦ 今日金融创新的一大成果乃分布式记账技术（Distributed Ledger Technology，DLT），DLT的成熟使得在保持可信且匿名的情况下以数字形式表示价值，这种特性迅速被应用于金融工具的创设，在全球范围内引起广泛关注的比特币（Bitcoin）即属此例。一般而言，虚拟资产可分为功能型与证券型

---

　　①　如果申请人不确定其发行的某种产品或服务是否违反联邦证券法，可向 SEC 请求发给不行动书，如果 SEC 工作人员结合事实与相关法规认为其符合证券法之规定，则会发给申请人不行动信表明其不会建议证券委员会对申请人所申请范围内的行为采取执法行动。

　　②　参见 *SEC v. Thompson*，732 F. 3d 1151（10th Cir. 2013）. James D. Cox, Robert W. Hillman, Donald C. Langevoort, *Securities Regulation：Cases and Materials*, New York：Wolters Kluwer, 2016, pp. 71 – 84 Note 7。

　　③　参见 *Marine Bank v. Weaver*，455 U. S. 551（1982）。

　　④　James D. Cox, Robert W. Hillman, Donald C. Langevoort, *Securities Regulation：Cases and Materials*, New York：Wolters Kluwer, 2016, pp. 71 – 84 Note 4.

　　⑤　参见 *Holloway v. Peat，Marwick，Mitchell & Co.*，900 F. 2d 1485（10th Cir. 1990）。

　　⑥　James D. Cox, Robert W. Hillman, Donald C. Langevoort, *Securities Regulation：Cases and Materials*, New York：Wolters Kluwer, 2016, pp. 71 – 84 Note 4.

　　⑦　在中国内地，虚拟资产通常被称为加密货币或者数字代币。

两类，前者通常用于支付服务、表彰持有者获取商品或服务的权利，后者主要用作融资，证券型虚拟资产的持有者通常有权参与发行者日后的利润分配。由于虚拟资产发行所需的成本低、流通便捷，越来越多的众筹活动尝试以虚拟资产发行的方式进行，例如美国的 Aspen REIT 便于虚拟资产交易平台 Templum Markets 上发行了 Aspen Coin 为其经营的房地产项目融资，著名的众筹平台 Indiegogo 帮助其进行了推介活动[①]。

美国证券法上可用 Howey Test 来判断某一金融产品是否构成证券。依美国证券法，"投资合同"（Investment Contracts）乃证券的一种类型[②]，在 *SEC v. W. J. Howey Co.* 案中，最高法院提出以（1）金钱之投资（invest his money）；（2）投资于共同企业（in a common enterprise）；（3）期望获利（is led to expect profit）；（4）他人之努力（solely from the efforts of the promoter or a third party）四项要件判断金融产品是否构成投资合同。[③] 2018 年 11 月，美国证券交易委员会发布了"虚拟资产分析指南"（Framework for 'Investment Contract' Analysis of Digital Assets），明确以投资合同的四项要件分析虚拟资产来区别功能型虚拟资产与证券型虚拟资产。其中值得注意的是，因虚拟资产发行可能采取去中心化的组织方式，指南为此进一步澄清了其中"获利来自于发起人或其他人之努力"该项要件，指南指出在该项要件的判断上，虚拟资产的投资者期待自积极参与人（发起人、第三人，简称积极参与人）处获得利润，而积极参与人一般负责开发、改进或运营（尤其是投资者期待积极参与人执行或监督一些任务以实现虚拟资产的预期目的或功能），抑或是积极于网络上行销虚拟资产人，在行使虚拟资产所代表的权利方面持续起着管理作用者亦可能属于积

---

① 参见 Krypital Group, "Security Token Case Analysis: Aspen Coin — The First Real Estate Security Token Offering" (Nov. 6, 2018), https://medium.com/krypital/security-token-case-analysis-aspen-coin-the-first-real-estate-security-token-offering-bbbcc52ace5。

② 15 U. S. Code § 77b (a) (1) (2018).

③ *SEC v. W. J. Howey Co.*, 328 U. S. 293, 298 – 299, 301 (1946).

极参与人，如决定是否交易、进行网络验证等①。

2018 年 9 月，纽约东区地方法院驳回了涉嫌证券欺诈的被告人马克西姆·扎斯拉夫斯基（Maksim Zaslavskiy）提出的动议，作出首个认定虚拟资产发行可适用证券法的司法裁判。在 *US v. Zaslavskiy* 案② 中，被告人坚称其发行的数字代币不属于证券，Zaslavskiy 在动议中提出其发行的 REcoin 及 Diamond 数字货币不构成"投资合同"，且依其定义，该等虚拟资产应当属于货币而不是证券；此外，联邦证券法在定义上过于模糊，有违正当程序原则。③ 不过，法院在聆讯后拒绝了 Zaslavskiy 的动议：对于 REcoin 及 Diamond 是否构成投资合同，法官认为根据起诉书所载事实，理性的陪审团可能认为前述数字代币满足了 Howey Test 之标准，因为：（1）尽管 Zaslavskiy 声称交易仅涉及一种货币与另一种货币的互换，但法官发现投资者为取得加入企业的"成员资格"而的确付出了金钱或其他资产，因此存在着"金钱投资"；（2）根据 Zaslavskiy 的说明，REcoin 与 Diamond 的利润将按照投资者认购的代币在投资计划中的权益比例分配，因此存在着横向共同性；（3）Zaslavskiy 声称将通过其组建的管理团队进行投资以促进代币，因此投资者可以期待通过管理人的努力来获取利润。对于 RE-

---

① SEC,"Framework for'Investment Contract'Analysis of Digital Assets"（Apr. 3, 2019）, https：//www. sec. gov/corpfin/framework-investment-contract-analysis-digital-assets#_ ednref11.

② 被告人 Maksim Zaslavskiy 于 2017 年成立了 REcoin 宣称从事房地产投资，并以此为储备向公众发行数字代币，Zaslavskiy 声称 REcoin 是为一种全新的数字代币，因为其以国内外的房地产为储备，并将建立交易平台使得全球投资者皆可轻松交易其代币，此外被告人表明 REcoin 将在经验丰富的管理人运营下具备极高的潜在增值空间。2017 年 9 月 Zaslavskiy 结束 REcoin 发行后又再次发行了声称以钻石为储备的 Diamond 数字代币，同样宣称其具备良好的流动性和广阔的升值空间。在 2017 年 7 月至 10 月间，Zaslavskiy 共募集了至少 30 万美元，然而 Zaslavskiy 实际上并未投资任何房地产或珠宝，遂被控以未经注册发行证券、证券欺诈与串谋欺诈罪。*United States v. Zaslavskiy*, No. 17 CR 647（RJD）, 2018 WL 4346339, 2 – 3（E. D. N. Y. Sept. 11, 2018）。

③ Zaslavskiy Motion to Dismiss, *United States. v. Zaslavskiy*（E. D. N. Y. 2018）（No. 17M934）, Doc. No. 27 at 13〔citing SECv. W. J. Howey Co. , 328 U. S. 293（1946）〕cited in Joseph G. Poluka, Michelle Ann Gitlitz, Mark M. Lee, and Thomas F. Brier, "Currency or Security? What United States v. Zaslavskiy Means for the Future of Cryptocurrency Regulation", *For The Defense*, Vol. 3, 2018, p. 36.

coin 及 Diamond 仅构成货币的主张，法官指出，尽管该问题应交由陪审团判断，但就起诉书所载事实而言，Zaslavskiy 忽略了重要的事实——"简单地将投资安排贴上'数字货币'或'加密货币'的标签并不足以将一投资合同自证券转变为货币"①。至于证券法中定义过于模糊的问题，法官认为其动议缺乏严密分析——未证明保持一般谨慎的人同样会误触法网，亦未证明基于 Howey Test 的投资合同标准是模糊不清的，且司法决定亦有能澄清法条含义之作用，而关于投资合同之先例已能够作出充分示警，是故法官驳回了该项诉请。②

5. 与证券之买卖有关联

对价与证券之出售成立与否无关。英美合同法上有所谓对价（consideration）之要件，据此，合同具备强制力的方式之一乃包含不利受约人或有利立约人之内容。③ 对此问题，《1934 年证券交易法》在卖出之定义下去掉了"为了实现利益"（for value）之要件，使得不具有对价之证券处分亦得该当证券买卖。此外，法院一般依据交易之经济实质来判断证券之处分行为是否构成买卖，例如通过合并或分立所获之股份补偿亦该当买卖证券④。

作出重大不实陈述或重大遗漏之对象不限于交易对手或具有处分权之第三人，只要与证券买卖有关即可能构成本罪。在 *O'Hagan* 案⑤中，法院主张行为人在未向委托人披露的情况下，违反忠实义务而使用委托人的信息买卖证券，属于以伪装的忠诚欺骗委托人。纵使其欺骗的是委托人，而交易的对象是另一人，但其交易对象同样因行为人骗取的信息而在交易中处于不利地位，故违反忠实义务而使用委托人的信息与第三人买卖证券仍属与证券买卖有关。换言之，欺骗之对象

① *United States v. Zaslavskiy*, No. 17 CR 647 (RJD), 2018 WL 4346339, 5 - 7 (N. Y. Sept. 11, 2018).

② Id., 8 - 9.

③ Blum., B. A., *Examples & Explanations for Contracts*, New York: Wolters Kluwer, 2017.

④ *SEC v. Nat'l Sec. Inc.*, 393 U. S. 453, 467 (1969); Nick Joynson, "Securities Fraud", *American Criminal Law Review*, Vol. 57, No. 3, 2020, p. 1280.

⑤ *United States v. O'Hagan*, 521 U. S. 642 (1997).

不以财产处分者为限，凡对一人实施欺骗而造成其他人受有损害，皆属欺骗。① 这点应与大陆法系上受骗人与损失人不同的三角诈骗予以区分，盖因 *O'Hagan* 案之解释不要求受骗人与损失人具有贴近关系（Näheverhältniss）。具体而言：三角诈骗之成立要求处分者之处分行为得以评价为财产损失者自身之行为，若处分者仅为不具保护或照顾他人财产之地位的局外人，则其因受骗而在不知情下处分财产，行为人仅成立盗窃罪之间接正犯。举例而言，行为人欲冒充债权人诈领给付，恰逢债务人因事外出，正巧债务人雇员保姆抵达债务人家开展清洁工作，遂自行主张提领现金交付行为人，因债务人所雇佣之保姆通常未获授权，亦不具有法律上保护债务人财产之照顾义务，因而不具贴近关系，行为人仅构成盗窃罪之间接正犯。

6. 被害人对陈述有信赖（仅适用于民事诉讼）

依照前文所述，欺诈（fraud）类罪所禁止者，乃实施欺骗行为本身，至于财产损害，除非法条特别设有"为了获取财产"等构成要件要素，否则毋须证明财产损害及财产损害与欺骗间的因果关系。因此，适用一般反欺诈规范的刑事诉讼及 SEC 行政执法诉讼不要求证明信赖。相反，民事诉讼之原告则应证明其信赖被告之陈述。

通常而言，只要投资者在不实陈述发布后至事实揭发前买卖证券，法院就会依照欺诈市场理论推定被害人信赖被告之陈述。依欺诈市场理论，在有效市场中，证券之价格已反映公开可获知之信息，是故投资者买卖证券时已信赖，或至少附随地信赖了价格所包含之信息，因此法院推定原告信赖被告之陈述。② 显然，仅在价格能够反映公开信息的有效市场中方可适用欺诈市场理论，因而行为人得对有效市场之假设予以反证。在考虑证券是否属于有效市场交易时，法院通常考虑以下要素：（1）证券交易量；（2）证券分析之数量；（3）是否有做市商为证券交易提供流动性；（4）公司是否符合注册 S－3 表

---

① Id. , at 655 – 656.

② *Basic, Inc. v. Levinson*, 485 U. S. 224, 241 – 247（1988）.

格之资格[1]；（5）发行人因意外事件或公告所引起证券价格波动之历史情况。[2]

信赖这一要件大致对应大陆法系上的被害人陷入错误认识，不过另据欺诈创造市场原则，某些被害人单纯不知情亦属于陷入错误认识。不实陈述或者重大遗漏必须使被害人产生偏离事实之错误想象或维持被害人的错误想象，换言之，只有行为人的陈述内容对于被害人处分财产具有意义时，才属于陷入错误。不过，第五巡回上诉法院采用了欺诈创造市场理论，依此理论，行为人如以欺诈之手段兜售市场上不可流通（unmarketability）之证券，即使被害人并未信赖行为人之陈述本身，仅基于行为人所伪造的市场上可流通之假象而买卖证券亦可适用 Rule 10b-5。[3]

7. 财产损害及因果关系（仅适用于民事诉讼）

在证券欺诈民事诉讼中，原告除证明信赖外，尚需证明其受到财产损害，且财产损害与行为人之欺骗行为有因果关系。证券欺诈民事诉讼中的交易因果关系与损害因果关系对应于大陆法系之处分财产与财产损害之要件，前者指被害人基于错误认识而买卖了证券，后者则是被害人因买卖证券而遭受了财产损失。

对于交易上的因果关系，法院适用类似于大陆法系中的条件公式，即所谓的"若非"（but for）原则。据此，如果没有行为人的不实陈述或者重大遗漏，被害人就不会买卖证券，因此具备交易上因果关系[4]。

财产损失的因果关系则要求被害人证明其因买卖证券而遭受的财产损失来自行为人的欺骗行为。通常而言，财产损失的因果关系不适用欺诈市场理论，不过被害人亦仅需通过举证不实陈述作出时的价格

---

① 换言之，公司已有资格进行第二及以上次数的公开证券发行。

② Nick Joynson, "Securities Fraud", *American Criminal Law Review*, Vol. 57, No. 3, 2020, p. 1281.

③ Nick Joynson, "Securities Fraud", *American Criminal Law Review*, Vol. 57, No. 3, 2020, p. 1282.

④ Alan R. Palmiter, *Securities regulation*, New York: Wolters Kluwer Legal & Regulatory, 2017, p. 357.

改变及真相揭露后价格的反向改变来证明财产损失的因果关系。①即使在价格未发生上述变动甚至发生反向变动的情况下，被害人仍得透过其他证据证明损失可归因于欺骗行为。②同理，行为人亦可透过证明价格变动主要源于其他市场因素而推翻财产损失的因果关系。③

8. 主观构成要件

根据《1934年证券交易法》第32条（a），蓄意违反证券交易法规范之行为人负刑事责任。④ 在民事诉讼中，法院亦要求证明行为人恶意实施欺骗。⑤

所谓蓄意违反规范，指行为人除认识到其行为符合构成要件外，尚须额外具备不法意识。鉴于证券法上规则之复杂性，《1934年证券法》第32条中有禁止性错误抗辩之规范，据此如若行为人证明其确实不知法律或规则，则不得被科以监禁刑，例如行为人在真诚相信律师所出具的意见的情况下，不构成证券欺诈罪⑥。不过，行为人若故意使自己处于不知法律之状态下或即使有充分理由亦故意不去了解相关事实，即构成故意闭眼（willfully blind），亦该当蓄意⑦。此外，蓄

---

① *FindWhat Investor Group v. FindWhat. com*，658 F. 3d 1282，1311（11th Cir. 2011）；James D. Cox，Robert W. Hillman，Donald C. Langevoort，*Securities Regulation：Cases and Materials*，New York：Walter Kluwer，2016，§13G（2）．

② *Acticon AG v. China North East Petroleum Holdings，Ltd.*，692 F. 3d 34（2d Cir. 2012）；Alan R. Palmiter，*Securities Regulation*，New York：Wolters Kluwer Legal & Regulatory，2017，p. 358.

③ Alan R. Palmiter，*Securities Regulation*，New York：Wolters Kluwer Legal & Regulatory，2017，pp. 357 – 358.

④ 15 U. S. Code § 78ff.

⑤ *Ernst & Ernst v. Hochfelder*，425 U. S. 185，193（1976）；James D. Cox，Robert W. Hillman，Donald C. Langevoort，*Securities Regulation：Cases and Materials*，New York：Walter Kluwer，2016，§13C（1）．

⑥ Cox James D. and Thomas Randall S.，"Corporate Darwinism：Disciplining Managers in a World with Weak Shareholder Litigation"，*North Carolina Law Review*，Vol. 95，No. 19，2016；European Corporate Governance Institute（ECGI）– Law Working Paper，No. 309，2016；Vanderbilt Law and Economics Research Paper，No. 15 – 20；Duke Law School Public Law & Legal Theory Series，No. 2015 – 46，§14J（1）；James D. Cox，Robert W. Hillman，Donald C.，*Langevoort，Securities Regulation：Cases and Materials*，New York：Walter Kluwer，2016，§14J（1）．

⑦ *Global-Tech Appliances，Inc. v. SEB S. A.*，563 U. S. 754，769（2011）；Nick Joynson，"Securities Fraud"，*American Criminal Law Review*，Vol. 57，No. 3，2020，p. 1263.

意不要求行为人认识到具体所违反的规范性构成要件要素，仅认识到其行为在实质上是违法的即可。①

恶意不要求行为人具备不法意识，但仍要求行为人至少认识到其陈述存在重大不实或遗漏。此外，法院肯认鲁莽（recklessness）可以构成证券欺诈之恶意，一般而言，鲁莽近似大陆法系上的间接故意，因此必须证明在当时的情形下行为人具有相应的风险认知，部分法院还进一步要求证明行为人有意识地容忍了其所认知的风险②。

（四）Rule 10b-5 规制方式及其经验借鉴

美国法并未专章规定禁止内幕交易，但 Rule 10b-5 的发展使得内幕交易被作为一种证券欺诈，这一发展历程也同时扩展了证券欺诈概念。所谓内幕交易，即内幕人员利用内幕信息进行或协助进行证券交易，其实质是行为人不当运用信息优势。Rule 10b-5 通过规制内幕交易和其他类型的证券欺诈行为来确保市场信息的充分公开，据此，交易者被要求履行信息披露义务。这个过程实际上打破了影响普通法已久的买者自负原则，因为规制内幕交易行为所包含的政策理念在于——为维系交易公平，交易参与者之间的信息差异必须被限制在可接受的范围内，而在买者自负原则下交易者利用信息优势进行交易被视为一种正常的商业行为。换言之，充分公开原则与买者自负原则之间的这种刑事政策理念的差异使得 Rule 10b-5 能够规制的互联网金融诈骗活动的范围远远超过上述盗窃罪，因为在充分公开原则下，凡因某种原因有义务说明而不说明即为欺诈。有义务说明而不为之亦被纳入证券欺诈内涵之中，深刻地影响了美国法院对于证券欺诈一词的理解。

内幕交易之所以被禁止，其原因在于信息不对称可能引起市场失灵，因此证券法普遍要求交易者于特定情势下履行一定的披露义务。Rule 10b-5 本身仅作为反欺诈条款，其表述中并未明确其能够直接适

---

① *United States v. Reyes*, 577 F. 3d 1069, 1080-1081 (9th Cir. 2009).

② Jens David Ohlin, *Criminal Law: Doctrine, Application, and Practice*, New York: Wolters Kluwer, 2016, p. 140.

用于内幕交易，但实际上，在内幕交易的情况下，交易者因某种法律原因对交易对手负有披露义务，而行为人却有意违反之，其行为是一种不欺骗义务的不履行。

综上，证券交易领域内的欺诈概念与内幕交易行为中披露义务之不履行息息相关。依美国法例上的公开或放弃交易规则（disclose or abstain from trading），行为人自取得重大非公开信息，便负有义务公开之或者不利用该信息从事交易，若行为人蓄意违反该规则所设定之披露义务，则该当 Rule 10b-5 上的欺诈行为。换言之，该规则仅仅要求行为人切实履行披露义务，至于行为人违反义务的行为是通过变更会计政策、利用关联交易转移损失或虚增利润粉饰财报还是索性虚构投资计划掩盖真实目的进而发布公开说明书等种种方式则在所不问。此发展亦与证券欺诈概念之发展相互作用，因此，相较普通法上的欺诈而言，该当 Rule 10b-5 上的证券欺诈，既无非法取走此结果要件之要求，也无保管、占有、所有之区分必要，所作陈述更不仅局限于对过去或现在事实的虚假陈述。与其说证券欺诈是通过特定行为方式支配因果流程的行为犯，毋宁视其为违背特定保证义务的义务犯。[①]

换言之，Rule 10b-5 作为刑事规制手段时具有三个明显的特点：其一，不以实际损害结果为构成要件，仅要求影响市场信息之真实完整；其二，不要求特定的行为方式，行为人以其行为违背披露义务则构成欺诈；其三，以投资人得以准确获知重大市场信息为保护目标。

五　不作为、金融诈骗及涉网新型金融诈骗的刑法规制

金融市场交易不同于日常交易，金融商品的价值本就极具抽象性，加之互联网的高度匿名性，投资人几乎无从知悉金融商品之价值，而是以发行人所公开的各类信息判断金融商品之前景，是故信息的真实、准确、完整对于投资人之决策而言至关重要。换言之，纵使行为人不以积极的作为进行明示或暗示的欺诈，而仅仅是以不作为的

[①]　关于行为犯与义务犯之体系区分，参见 Roxin, Tterschaft und Tatherrschaft, 8. Aufi., 2006。

方式故意遗漏重要事项亦足以影响投资人决策。我国立法以传统诈骗罪为基础，往往将第 192 条中"使用欺骗方法"解释为诈骗罪中的实施诈骗行为，这本无诟病，然而问题在于我国司法实践本就在对于不纯正不作为犯罪中法义务的分析上有所不足，更遑论金融市场上披露义务的模糊致使金融诈骗的判断尤为困难。

因此有必要于互联网金融诈骗问题中检讨不作为犯罪之问题。实际上所谓"使用欺骗方法"与行为人募集资金后是否从事违法事业并无关系，而是行为人公开发布的金融商品说明与其实际所经营的事业不符，且此偏差对于投资决策具有重要性。试举一例，某甲于其公开说明中宣称："本人欲前往澳门赌场豪赌，特此借由 P2P 借贷平台借款三千万，请来投资。"后竟成功募集三千万，而行为人亦如其公开说明前往澳门赌场将三千万挥霍一光；问：仅就集资诈骗罪而言，行为人之行为是否该当本罪构成要件？显然，如果负有披露义务的行为人如实公开其信息，则根本无构成集资诈骗罪之可能。换言之，认定所谓是否"使用欺骗方法"之关键在于行为人是否依照其披露义务如实公开重大投资信息。

互联网金融犯罪通常被认为是法定犯，不同于自然犯，其构成要件类型化不显著，加之以互联网作为载体实施，法条往往无法如自然犯般可以以身体的动静加以描述。因此在实务中认定金融诈骗须另辟蹊径，首先寻找行为人是否因某种法律上或合同上的原因对于交易对手负有说明义务，再行判断行为人是否作出适当披露。

因此金融诈骗罪的构成要件解释应对不纯正不作为犯中的等价性问题着重加以探讨。具体而言，即保证人地位之来源与风险归属问题，在金融诈骗犯罪之中，披露义务人与披露义务二者与该问题密切联系。对此，美国法制上发展出相当多颇有借鉴意义的理论。

（一）披露义务人及金融诈骗的成立

就互联网金融市场而言，为维护市场公平与保护投资人，应禁止行为人在隐瞒足以影响投资决策之重大事项的情形下与相对人进行交易。然而，互联网金融市场上交易者不计其数，若凡获知重大信息者皆负有披露义务，则刑罚必然漫无边际。因此，问题之一在于：何人方负有披露义务？

　　依美国法例，发行人仅知悉重大信息尚不负有披露义务。美国法院的早期实践中曾采取信息平等理论（parity of information theory），此见解认为，凡知悉重大信息者皆负有公开（或放弃交易）义务。① 信息平等理论主要出于交易公平之考量：《1934 年证券交易法》第 10 条（b）与 Rule 10b-5 均采用了任何人（anyone）之用语，故其政策目标乃禁止任何欺骗行为以保护交易公平，是故市场上任何交易对手皆应平等知悉与投资决策相关的重大事项，故意隐瞒重大信息是对市场所有投资人的欺诈。然而，依照信息平等理论，任何知悉重大信息之人皆负有公开或放弃之义务，这无疑使得发行人将一切经营信息向大众展示，然此类信息往往为具有宝贵商业价值的项目或者方案，若凡知悉者皆须公开无异于断送企业发展前景，此外，该见解亦可能重挫金融分析师之功能。鉴于信息平等理论下披露义务过于宽泛，在 1980 年的 *Chiarella* 案中，此理论便被联邦法院所推翻，时至如今，美国法院普遍认同仅知悉重大信息尚不负有披露义务。不仅如此，纵使市场上谣言四起或信息事关重大，如果行为人并未散布或证实，发行人迟延或不予披露皆不构成证券欺诈。②

　　但如果行为人负有信托义务，情况则有所不同。当行为人受托或存在类似于信托之情形时，行为人方负有披露义务，此即信托理论（Fiduciary duties theory）。信托理论于 *Chiarella* 案③中首次提出，本案的一审与二审法院皆采纳 *TGS* 案④之意见，即信息平等理论，认为

---

　　① 参见 *SEC v. Texas Gulf Sulphur Co.* , 401 F. 2d 833（2d Cir. 1968）。

　　② 参见 *Hill v. Gozani*, 651 F. 3d 151（1st Cir. 2011）；*State Teachers Retirement Bd. v. Fluor Corp.* , 654 F. 2d 843, 850（2d Cir. 1981）；Cox J. , Hillman R. & Langevoort D. , *Securities Regulation*: *Cases and Materials*（7th ed. ）, New York: Wolters Kluwer Law & Business, 2013 , p. 727。

　　③ 参见 *Chiarella v. United States*, 445 U. S. 222（1980）。本案中，行为人文森特·F. 基亚雷拉（Vincent F. Chiarella）乃印刷厂员工，该印刷厂受委托而印刷关于股份收购之要约文件，Chiarella 利用其工作便利获知相关信息，于消息公开前买入大量股票，嗣后出售获利。尽管此案乃内幕交易案件，但是依照美国法例，内幕交易亦为证券欺诈的一种，是故 Chiarella 案中所提出的信托理论亦适用于公开或放弃交易规则适用对象之界定。

　　④ 参见 *SEC v. Texas Gulf Sulphur Co.* , 401 F. 2d 833（2d Cir. 1968）。

Chiarella 因其职务缘故获知未公开之重要信息，为维护交易公平，应被禁止利用此信息而从事交易。但联邦最高法院推翻了这一意见，判决的多数意见指出，仅在行为人基于某种信托关系而知悉重大消息时，方对其交易对手负有揭露义务。鉴于本案中 Chiarella 系印刷厂雇员，虽对印刷厂负有受托义务，但他并非要约公司的内部人，因此对要约公司以及市场上的交易对手皆不负受托义务。然而信赖理论下仅公司内部人负有披露义务，外部人纵使以不法方式掌握重大信息，亦不受公开或放弃规则之制约，显然不合乎立法目的。因此，O'Hagan 案①后最高法院进一步采纳不当获取理论（the Misappropriation Theory）以填补信托理论下的法律漏洞。依照不当获取理论，外部人若违背其对于消息来源的信托义务（或类似信托之关系）而利用其自消息来源所获知之信息从事交易，是为对消息来源的欺诈，此情形下虽非对于交易对手的欺诈，但公司信息是公司所有的无形财产，仅可用于公司之目的事业，外部人不当取得并运用亦违背信托义务。②

　　具体而言，信托理论所界定的披露义务人大致为：（1）内部人，即发行人与承销商的董事、监事、高级管理人员或实际控制人等。（2）行为人对于交易对手负有信托义务。此受托义务并不仅限于因契约而受托（例如受托处理事务的会计师、律师等），亦包括类似于信托关系之情形，例如发行人向投资人出卖自身股票或向其他股东购入股票，即对投资人或其他股东建立信托关系③。（3）不当取得信息的外部人。行为人若对其信息来源负有信托义务（或类似之关系）而私自取得信息并借此从事交易，亦构成 Rule 10b-5 上的证券欺诈。

---

① 参见 *United States v. O'Hagan*，521 U.S. 642（1997）. 本案中行为人奥哈根（O'Hagan）所供职的 Dorsey & Whitney LLP 受 Grand Metropolitan PLC 委托调查拟收购 Pillsbury Co.，尽管本案并非由 O'Hagan 办理，但其仍然违反律所的保密措施而获知相关信息，并在消息公开前买入 Pillsbury Co. 的股票，嗣后借此获利。
② 此外，根据证券交易委员会所发布的 10b5-2 规则，获知信息的行为人对其信息来源承诺保密即成立信托关系。
③ 例如我国常见的利用 P2P 借贷自融的行为人即可能成为此处的披露义务人。参见 Loewenstein，Mark J. and William KS Wang，"The Corporation as Insider Trader"，*Delaware Journal of Corporate Law*，Vol. 30，2005，pp. 77 – 78。

　　行为人亦可能因负有更正义务而成为披露义务人，更正义务既包含更新义务（Duty to Update），也包含改正义务（Duty to Correct）。尽管行为人所发布的公开说明（尤其是其中的前瞻性说明）在发布时是准确的，然而嗣后发生的某些事件使得说明不再准确或具有误导性，且该说明于市场中形同"活着"般依旧起着影响①，则行为人有义务更新之，此即更新义务。此外，依据《证券交易法》第32条，行为人仅在蓄意作出不实陈述时方可能负有刑事责任，是故行为人之不实陈述若非出于恶意所致不负刑责，然而行为人在事后知晓公开说明中存在不实事项，且该事项足以影响证券价格，形同"活着"，则行为人亦负有义务改正之，此即改正义务。然而，有时错误的说明可能并非由发行人本人而是由第三人所作出——例如金融分析师出具的错误公开分析报告，而此报告又对市场产生重大影响，此时行为人是否负有更正义务？一般而言，若第三方的分析报告乃其自身独立作出，发行人并不负有改正义务。然而，如果行为人过度干涉第三方之分析，甚至于其说明中直接摘录第三方的报告②，则行为人对第三方所作出的错误说明亦负有改正义务。③

　　行为人所作出的公开说明是不完全的，亦可能负有说明义务。此处涉及两个问题，首先，如果行为人所发表的公开说明书，尤其是自愿说明中，仅发表了于公司发展前景有利的事实，而刻意隐瞒部分与之相关的不利事实，则可能构成诱导性陈述，是故此时行为人有必要进行完全说明。其次，行为人亦有可能将重要信息仅对金融分析师或机构投资人等特定对象进行选择性透露，从而诱使其作出有利预测。

---

　　①　参见 Palmiter A. , *Examples & Explanations：Securities Regulation* (6th ed.) , New York：Wolters Kluwer Law & Business, 2014, pp. 411 – 412。

　　②　参见 Cox J. , Hillman R. & Langevoort D. , *Securities Regulation：Cases and Materials* (7th ed.) , New York：Wolters Kluwer Law & Business, 2013, p. 729。

　　③　参见 *Elkind v. Liggett & Myers Inc.* , 635 F. 2d 156, 162 n. 8 (2d Cir. 1980)。本案中被告 Liggett & Myers 公司1972年的内部预测年度收益率为2%，而当时承销商的金融分析师预测被告公司年度收益率约为10%，当金融分析师将分析报告提交给被告公司审查时，被告公司仅修正了其中的事实错误，而未对预测利润提出意见。受理本案的第二巡回法院并未据此作出不利于被告的裁判，但表明了若发行人过度涉及第三方报告，则可能负有改正义务。

根据 Regulation FD①，行为人于选择性披露的情况下须迅速（Promptly）② 向证券交易委员会提供 8 - K 表格进行公开披露。③

除上述披露义务人之外，如果行为人借以进行交易的交易所、场外交易平台或州法律、行业协会规则额外对某些信息作出公开说明要求，则行为人亦负有披露义务，信息披露违规可能受到来自相应机构的处罚，不过联邦法院通常不会仅因为发行人单纯违反交易所规使其受理联邦证券诉讼。④

表 3 - 7　　　　　　　　　　　　披露义务人

仅单纯知悉重大信息之人	不负披露义务	
信托义务人	负披露义务，须公开或放弃之	①内部人
		②对交易对手负有信托义务（或处于类似关系之中）
		③不当取得信息的外部人
更正义务人	负披露义务，须公开之	①更新义务人
		②改正义务人
完全说明人	负披露义务，须公开或放弃之	①公开说明为不完全陈述，使之具有误导性
		②行为人将重要信息选择性透露给第三人（仅限于二级市场）
交易规则规定说明人	负披露义务，须公开之	若交易所或所属行业协会等机构额外规定公开说明事项，则行为人须依照其规则公开之

---

① 参见 17 C. F. R. §243。

② 若行为人故意透露，则必须同时（Simultaneously）公开，参见 17 C. F. R. §243.100。

③ 需注意的是，仅违反 Regulation FD 之规定，不构成 Rule 10b-5 上的证券欺诈。具体内容，参见 Securities and Exchange Commission, *Final Rule*：*Selective Disclosure and Insider Trading*，2000。

④ 参见 *State Teachers Retirement Board v. Fluor Corporation.*，654 F. 2d 843。依照纽约证交所上市协议和公司手册，于市场中因传言或异常活动表明相关的信息可能泄露，则上市公司须立即明确作出公告，但本案中，被告 Fluor 公司拒绝对市场传言作出评论，法院认为联邦法律并未表明可以就违反交易所规则而发起联邦诉讼。

（二）披露义务及互联网金融诈骗刑法规制

信息之公开还须由交易者承担收集、发布信息之成本，若要求事无巨细则恐其不堪重负，加之，寻求 P2P 网络借贷者多为消费者个人或小型企业所用，相关信息可能涉及个人隐私或商业秘密，因此，有必要权衡信息披露与此二者间的关系。依照美国法例，信息披露以"重大性"（materiality）为限，上述 Rule 10b-5 亦将其作为构成要件之一，问题在于：何种信息方具备"重大性"？

就信息所涉及的有关事项业已确定的情况下，美国最高法院在 TSC 案①中提出了"理性投资人极有可能加以考虑"之标准：

> 最为合乎 Rule 14a-9 政策目标的关于重要性之解释并非上诉法院所采用的检验标准，而是如下：如果一个理性的股东于投票决策时极有可能将被遗漏的信息作为一个重要因素而加以考虑，那么该信息是重要的。该检验标准合乎 Mills 案中对于重要性之要求所作出的一般描述，即"瑕疵显著地影响决策过程"。该标准并不要求证明遗漏的事实极有可能致使投资人的决策发生改变。该标准所表明的是，通盘考量所有情势，遗漏的事实在理性股东的考虑中极有可能具有实际意义。换言之，就理性投资人而言，披露被遗漏的事实极有可能显著改变现有的"信息综合体"（total mix）。②

---

① 参见 *TSC Industries*, *Inc. v. Northway*, *Inc.*, 426 U. S. 438（1976）。National Industries 公司拟收购 TSC Industries 公司，其从后者的创始人处购买了 34% 的表决权股并另行安插五位代理人于 TSC 的董事会之中。1969 年 10 月 16 日，TSC 的董事会在 National 的董事回避的情况下作出决议清算资产并将 TSC 售予 National，此决议涉及以股权支付完成并购，在 TSC 与 National 联合发表委托投票说明书后，TSC 的股东 Northway 公司以违反《证券交易法》第 14 条（a）起诉 TSC 与 National，认为 National 在委托投票说明书中遗漏了关于其对于 TSC 控制程度之说明（亦就合并是否利好股东作出误导性陈述）。此后于 Basic 案中最高法院表明此标准亦适用于《证券交易法》第 10 条（b）与 Rule 10b-5［We now expressly adopt the TSC Industries standard of materiality for the §10（b）and Rule 10b-5 context］。另参见 *Basic Inc. v. Levinson*, 485 U. S. 224, 232（1988）。

② 参见 *TSC Industries*, *Inc. v. Northway*, *Inc.*, 426 U. S. 438（1976）。

此检验标准包含两个方面，一方面为"理性投资者"，另一方面则为"极有可能"。就"极有可能"（substantial likelihood）而言，此标准取代了早先的"或许"（might）标准，也表明此可能性不需要达到理性投资人"将要"（would）改变决策的地步。

就何谓理性投资者而言，最高法院并未作出明确定义，但明确拒绝采用一个单独的统计学标准所建立的"明确界限"（bright-line），而主张进行个案检验。在 *Matrixx* 案中①，最高法院重申重要性是一个事实与规范相交织的问题，同时索托马约尔（Sotomayor）大法官主笔的多数意见中强调，"适用 *Basic* 案的'信息综合体'之标准并不意味着制药商必须发布其所有不良反应报告。不良反应报告只是制药行业的日常事件……事实上顾客的不良反应往往仅为个例，并不足以表明二者具有因果关系。问题依然是一个理性投资者是否会认为这些未公开的信息'显著地改变了信息综合体'。有鉴于此，仅仅是存在不良反应报告不能满足这个标准——因为其并不能说明药物是否导致了不良反应。作出判断还需要更多信息，但更多的信息并不仅仅是具有统计学意义的那部分，这些信息可以来自'报告的来源、内容和背景'。那尽管不良反应报告欠缺统计学上的因果关系，但这种情境调查在某些情况下表明了理性投资者可能把不良反应报告视作重要信息"。换言之，理性投资人的标准并不存在一个确定的可量化指标，相反，于个案中即使数量不大，但信息的来源、背景甚至是信息传出的时点等因素表明其极可能影响投资决策，则依然属于重大信息。

---

① 参见 *Matrixx Initiatives*, *Inc. v. Siracusano*, 563 U. S. 27（2011）。本案中申诉人 Matrixx Initiatives 为一家制药公司，其用于鼻腔喷雾的产品 Zicam 收到了部分顾客嗅觉障碍的不良反应报告，还因此受到消费者团体的调查并卷入了一场关于 Zicam 产品质量的私人诉讼。申诉人 Matrixx 于相关期间内的公开声明中表示，Zicam 收益良好但未披露收到部分顾客的不良反应报告，因此本案被申诉人西拉库萨诺（Siracusano）以 Martixx 违反《证券交易法》第10条（b）与 Rule 10b-5 起诉其证券欺诈行为。本案中地方法院采纳了申诉人 Martixx 的意见，认为不良反应报告尚不具有统计意义，因此不具有重大性而作出强制性驳回起诉，受理上诉的第九巡回法院则撤销了地方法院的驳回起诉，认为事实是否因具有统计意义而具有重大性乃是应当由陪审团决定的事实问题，后申请人上诉至最高法院。

通常而言，价格冲击（price impact）被作为事后分析信息重要性的方法。此说建立在效率市场假说上，依照效率市场假说，在一个发达的证券市场中，证券价格反映了所有可得信息，因此如若信息发布后市场价格立即发生明显波动，则该信息系属重大。① 第三巡回上诉法院在 Oran 案②中接纳了该见解，"该规则建立在一个基本的经济学假说之上：在一个类似于纽约证交所这样开放且发达的证券市场中，公司的股票价格取决于与公司及其事业相关的所有可得信息。在这样一个效率市场中，'信息对于理性投资者至关重要，并且其立刻为股票价格所反映'。因此，信息的重要性可以透过披露后紧随的时段内股票的价格波动来检测。因为在效率市场中，'所谓重要性已经转变为公司股票的价格'，如果信息披露并未影响股票的价格，'那么这足以表明所披露的信息不具有法律意义上的重要性'"。简而言之，若某消息于披露后迅速造成公司股票价格之波动，那么该价格波动就反映了此消息事关市场定价，因而具有重大性。

若信息所关涉之事项尚处于运作之中，具体影响须就运作结果而视，则另以 Basic 案③所确立的"概率/影响"（probability / magnitude）标准进行分析。

受理 Basic 案的初审法院采用"原则一致"（agreement-in-principle）标准进行分析。该见解认为，在诸如并购谈判等场合，只有双

① 就效率市场假说而言，所谓效率即市场定价的有效性，假说分为三种类型：弱式有效市场、半强式有效市场与强式有效市场。弱式有效市场中的证券价格反映了所有历史信息，半强式有效市场中的证券价格反映了所有公开信息，强式有效市场中的证券价格反映了所有信息（不论公开与否）。法院采用的是半强式有效市场假说，因为强式有效市场中的内幕信息已经反映在当前的股票价格中，那么公开后发生的价格波动便与之不具有相关性。参见 Fama E.，"Efficient Capital Markets：A Review of Theory and Empirical Work"，*The Journal of Finance*，Vol. 25，No. 2，1970，pp. 383 – 417.

② 参见 *Oran v. Stafford*，226 F . 3d 275，282（3d Cir. 2000）。

③ 参见 *Basic Inc. v. Levinson*，485 U. S. 224，232（1988）。本案中上诉人 Basic Inc. 与 Combustion Engineering Inc. 多次就合并事宜进行磋商，于此期间上诉人 Basic 曾数次公开否认存在合并事宜，嗣后 Basic 突然申请停牌并于次日宣布与 Combustion 合并，因此，被上诉人 Max L. Levinson 以其违反《证券交易法》第 10 条（b）与 Rule 10b-5 起诉 Basic 的不实陈述行为。

方对于合并价格、合并后的公司结构等重要事项达成合意方具备重大性。此见解的主要理由有三个：第一，过早披露可能加重投资人的负担，并可能误导投资人对进行中的事项产生盲目的乐观倾向；第二，过早披露可能泄露机密信息，招致其他公司的"竞购战"，从而影响投资人的收益；第三，此检验标准建立了一个便于实施的"明确界限"标准。对此，最高法院认为，《证券交易法》第 10 条（b）与 Rule 10b-5 所表达的政策目的在于充分披露，"披露，而非家长式的选择性隐瞒，是国会所表达的政策。我们一次又一次地认识到，各项证券法案的'基本目的'在于以'充分披露原则取代买者自负原则，从而建立证券行业的高商业道德标准'"[1]。换言之，最高法院强调投资者具有分析信息的必要理性，发行人不得以家长式的姿态选择性地控制其对投资人的披露，重大性的标准不是建立在一个需要发行人特别照顾的单纯投资人之上的，重大性的标准依然是极有可能影响理性人投资决策的那些因素。此外，就第三点而言，最高法院强调，"虽然一个明确的界限的确比根据具体情况的通盘考量更加容易遵循。但是，仅仅是便于实施不能成为无视证券法和国会政策决定之目标的理由。任何以单一事实作为决定结论之标准的方法，例如应用在重大性的检验上，这个界限不是过于宽泛便是过于狭隘"[2]。

Basic 案的二审法院亦反对采用"原则一致"标准，但其提出的理由为有关合并之信息"因不实陈述而重要"（material because false），此见解亦遭最高法院反对。最高法院指出，重要性并不取决于陈述的真伪与否，"如果不实陈述所关涉的事实微不足道，那么诱导性陈述或信息遗漏无足轻重"[3]。

最终，最高法院提出以"概率/影响"标准进行个案分析。此标准要求在检验信息的重要性时，通盘考虑所有有关情势，并权衡有关事项所发生的概率与有关事项对于公司整体运作之影响二者加以

---

① 参见 *Basic Inc. v. Levinson*，485 U. S. 224，232（1988）。
② 参见 *Basic Inc. v. Levinson*，485 U. S. 224，232（1988）。
③ 参见 *Basic Inc. v. Levinson*，485 U. S. 224，232（1988）。

认定。

由于美国法上关于重大性的检验缺乏一个界限明确的标准，证券交易委员会为此在 Regulation FD ①中参考全国证券交易商协会规则简要提示了发行人部分可能被作为重大信息的事项（见表3－8）。而就个人消费借贷而言，证券交易委员会虽设定了部分注册豁免，但亦要求提供有关于借款人的相关信息，但根据《金融服务现代化法案》（*Gramm-Leach-Bliley Act*）②，由于依照证券法该类信息将会被公开，因此平台还必须采取必要措施保护信息安全以及个人信息的匿名性。

表3－8　　　　　　　　　　　可能的重大信息

企业借款人	个人借款人
盈利信息	主体信息：年龄、学历、健康状况等基本信息
合并、收购、收购要约、联合经营或资产变动	
新产品、新发现或有关于客户或供应商的新动向（例如，合同的缔结或解除）	财务状况：职业、收入状况
关于公司控制权或管理权的变动	信用等级，及借以信用评级的相关信息
变更审计师或审计师通知发行人不得继续依赖于审计师的审计报告	
与发行人证券有关的事项（例如，优先证券违约、赎回证券要求、回购计划、股票拆并或股息变更、证券持有人权利变更、公开或非公开增发证券）	若借款用于特定用途，则须披露与之相关的信息（例如，助学贷款）
破产或破产财产接管	

六　美国的经验与借鉴

总结而言，对涉网新型金融诈骗刑法规制而言，美国的经验主要包括如下几点：第一，分散而多元的互联网金融诈骗规制体系虽不如我国"金融诈骗罪"般系统，但却在一定程度上将种种涉网新型金融诈骗发生的场景都囊括其中，法网"密而不疏"；第二，与我国金

---

① 参见 Securities and Exchange Commission，*Final Rule：Selective Disclosure and Insider Trading*。

② 参见 15 U. S. C. § 6801 - 3809。

融诈骗罪入罪模式不同，美国涉网金融诈骗刑法规制涉及的罪名，不仅强调造成被害人损失，更多地体现出一种将欺骗行为本身作为构成要件的特征。无论是对金融机构作出虚假陈述罪、银行欺诈罪，还是Rule 10b-5 下的证券欺诈罪（包括通过互联网方式实施的证券欺诈罪），都将对于重要事实的"虚假陈述"作为判定是否构成诈骗的根据。这种立法体例及方式，一方面，避免了我国依照"金融诈骗罪"规制涉网新型金融诈骗行为时难以判定的"财产损失"问题。我国采用"财产损失"作为金融诈骗罪的财产要件，不可避免地会造成司法实践中若无财产损失，欺诈行为本身因缺乏要件而在侵害了金融管理秩序的前提下仍难入罪的问题。另一方面，也避免了我国刑法要求"非法占有目的"作为成罪要件而在无财产损失时难以认定的问题。当然，我国不可能照搬美国相关的立法例，然而在未来研究涉网新型金融诈骗刑法规制时，不可避免地需要对"金融诈骗罪"构成要件再讨论。这部分内容请参见本书第五章第六节的内容。

第二节　英国涉网新型金融诈骗犯罪刑法规制经验及借鉴

同为普通法系的英国与美国在抗制金融犯罪方面存在显著不同，前述美国法中存在多种形式的反欺诈规范，相反，英国则将反欺诈规范进行了统一。英国于 2006 年制定的《欺诈法》（*The Fraud Act 2006*，下称 FA 2006）概括性地将欺诈与不诚实（dishonesty）纳入欺诈犯罪范畴。本法将《1968 年盗窃法》（*Theft Act 1968*）与《1978 年盗窃法》（*Theft Act 1978*）中的诸多欺骗性行为加以概括性规定，此外 FA2006 亦对相关概念作出了明确的扩张定义，使其扩展至足以规制各种类型的金融欺诈行为。不过，即便已有成文反欺诈法条，普通法中的串谋欺诈罪（conspiracy to defraud）仍被广泛适用。

在金融市场领域，根据《2018 年退出欧盟法》［*the European Union（Withdrawal）Act 2018*］，欧盟《市场滥用条例》（*Market Abuse Regulation*，下称 MAR）已转化为英国国内法。英国 2012 年《金融服

务法》（*Financial Services Act 2012*，下称 FSA 2012）将 MAR 下的两类滥用市场行为规定为刑事犯罪。

一　2006 年《欺诈法》

FA 2006 的特点在于将所有的欺诈与不诚信犯罪统一规定。FA 2006 主要可分为三个部分：欺诈罪、不诚实地获取服务罪，以及上述犯罪的预备及参与之处罚规定。其中，一般欺诈罪分为虚假意思表示的欺诈（fraud by false representation）、未予披露信息的欺诈（fraud by failing to disclose information）与滥用职位的欺诈（fraud by abuse of position）三种类型。不同于我国的诈骗罪，FA 2006 中的欺诈罪不需要相对人被行为人所欺骗或因此作出财产处分，行为人实施相应的欺骗性行为即完全符合构成要件。

依照一般欺诈罪之规定，任何人如犯欺诈罪，一经简易程序定罪，可判处不超过 12 个月的监禁或不超过法定最高限额的罚金（或两者兼适用），如经公诉程序定罪，可判处不超过 10 年的监禁或罚金（或两者兼适用）。[①]

（一）作出虚假意思表示的欺诈罪

FA 2006 第 2 条作出虚假意思表示的欺诈罪规定如下：

> 2（1）任何人，若为下述行为，即属违反本条之规定：
>
> （a）不诚实地作出不实的意思表示，并且
>
> （b）意图以此方式——
>
> （ⅰ）为自己或第三人获利，或者
>
> （ⅱ）致使他人遭受财产损失或受有财产损失之风险。[②]

具体而言，作出虚假陈述的欺诈罪的构成要件要素包括：（1）作出意思表示；（2）意思表示是虚假或具误导性的；（3）行为人认识

---

① The Fraud Act 2006, S 1 (3).

② The Fraud Act 2006, S 2 (1).

其意思表示是或可能是虚假的；（4）不诚实；（5）意图获利或造成财产损失。由于不要求被害人陷入错误认识、处分财产及财产损失结果，因此不诚实地作出虚假的意思表示本身即足以达至既遂。

表 3-9　　　　　　　　　作出虚假陈述的欺诈罪构成要件

客观构成要件	作出意思表示
	意思表示是虚假或具误导性的
主观构成要件	行为人认识其意思表示是或可能是虚假的

1. 作出意思表示

意思表示既包括明示的，又包括默示的。与美国法中的虚假陈述罪不同，FA 2006 第 2（4）条明文规定明示与默示的意思表示皆可该当本罪。[1]实际上，早在 *MPC v. Charles* 案[2]中，上议院便裁定行为人开立超过授信额度的空头支票默示表示了他既有相应的银行账户，又有相应的透支权限，而事实上银行经理已告知他投资限额，故其第二项意思表示是虚假的，因而成立《1968 年盗窃法》第 16 条的透过欺骗盗窃财产。此后，在 *R. v. Lambie* 案[3]中，前述结论进一步被适用于透支信用卡之行为。[4]对比而言，我国刑法中的信用卡诈骗罪及票据诈骗罪中的部分行为已为英国法中的一般欺诈罪所涵盖。此外，FA 2006 下的意思表示范围亦包括关于内心意图之表达[5]，因而具有法律意义的关于意图之表示亦在适用范围之内，例如，合同关系中的允诺——行为人去餐馆点单吃饭就包含着其对于给付餐费的允诺（promise），因而不付账而离去的情形下亦可能该当本罪。[6]

FA 2006 将向电信系统或设备发送信息拟制为作出意思表示。普

---

① The Fraud Act 2006, S 2 (4).

② [1977] AC 177.

③ [1982] AC 449.

④ Catherine Elliott, Frances Quinn, *Criminal Law 11th Edition*, London: Pearson, 2016, pp. 260 – 261.

⑤ The Fraud Act 2006, S 2 (3).

⑥ DPP v Ray [1974] AC 370.

通法中的欺骗要求自然人出现认识错误，因此机器或计算机原则上不可能被欺骗，不过 FA 2006 第 2（5）条规定，"如果一项意思表示（或默示的意思表示）以任何形式发送至旨在接收、传达或响应通信的任何系统或设备（无论是否有人类干预），即可被视为作出意思表示"①，明文将向信息系统或设备发送信息之行为拟制为作出意思表示。该法律拟制大幅提前了欺诈罪的可罚性界点，因作出虚假意思表示的欺诈罪在意思表示作出时已达至既遂，而依据本条拟制，行为人自己所使用的计算机设备亦属于接收通信的系统，因而行为人在自己的电脑中输入虚假信息但仍未发送至被害人的电脑，依然已构成本罪之既遂。②

2. 意思表示是虚假或具误导性的

英国法在虚假这一构成要件要素的解释上，采取了被害人个别标准。由于 FA 2006 同时禁止虚假意思表示与误导性的意思表示，为区别误导性陈述与广告中的吹嘘行为，欺诈法制定过程中的政府回应曾明确表示，所谓误导性乃"不完全真实，但足以影响被害人之决定"③。

利用相对人严重经验不足或信赖而过度收费之行为亦可能属于虚假的意思表示。在 Silverman 案④中行为人乃两位老者的建筑商，已为老者工作多年，其因过度收取费用而被控欺骗取财。一方面，上诉法院肯认价格原则上应属买者留意之事项，然在特别情况下，行为人亦可因未能以公正合理之价格收费而构成虚假意思表示。法院总结这种情形下行为人相对于交易相对人处于相当强势的地位：行为人事实上收取的费用过度高昂，并且被害人由于缺乏经验或信赖，因而依赖被告人提供诚实的账单。⑤

---

① The Fraud Act 2006, S 2（5）.

② Law Commission No. 228, Conspiracy to Defraud, London：HMSO（1994）paras 4. 40ff. William Wilson, *Criminal Law*, London：Pearson, 2014, p. 460.

③ Storey T. & Martin J., *Unlocking Criminal Law*（5th edition）, Milton Park：Routledge, 2015, p. 520.

④ *Silverman v. REGINA*［1987］EWCA Crim 3.

⑤ William Wilson, *Criminal Law*, London：Pearson, 2017, p. 459.

3. 行为人认识其意思表示是或可能是虚假的

行为人对于其意思表示不实最少应具备间接故意。FA 2006 第 2 (2)(b)条要求"行为人认识到意思表示是或者可能是不真实或具误导性的"。通常而言，普通法上的"认识（know）"相当严格，"'认识'这一构成要件要素不得任意扩张而应予以限缩解释……认知应是一种坚实的信仰"①。不过，FA 2006 特别肯认当行为人认识到其意思表示"可能是"不实的情形即属欺骗，故在行为人对其意思表示不实仅具备间接故意时亦足以成立本罪。

4. 不诚实

"不诚实"类似于大陆法系上"所追求之目的系属不法的"之要件。具体而言，其判断标准需要参考《1968 年盗窃法》第 2（1）条之规定与 *Ghosh* 案中的客观—个别检验法。《1968 年盗窃法》第 2（1）条明文将三种情形排除在盗窃之外：（1）行为人认为其具有法律上权利占有他人财产；（2）根据当时的情势，行为人有合理理由认为占有人将同意行为人取得财产的行为；（3）行为人认为无法通过合理步骤寻找到财产所有人（行为人因其受托或遗产代理而管领财产除外）。

Ghosh 案②正面规定了不诚实的要件。*Ghosh* 案的法庭指出："在判断控方证明被告的行为是否系属不诚实的过程中，陪审团（或治安法官）必须先行确定——根据一个理性且诚实的人的一般标准，行为人所从事的行为是否是不诚实的。如果依前述标准判断行为人之行为并非不诚实，则控方未能证明这一点。如果依前述标准判断行为人之行为确实系属不诚实，则陪审团（或治安法官）仍需进一步判断——行为人本人是否意识到其行为依照前述标准来说是不诚实的"③。换言之，该检验不仅要求行为人的行为在一般社会交往观念看来是不诚实

---

① *R. v. Saik*［2006］UKHL 18；Storey T. & Martin J. , *Unlocking Criminal Law*（5th edition）, Milton Park：Routledge, 2015, p. 523.

② Ghosh［1982］2 All er 689.

③ Storey T. & Martin J. , *Unlocking Criminal Law*（5th edition）, Milton Park：Routledge, 2015, p. 462.

的，还要求行为人对一般社会交往观念下的不诚实之标准有所认识。不过，成立本罪不需要行为人认识到其行为根据自己的道德观念是不诚实的，行为人认识到依据一般道德观念其行为属于不诚实足矣。

5. 意图获利或造成损失

意图要求行为人对于构成要件之实现具有确定的认识。普通法将故意进一步分为直接意图（direct intention）与间接意图（oblique intention）。具体而言，如若行为人积极追求某一构成要件的实现，则属直接意图；相反，如若构成要件实现本身并不为行为人所积极追求，仅系行为人实现某一最终目的的不可避免的附带结果，则属于间接意图。普通法下意图的含义与大陆法系中的故意有着显著区别，不论是直接意图还是间接意图，皆要求行为人几乎确定地（virtual certainty）认识到构成要件将被实现，而大陆法系中非法占有目的则要求对于建立自己或第三人占有至少具备蓄意故意，对排除第三人占有至少具备间接故意。

表 3 - 10　　　　　　　　　　　普通法下的意图

意图类型	认知	意欲	故意类型
直接意图	确定发生	积极追求	直接故意（超级故意）
—	可能发生	积极追求	直接故意（蓄意故意）
间接意图	确定发生	容忍	直接故意（明知故意）
—	可能发生	容忍	间接故意（未必故意）

获利与损失，泛指除服务外的一切货币或财产上的永久性或暂时性的增加或减少，财产亦包括任何有形与无形之财产。此外，造成财产上损害之危险亦足以该当此处损失。不同于我国诈骗罪中的非法占有目的同时要求占有意思和排除意思，FA 2006 中的欺诈类犯罪只要具备获利意图或损失意图二者之一即可。具体而言，FA 2006 第 5 条规定：

（1）本法第 2 条至第 4 条所提述的获利与损失应以本条之解释加以理解。

（2）"获利"与"损失"指——

（a）仅限于有关金钱或其他形式之财产的获利与损失；

（b）不论是永久性的还是暂时性的获利与损失；

以及，"财产"指任何不动产或动产（包括处于诉讼中的物及无形财产）。

（3）"获利"包括通过保留自己控制的物而获得的收益及通过获得自己没有的东西所获得的收益。

（4）"损失"包括因没有得到可能的物的损失及放弃自己控制的物所造成的损失。①

据此，通过欺骗而免除债务或不支付对价而取得给付，均在前述获利与损失之列。此外，因本构成要件要素仅为主观构成要件要素，因此，出于获利或造成损失之意图作出虚假的意思表示即构成本罪，不需行为人实际造成财产损失或引起财产损失之危险。

（二）未予披露信息的欺诈罪

FA 2006 第 3 条明文将特定类型的不作为的欺诈罪规定为纯正不作为犯：

任何人，若为下述行为，即属违反本条之规定：

（a）不诚实地未披露信息予负有法定义务之第三人，并且

（b）意图通过不予披露信息之方式——

（ⅰ）为自己或第三人获利，或者

（ⅱ）致使他人遭受财产损失或受有财产损失之风险。②

具体而言，未予披露信息的欺诈罪的构成要件要素包括：（1）行为人未披露信息；（2）行为人负有披露信息的法定义务；（3）不诚实；（4）意图获利或造成财产损失。

---

① The Fraud Act 2006，S 5.

② The The Fraud Act 2006，S 3.

表3－11　　　　　　　　　未予披露信息的欺诈罪之构成要件

客观构成要件	行为人未披露信息
	行为人负有披露信息的法定义务
主观构成要件	不诚实
	意图获利或造成财产损失

法定义务乃在被害人不公开提起民事诉讼请求赔偿损害或撤销法律行为之情形中行为人所负之披露义务。但 FA 2006 并未正面规定法定义务的意义，但 FA 2006 的解释性说明援用了法律委员会欺诈罪报告之意旨："此类义务可能源于法规（例如关于公司招股章程的规定），源于行为人所涉交易之领域应本于最大诚信原则（例如保险合同），源于明示或暗示的合同条款、交易习惯或双方存在信义关系（例如委托人与受托人间的关系）。是故，披露义务不仅仅存在于因行为人之未予披露而使得被害人得以提起损害赔偿民事诉讼的情形之中，如若法律赋予被害人撤销权以撤销其因行为人未予披露信息而同意发生的法律变动的情形亦属此列。例如，受托人在与受益人订立合同时，有义务披露重要信息，因为未予披露将使得受益人有权撤销合同并要求返还财产。又或者是，律师在工作过程中未与客户分享重要信息从而便于实施欺诈。同理，如果行为人在申请健康保险时故意不披露与他的心脏状况有关的重要信息，也可构成本罪。"[1]

法定披露义务强调刑法规范相对于民法规范的从属性，刑法不得自行创设披露义务[2]。

（三）滥用地位的欺诈罪

FA 2006 第 4 条规定了第三种类型的欺诈罪——滥用地位的欺诈罪。尽管同为不作为犯罪，但两类规定采用了不同的理论基础：未予披露的欺诈罪在处理作为义务时采用了类似于形式义务理论的观点，即作为义务来自法律之规定；本罪则采取了近似于机能化保证人地位

---

[1]　Explanatory Notes of The The Fraud Act 2006, S 3.

[2]　［英］杰瑞米·侯德：《阿什沃斯刑法原理》（第 8 版），时延安、史蔚译，中国法制出版社 2019 年版，第 476 页。

理论的观点，如若行为人因受信而处于保护受害人的保护者——保证人之地位，自当本于被害人利益而行动，不得滥用权利侵害被害人之财产乃不言而喻之理。FA 2006 中的具体规定如下：

（1）任何人，若为下述行为，即属违反本条之规定：

（a）处于第三人得预期其保护或不损害第三人自身之经济利益的地位，

（b）不诚实地滥用其地位，并且

（c）意图通过滥用地位——

（ⅰ）为自己或第三人获利，或者

（ⅱ）致使他人遭受财产损失或受有财产损失之风险。①

实际上，滥用地位的欺诈罪的意涵更接近大陆法系中的背信罪，具体而言，本罪包括三项构成要件要素：（1）滥用地位；（2）不诚实；（3）意图获利或造成财产损失。

表 3-12　　　　　　　　　滥用地位的欺诈罪构成要件

客观构成要件	滥用受信地位
主观构成要件	不诚实
	意图获利或造成财产损失

1. 授信地位

FA 2006 的解释性说明援用法律委员会之意见将受信地位视作一种行为人与被害人间的忠实关系。

在我们看来，构成本罪的先决条件是行为人与被害人形成了一种关系——其实质是被害人自愿将被告置于一种特权地位，处于这种地位的被告被期待保护被害人的经济利益，或是赋予损害

---

① The The The Fraud Act 2006, S 4.

被害人利益的权利。例如，如若被告有权代表被害人行使自由处分权，或者被授权接触被害人的资产、场所、设备或客户，就可能产生这种保护经济利益之预期或损害财产之权利。在这类情形中，被告不需要取得被害人的进一步合作来取得预期的结果，盖因被害人已在事前提供了必要合作。受托人与受益人、董事与公司、专业人员与客户、代理人与被代理人、雇员与雇主以及合伙人之间都存在着这种必要的关系。此外，这种关系也可能以其他形式产生，例如家庭成员之间的保护义务，或者志愿工作的过程中，乃至双方保持着亲密的关系的情形中。在前述情形之中，民法肯认行为人负有重要的忠实义务，而此等忠实义务为民法所肯认即足以产生刑法上的保证人地位。然而，我们没有理由认为这种义务的存在是必不可少的。不过，这并不意味着这种关系是否存在应作为一个事实问题全部交由事实认定者来决定。指控的事实能否证明产生了这种关系是一个由法官裁定的问题，如果案件交由陪审团，则法官应就此问题作出指示。①

换言之，在忠实关系的认定上，忠实义务的存在与否是一个由法官裁定的法律问题，而是否存在滥用地位，则是由陪审团裁定的事实问题。尽管本罪多适用于职务犯罪，不过，行为人之保证地位不一定因职务解除或逾越职务权限范围而一并解除，例如雇员负保密义务之期间可能远超过受雇时间。②

2. 滥用地位

滥用受信地位之实质乃违背对第三人的忠实义务。不同于前述的欺诈罪，本罪之成立基本与作出意思表示与否无关，凡违背忠实义务之行为皆可构成本罪。例如，在 *Doukas* 案③中，行为人乃一家酒馆的服务员，其在工作期间将自带的酒水带入酒馆售予顾客而获利，判决

---

① Explanatory Notes of The The Fraud Act 2006, S 4.

② Storey T. & Martin J. , *Unlocking Criminal Law* (5th edition), Milton Park: Routledge, 2015, p. 527.

③ *R. v. Doukas* [1978] 1 All ER 1061.

指出，行为人处于不得违反雇主经济利益的地位，其利用工作出售自带的酒水之行为即属于滥用地位。[①]

二　普通法中的串谋欺诈罪

串谋欺诈罪乃普通法罪行。英国 1977 年刑法原则性废除了普通法串谋类罪，并以成文串谋罪取代之，却例外地保留了普通法中的串谋欺诈罪（conspiracy to defraud）。[②]成文串谋罪之成立要求合意之行为必须符合一项罪行的构成要件，因而成为串谋罪具有相对于其他刑法规范的依附性，然而，普通法串谋欺诈罪有其独立的构成要件，且适用范围远超欺诈罪。

（一）串谋欺诈罪

串谋欺诈罪乃一种普通法罪行，其适用于几乎所有合意通过不诚实的手段侵害第三人利益的行为。在 Scott 案中，判决总结了串谋欺诈罪："两个或两个以上的人，达成以不诚实的手段剥夺一些属于某人的东西或他现时、将来可能会享有的东西的合意，或达成以不诚实手段损害该人财产权的合意，即足以构成串谋欺诈罪。"[③]

具体而言，本罪包括四项构成要件要素：（1）两个或两个以上的人；（2）合意；（3）意图损害第三人利益；（4）不诚实。

表 3-13　　　　　　　　　　　串谋欺诈罪构成要件

客观构成要件	两个或两个以上的人
	达成合意
主观构成要件	意图损害第三人利益
	不诚实

---

① Storey T. & Martin J. , *Unlocking Criminal Law* (5th edition), Milton Park: Routledge, 2015, p. 527.

② Criminal Law Act 1977 S 5 (2).

③ *Scott v. MPC* [1975] AC 818.

1. 达成合意

合意可以是书面的合同，亦可为行为人间的实际行为所默示。由于串谋的隐秘性质，控方通常不需要证明双方间存在正式的书面合同，串谋合意通常借由直接证据或间接证据加以证明。此外，行为人间达成合意不一定需要面对面沟通，即使行为人不知悉全部参与者的身份，仅通过其他参与者相互传递意思亦足以该当合意。[①]

达成合意必须是有关达成犯罪目的的合意。尽管控方不需要证明合意的细节，但单纯的认识、讨论或幻想尚不足以构成合意。[②]

2. 意图损害第三人利益

串谋欺诈罪的成立要求行为人意图对被害人造成利益损失。在 Adams 案[③]中，枢密院提出，只有在被害人拥有某种能够受到损害的权利或利益的情况下，合意损害其利益才能够成立本罪。[④]不过，串谋欺诈罪尚可适用于欺骗公职人员之情形，在欺骗公职人员的情形中，具备使公职人员做出有违职责之行为的意图即足够。

（二）串谋欺诈罪的检讨

串谋欺诈罪仅以不诚实为核心要素，含义宽泛且模糊。串谋欺诈罪之成立不要求实施欺骗，只要行为人属不诚实的即足以成立。在前述 Scott 案中，行为人仅因贿赂影院雇员从而取得电影底片借以制作非法复制品，便被控串谋欺诈电影的权利人。判决否定了行为人之串谋欺诈必须具备欺骗之抗辩，指出只要为实现目的的手段是不诚实的，即足以成立本罪。尽管串谋欺诈罪中不诚实这一要件之解释援用前文所述 Ghosh 案之标准——根据一个理性且诚实的人的一般标准，行为人间所达成的合意之目的是不诚实的且参与串谋的行为人本人认

---

① Madeleine Cane, Sephora Grey & Katherine Hirtle, "Federal Criminal Conspiracy", *American Criminal Law Review*, Vol. 58, No. 3, 2021, p. 930.

② William Wilson, *Criminal Law*, London: Pearson, 2007, p. 535.

③ *R. v. Adams* [1995] 4 SCR 707.

④ Catherine Elliott, Frances Quinn, *Criminal Law*, 11*th Edition*, London: Pearson, 2016, p. 291.

识到其合意之目的依照前述标准来说是不诚实的。然若进一步观察，不诚实一方面被认为是一个交由陪审团依照社会观念所确定的事实，但是，另一方面，除了某些非常典型的情形，实际社会上并未形成关于不诚实的一致性观点，因而实质上，不诚实的标准都是由陪审团在事后所订立的。[①]"不诚实"定义上的模糊有悖于法律规定的明确性原则及禁止事后法原则。

串谋欺诈罪可能破坏法秩序的一致性。由于串谋欺诈罪不要求欺骗，因而其适用范围相较前述欺诈罪更为广泛。某些行为由一人实施根本不属违法，两人或两人以上仅仅是达成一项合意便属刑事犯罪。然而，本着法秩序一致性的要求，如某行为仅由一人实施是合法的，那么，两人达成实施该行为合意之行为亦应做相同处理。不仅如此，由于串谋欺诈罪中的不诚实概念过于宽泛，而构成民事侵权尚且要求虚假意思表示，以至于串谋欺诈罪可能适用于民事侵权之前，引起刑法规范与民法规范的冲突。

三 《市场滥用条例》及 2012 年《金融服务法》

MAR 及 FSA 2012 之特点在于将虚假陈述、内幕交易及操纵市场统一在市场滥用的法律概念下。其中 FSA 2012 规定有两类主要的金融市场滥用行为——误导陈述（Misleading statements）罪、操纵市场（Misleading impressions）罪，此外，MAR 增设了操纵基本指标的禁止规范，对此，FSA 2012 在操纵市场罪后增设了操纵基本指标（misleading statements in relation to benchmarks）罪。任何人如违反前述三罪，一经简易程序定罪，可处以不超过法定最高刑期的监禁或罚金（或两者同时适用）；一经公诉程序定罪，可处不超过 7 年的监禁或罚金（或两者同时适用）。

（一）误导陈述罪

FSA 2012 第 89 条关于误导陈述罪的具体规定如下：

---

① ［英］杰瑞米·侯德：《阿什沃斯刑法原理》（第 8 版），时延安、史蔚译，中国法制出版社 2019 年版，第 481 页。

（1）第（2）条适用于以下行为人——

（a）行为人认识到其陈述在重大方面属虚假的或具误导性的仍作出陈述，

（b）行为人因鲁莽（reckless）而在重大方面作出虚假的或具误导性的陈述，或者

（c）不诚实地隐瞒任何与所作陈述有关的重大事实。

（2）如果行为人作出陈述或隐瞒事实的意图是引诱（inducing），或出于鲁莽（reckless）而不顾作出陈述或隐瞒事实是否会引诱另一人（不论是否是陈述的对象）实施下列行为，即属于犯罪——

（a）对相关合同作出要约或承诺，或使之不为；

（b）行使来自相关投资之权利，或使之不行使。①

严格来说，本罪同时包含故意与鲁莽作出误导性陈述以及隐瞒事实三种行为类型，参见表3－14。

表3－14　　　　　　　　　　误导陈述罪的三种行为类型

	意图误导陈述	鲁莽误导陈述	隐瞒事实
客观构成要件	作出虚假的或具误导性的陈述	作出虚假的或具误导性的陈述	隐瞒任何与所作出陈述有关的重大事实
	相关合同或相关投资	相关合同或相关投资	相关合同或相关投资
主观构成要件	意图引诱另一人要约、承诺或行使权利，或使之不为	鲁莽引诱另一人要约、承诺或行使权利，或使之不为	不诚实
			意图或鲁莽引诱另一人要约、承诺或行使权利，或使之不为

1. 相关合同或投资

相关合同指属于受规管活动的合同或者与受规管金融活动有关的

---

① Financial Services Act 2012 S 89.

合同。FSA 第 93 (3) (a) 条与第 93 (5) 条授权财政部制定指令 (order) 以明确相关合同的范围。据此，财政部于 2013 年发布《误导陈述与市场操纵指令》［*Financial Services Act 2012* (*Misleading Statements and Impressions*) *Order 2013*］，明订任何受规管活动 (controlled activity) 及《受规管活动指令》(*Regulated Activities Order*)① 下的特定活动。其中，《受规管活动指令》下的特定活动主要包含：发送与投资相关的虚拟指示、建立集合投资计划 (collective investment scheme，CIS)、建立养老金计划等。

受规管活动指《金融推介指令》［*The Financial Services and Markets Act 2000* (*Financial Promotion*) *Order 2005*］附件一第一部分所包含的活动。具体而言，受规管活动包括：接受存款、订立或执行保险合同、交易证券或本于合同的投资、安排投资交易、管理投资、保全和维护投资、提供投资意见、提供合资格之信贷②、安排合资格之信贷、协议实施前述行为等。此外，误导陈述与市场操纵指令进一步补充：作为委托人或代理人进行投资交易、安排投资交易、协助管理和履行保险合同等同属受规管活动。

受规管投资规定于《金融推介指令》附件一第二部分。受规管投资主要包括证券、债务工具、政府或公共证券、有价证券权利文书、集合投资计划中的单位、选择权、期货、套期保值合同、保险合同、劳合社辛迪加的参与权、保证金、贷款与其他形式的信贷、涉及土地的财务安排、货物租赁合同、投资中的权利等。

应当注意，其中 CIS 的含义相当广泛。CIS 的前身为单位信托与共同基金，因应集体投资工具多样化之趋势，英国 2000 年《金融服务与市场法》(*Financial Services and Markets Act 2000*) 中采用了 CIS 这一概念以填补法律漏洞。CIS 具备四项构成要件要素：第一，涉及财产的安排 (arrangements)；第二，即使参与者可就该财产的管理获得咨询或发出指示，该等安排的参与者对有关财产也不具有日常管理

---

① The Financial Services and Markets Act 2000 (Regulated Activities) Order 2001.
② 合资格信贷指贷款人是受规管活动人且借款人以土地作为抵押品的贷款。

控制权；第三，安排所涉的财产整体上是由运营该安排之人（或其代理人）管理的，参与者所提供的资金或用以给付参与者的利润或收益是汇集的；第四，该安排的目的在于使参与者得以分享或收取因取得或管理安排所涉财产而产生的利润、收益或其他回报。就英国最高法院 *Asset Land Investment Plc v. FCA* 案[①]之判旨而言，法院支持将 CIS 扩展至各种非传统形式的集体投资工具。在 *Asset Land Investment Plc v. FCA* 案中，Asset Land 经营了一个土地开发项目，该项目将其所购的一片土地拆售给众多投资者，依其安排所售予投资者的土地将重新规划并最终整体出售给住房开发商从而实现获利；为避免触及法网，Asset Land 还向买者发送了一系列文书，声明其活动不构成投资或投资建议及不会寻求与投资者展开（旨在获取土地规划权利的）进一步交易。[②]历经三审，英国最高法院最终裁定 Asset Land 的土地拆售项目构成 CIS。

2. 鲁莽

鲁莽，要求行为人认识到实现风险的可能。鲁莽指行为人认识到实现结果的风险，却依然决意承担发生该结果的不合理风险之行为。今日英国法上通行的鲁莽标准乃 *Cunningham* 案[③]所建立的主观标准，据此，成立鲁莽要求行为人具备：（1）依照当时之情事，行为人得认

表 3－15   普通法中的鲁莽

意图类型	认知	意欲	故意类型
直接意图	确定发生	积极追求	直接故意（超级故意）
鲁莽	可能发生	积极追求	直接故意（蓄意故意）
间接意图	确定发生	容忍	直接故意（明知故意）
鲁莽	可能发生	容忍	间接故意（未必故意）
鲁莽	可能发生	—	有认识过失
—	—	—	无认识过失

① 参见 *Asset Land Investment plc v. The Financial Conduct Authority*［2016］UKSC17。

② Id. 2，22－34．

③ *R. v. Cunningham*［1957］2 QB 396．

识到存在或将存在风险；（2）依照行为人之认知，行为人认识到风险实现之结果及采取行为是不合理的。①对比而言，普通法上的鲁莽可能同时涵盖认识过失与部分故意。

3. 引诱

本罪之成立仅要求行为人意图引诱，或出于鲁莽而罔顾是否会引诱第三人为投资决定。因法条规定"使之不为"亦在引诱之列，是故，抑制他人的投资决定，亦属引诱。此外，引诱仅为本罪之主观构成要件要素，因而信息受领人是否因之而为真实的投资决定不影响本罪之成立。

4. 法定免责事由

FSA 2012 第 89（3）条规定，行为人得通过证明其所作出的陈述符合价格稳定规则、信息管控规则或市场滥用条例中关于回购计划的豁免规定而提出对误导陈述罪中的意图误导陈述之抗辩。②

（二）操纵市场罪

操纵市场之本质在于扭曲价格信号。在英国法中，操纵市场被视作一种制造虚假的关于价格信息之表象的行为，FSA 2012 第 90 条便是围绕此特点设计操纵市场罪的构成要件：

（1）行为人作出任何行为或从事任何活动，对于任何相关投资的市场、价格或价值创设虚假或具误导性的表象，在下列情况下即属于犯罪——

（a）行为人意图创设该表象，并且

（b）该案处于第（2）条与第（3）条适用范围内（或同时适用）。

（2）行为人意图借由创设表象而引诱另一人买入、卖出、认购或承销投资，或使之不为，或行使及不行使投资下的权利。

（3）如果——

---

① William Wilson, *Criminal Law*, London：Pearson, 2017, p.141.
② Financial Services Act 2012 S 89（3）.

（a）行为人认识到表象是虚假的或具有误导性的，或者是出于鲁莽，并且

（b）行为人意图制造表象来创造第（4）条中的任何结果，或认识到其制造的表象可能导致该条中的任何结果。

（4）结果包括——

（a）为行为人或第三人获利

（b）造成他人损失或使他人面临损失之风险。①

同样，本罪包含多种行为方式，见表3-16。

表3-16　　　　　　　　　　操作市场罪构成要件

	引诱投资决定	意图操纵市场	鲁莽操纵市场
客观构成要件	创设虚假或具误导性的表象	创设虚假或具误导性的表象	创设虚假或具误导性的表象
	任何相关投资的市场、价格或价值	任何相关投资的市场、价格或价值	任何相关投资的市场、价格或价值
主观构成要件	意图创设该表象	意图创设该表象	意图创设该表象
	意图引诱另一人作出投资决定，或使之不为	认识到表象是虚假的或具有误导性的	出于鲁莽而罔顾表象是虚假的或具有误导性的
		认识到其制造的表象可能导致行为人或第三人获利或者造成他人损失或使他人面临损失之风险	认识到其制造的表象可能导致行为人或第三人获利或者造成他人损失或使他人面临损失之风险

澳洲的新南威尔士法院在考虑何谓创设虚假或具有误导性的表象的 *North v. Marra Developments Ltd* 案②中提出了四项标准。具体而言，法院应考虑：（1）系争透过交易所创设之关于市场或金融工具价格之表象，究竟传递出何种信息；（2）该等信息是否反映情事的真实状

---

① Financial Services Act 2012 S 90.

② *North v. Marra Developments Ltd* ［1981］148 CLR 42.

态；（3）如若该等信息未能反映情事的真实状态，则系争情事的表象是否属于虚假或误导性；（4）如该表象属于虚假或误导性，则系争交易或行为之做成是否用于创设该虚假或具误导性之表象。

此外，FSA 2012 亦对操纵市场罪设定了法定抗辩事由，不过因操纵市场罪中构成要件较为宽泛，是故其抗辩事由相较误导陈述增设了一条合理确信抗辩——如若行为人因第 90（2）条而构成操纵市场罪，且有合理理由相信其行为不会创设虚假或具误导性的关于投资市场或金融工具价格之表象，则不构成本罪。不过，操纵市场罪在价格稳定规则、回购豁免等安全港规则抗辩时，额外要求行为人必须出于稳定投资价格之目的。[1]

四　英国的经验与借鉴

英国与美国的立法例不同，其涉网新型金融诈骗的刑法规制依据主要集中在 2006 年《欺诈法》《市场滥用条例》及 2012 年《金融服务法》之中。当然，普通法作为英国刑事法的重要法源，其"串谋欺诈罪"也对由多人实施的欺诈行为有相当大的震慑作用。与美国相似，英国可适用于规制涉网新型金融诈骗的刑法规制依据多不需行为人真正获利或造成了实际上的财产损失，因而与我国"金融诈骗罪"相较，有着更低和更容易操作的入罪标准。此外，英国在涉网新型金融诈骗犯罪刑法规制问题上，对"滥用地位"及违背"忠实勤勉义务"的强调处处可见。2006 年《欺诈法》直接将滥用地位的欺诈罪规定为一种犯罪，从而强调行为人在具有较于受害人更为强势的地位时，利用该种地位实施欺诈，具有直接的刑事可罚性。对于涉网新型金融诈骗的刑法规制而言，多数受害者为弱势的个体以及这些个体组成的所谓"大众"，而行为人多为机构，具有"强且智"的特性。很显然，英国刑事法对这类情况下行为人实施欺诈行为的规制，较我国而言更为直接和强势。

另有，英国的互联网金融监管模式与我国不同，其采用了典型的

---

[1]　Financial Services Act 2012 S 90（9）.

分类监管模式，将互联网平台区分为提供信用信息服务的借贷型与从事金融推介的投资型，后者因其直接涉及英国《2000 年金融服务与市场法》（*The Financial Services and Markets Act 2000*，FSMA 2000）中规定的金融推介而受到额外限制，此后《2012 年金融服务法》进一步扩大了受监管活动的范围，借贷型众筹自 2014 年后亦被金融行为监管局要求获得许可。这种分类监管模式，体现出英国对互联网金融监管，乃至相关刑法规制的底层逻辑与我国的分别。甚至可以说，英国的涉网新型金融诈骗之刑法规制，在很大程度上较我国而言重视不同种类金融诈骗背后金融交易模式的区分，这与本书所主张的涉网新型金融诈骗刑法规制的应有逻辑不谋而合。

第三节　德日涉网新型金融犯罪的刑法规制经验及借鉴

一　德国涉网新型金融犯罪的刑法规制

德国刑法典中并没有专章规定金融诈骗犯罪，依现行德国法例，与我国互联网金融领域频发的集资诈骗与贷款诈骗具有可比性的金融诈骗犯罪主要集中于《德国刑法典》第二十二章欺诈及背信犯罪下的第 264 条（a）资本投资欺诈罪、第 265 条保险欺诈罪、第 265 条（a）信贷欺诈罪。

《德国刑法典》第八章伪造货币及有价证券犯罪下第 148 条伪造有价票证罪和第 152 条（a）伪造支付票证、支票及兑换凭证罪与我国刑法中金融票据诈骗、信用证诈骗等具有可比性。由于该章第 151 条规定，对于可流通债券、股票、股权证明及上述票据的权利证书或有价旅行支票等，为防止伪造而以特殊方式及纸张印制的视为货币[①]，因此第 146、第 147 条下的伪造、使用货币罪与我国刑法中的有价证

[①]　参见 StGB §151 Wertpapiere。

券诈骗罪类似。①

（一）投资欺诈罪与信贷欺诈罪

与我国刑法的显著区别在于，德国刑法中的资本投资欺诈罪与欺诈罪之间成立补充关系而非特殊关系。仅就欺诈类型的金融诈骗而言，在我国刑法中该类金融诈骗罪的构成要件要素包含了诈骗罪的全部要素，并另外就行为对象或者行为方式作出特别规定②，因此，二者属法条竞合，且金融诈骗罪与诈骗罪之间乃特别关系。而在德国法例上，金融欺诈犯罪之规定仅在第 263 条欺诈罪无法适用时方可适用，相较于欺诈罪而言，其处于补充适用地位，因此，二者之间虽属法条竞合，但德国刑法中的金融欺诈罪与欺诈罪之间为补充关系。③

1. 法律规定

依德国法例，投资诈骗罪主要规制金融商品交易中的欺诈行为，类似于我国的集资诈骗罪，其具体法律规定如下④：

（1）任何与之相关的行为人：

1. 于有价证券、认购权或旨在参与分享企业红利的份额的销售中，或，

2. 于增加投资于该份额的要约中，

在招股说明书或与净资产相关之事实陈述或调查中，就关于购入或增加投资的重大事项，对相当多数人为不正确之有利陈述或隐瞒不利事实，处三年以下自由刑或罚金。

（2）若该行为涉及企业以自己名义但为第三方管理的资产股份，则准用第 1 项之规定。

（3）行为人出于自愿防止因其犯罪行为所获的给付，而该给

---

① 鉴于伪造票证类型的金融诈骗犯罪并非新型的互联网金融领域诈骗活动，因此本章对此问题不加以赘述。

② 当然，信用证诈骗罪并不要求"数额较大"。

③ 在我国理论中，亦可能将补充关系的法条竞合视为想象竞合或吸收犯。关于中德竞合理论比较，参见徐凌波《犯罪竞合的体系位置与原则——以德国竞合理论为参照》，《比较法研究》2017 年第 6 期。

④ 参见 StGB §264a Kapitalanlagebetrug。

付系经由购入或增加投资而来，不依第 1 项至第 2 项之规定处罚。如果无论行为人之犯行几何，皆无法获得给付，则行为人已出于自愿且真挚地尽力防止给付之提供，免除其刑。

而信贷欺诈罪规定于第 265 条（b）[1]，具体内容如下：

（1）行为人，为商业机构或企业或虚构的商业机构或企业，就有关于申请信贷、续贷或变更信贷条款时，为下列行为：

1. 就有利于贷款申请人且对于其申请之决定有重要关系的经济状况，

（a）提交不正确或不完整的文件，如收支平衡表、损益账目、资产负债摘要或评估；或，

（b）作出虚假或不完整的书面陈述。

2. 于文件或陈述中所表明的商业机构或企业之经济状况的恶化不予通知的，且对于申请之决定有重要关系的，处三年以下自由刑或罚金。

（2）行为人出于自愿防止贷款人提供因其犯罪行为所申请之给付的，不依第 1 项之规定处罚。若无论行为人之犯行几何，皆无法获得给付，如行为人已出于自愿且真挚地尽力防止给付之提供，免除其刑。

该法条主要规制贷款诈骗行为，但需要注意的是，与我国贷款诈骗罪相比，德国法上信用贷款不仅局限于货币资金，还包括承兑信用证、债务之取得或延期、票据贴现及其他担保行为等。[2]

2. 规范特点

相较于我国立法，德国法例上投资欺诈罪与信贷欺诈罪最为明

---

[1] 参见 StGB §265b Kreditbetrug。本条第 3 项为定义规范，此处不译。

[2] 参见 StGB §265b Kreditbetrug（3）。对比请参考张明楷《刑法学》（第五版），法律出版社 2016 年版，第 798 页。

显的特征在于：第一，并不将实际损害结果作为构成要件；第二，对于实施完毕构成要件的行为人，若"中止"犯罪，则不罚。之于前者，上述两条法规皆作为第263条欺诈罪的独立规定，故其属于抽象危险犯。因此，在德国刑法上，构成资本投资欺诈或信贷欺诈不需要相应的具体投资人或信贷提供人遭受欺骗而处分财产从而受有利益，仅以行为人作出虚假陈述的行为足以达至既遂，即将可罚性前置。至于后者，所谓"中止"犯罪，则与我国或德国法上之犯罪中止相较范围更宽。根据上述之分析，行为人只要实施了欺骗行为，其行为已经实现了全部构成要件，至于相对人是否据此而提供给付，理当与犯罪的既遂与否无关。换言之，犯罪中止或要求行为人在着手实施构成要件后实行终了前自动放弃犯罪，或要求行为人于实行终了后主动阻止结果之发生。就本罪而言，行为人实施欺骗行为即实行终了，故而无法适用前一种犯罪中止之宽赦，而本罪被规定为抽象危险犯亦无实害结果，故而行为人亦无法通过阻止结果而适用犯罪中止之规定。

因此第264条（a）第3项与第265条（b）第2项皆通过扩张犯罪中止的适用来克减前述可罚性前置带来的负面影响。上述法条允许行为人通过自愿阻止相对人的给付之提供而免予刑罚。①该规定出自上述两条法规在保护法益上的争议，就资本投资欺诈罪与信贷欺诈罪，一说认为其保护法益乃投资人或贷款人的财产，具体而言，其旨在保护投资人与贷款人免遭投资市场上过度虚构投资收益或借款人不实信息之欺骗而受有利益，其保护法益仍为个人法益。但多数学说观点认为，上述规定旨在保护金融商品交易市场或借贷市场中重大信息之真实从而维系金融业之良好运行，故又属于公共法益。因此，第264条（a）第3项与第265条（b）第2项对此作出妥协：一方面，通过抽象危险犯之构造实现刑法的提前介入，从而维护金融市场交易秩序，

---

① 需要注意的是，对于犯罪中止，根据《德国刑法典》第24条第1项后半句，即便没有行为人的加功也无法达到既遂，即不能犯未遂，只要行为人自愿、真挚地做出了尽管事后看来是"无效"的阻止行为，亦可成立犯罪中止。因此第264条（a）第3项与第265条（b）第2项后半句皆是照此规定而设置。

并降低司法实践中的证明难度；另一方面，通过扩张中止之适用范围，将虽形成抽象危险，但积极阻止该危险具体实现于个别财产侵害的行为排除出去，从而回应其保护个人法益之要旨，并避免刑罚的过度泛滥从而引发寒蝉效应。

就互联网金融诈骗犯罪而言，相较于我国刑法，德国刑法中此种规定方式注重提高诉讼效率与保障个人自由间的平衡。不同于日常生活领域内的诈骗犯罪，互联网的影响力无远弗届，金融衍生品一旦置于机构网站，便可不受传统上地理要素的限制而在全国乃指全世界范围内交易。投资人对于投资项目的认知，完全系于互联网金融机构之陈述，上述法规通过抽象危险犯之设计，力图实现刑法的提前介入以保护某些重要信息之真实性，从而维护资本市场上的交易公平，并降低司法实践中的证明难度。另外，金融创新与监管边界本就模糊不清，尤其是互联网金融领域，支付手段的更新与机构间合作的深入使得传统金融领域内原本明晰的法律关系复杂化，加之资本市场本就充满风险，若是行为人作出虚假陈述后主动拒绝接受给付，仍足以保护投资人之财产安全。德国刑法通过允许积极阻止该危险具体实现行为人免予刑罚之规定，为此类行为提供了独特的出罪机制，重申保护投资人财产之规范目的，避免刑罚过度扩张。

（二）计算机欺诈罪

上述资本投资欺诈罪与信贷欺诈罪因欺骗行为之影响对象——投资人或贷款人仍为自然人，故仍存在所谓陷入错误认知之问题。随着信息技术飞速发展，计算机被广泛应用于自动交易系统，然计算机本就依照特定的程序而处理输入的数据并输出结果，于其而言本并无陷入错误认知之问题。就此而言，非法操纵计算机修改数据而诈取给付之行为难以纳入传统欺诈罪法条的规制范围内。为填补计算机交易下的规范漏洞，《德国刑法典》第二十二章第263条（a）设有计算机欺诈罪以规制通过特定方式影响程序之数据处理结果并进而引起财产损害的欺诈犯罪。

1. 法律规定

根据《德国刑法典》第 263 条（a），计算机欺诈罪法条[1]内容如下：

> （1）任何人，意图为自己或第三人获取非法财产利益，通过不正确配置程序、使用不正确或不完整的数据、未经授权使用数据或对处理过程施加其他未经授权的影响，影响数据处理运作结果的，而损害他人财产的，处五年以下自由刑或罚金。
>
> （2）第 263 条第 2 项至第 6 项之规定准用之。
>
> （3）任何人，为预备实施上述第 1 项之犯罪行为，而编写实施上述行为的计算机程序，或为自己或第三人而取得、出售、保存或提供此类计算机程序，处三年以下自由刑或罚金。
>
> （4）于第 3 项之情形，第 149 条第 2 项与第 3 项规定准用之。[2]

就本法条而言，需要注意其与第 265 条（a）诈取给付罪之区分。本条法规特别要求影响数据处理运作，而第 265 条（a）诈取给付罪无此影响计算机程序之要件要求，其所谓自动机器多为不具有数字信息系统而仅以物理方式实现控制的设备，例如投币洗衣机、投币公用电话、机械检票闸等，且其行为人借以取得的通常指服务而非一般而言的实物商品。

此外，本罪之设置亦与德国刑法上盗窃罪之行为对象仅限于动产，而出于填补刑罚漏洞的需要有关。

2. 规范特点

上述法条之重点在于计算机欺诈是行为人以特定方式通过影响数

---

① 参见 StGB §263a Computerbetrug。

② 本法条中所提及的第 263 条即一般欺诈罪之法条，其中第 2 项规定未遂可罚，第 3 项规定加重构成要件，第 4 项规定价值轻微之物为告诉方论之罪，第 5 项就团伙成员或常习犯之加重处罚规定，第 6 项规定法院得宣告行为监督；第 149 条第 2 项与第 3 项主要为预备犯的犯罪中止之规定。

据处理，进而引发财产损害的。行为人的行为对象是程序数据处理而非计算机输出设备，此一行为对象之要求使其区别于盗窃罪。我国刑法理论中主流观点认为，于机器而言并无欺骗之问题，所谓机器诈骗，不过行为人利用程序上漏洞，引起数据错误，进而引发财产变动，其中并无自然人参与，因此此类行为仍然属于违反财产或利益之支配者意志而取走，属于盗窃罪。[①]

然而，于盗窃罪中，受害人自始没有任何移转支配之意思，无论受害人运用了多么智能化的防盗机器，其自始不具备将防盗机器内的物品交付于行为人之意思，而在利用计算机的交易中，则是设置人附条件转移标的物。[②]权利人通过事先将合同之内容等事项通过编码制成程序，待相对人于终端输入相应指令，程序依据输入之指令进行数据处理，而后续财产之给付则视数据处理之结果而进行，[③]于符合事先设定的程序时便予以交付。该类行为具有明显不同于盗窃罪之特征：行为人向计算机输入无权或虚假数据—影响程序数据处理—计算机基于错误数据处理结果而处分财物。[④]

该法条规定了四种行为方式：不正确配置程序、使用不正确或不完整的数据、无权使用数据及以其他方式无权影响数据之处理。就其所指的"数据"而言，并非指日常文书，而是指与计算机程序处理相关的数据，即计算机程序所能直接接受的指令、代码或虽非程序直接接受的编程语言，但依照程序所能识别之日常语言。因此，诸如单纯存储于计算机中的 EXCEL 表格文档内记载之内容并非此处所指之

---

① 参见张明楷《刑法学》（第五版），法律出版社 2016 年版，第 803 页；陈兴良《利用柜员机故障恶意取款行为之定性研究》，《中外法学》2009 年第 1 期。

② 参见许恒达《电脑诈欺与不正方法》，《政大法学评论》2015 年第 140 期。

③ 影响处理结果必须直接导致整体财产的减少，若仅为创设损害他人财产的机会时，则不成立本罪。参见 Haft, F. Strafrecht, *Besonderer Teil II*: *Delikte gegen die Person und die Allgemeinheit*, 2005（S. 104）。

④ 比较诈骗行为之构造：行为人实施欺诈行为—受害人陷入错误认识—受害人基于错误认识而处分财物。但须注意的是，德国判例中认为财产减损之危险亦属于财产损失，因此借款合同之缔约系出于欺诈目的而行为人几无履行之可能，那么形成该借款合同即属财产损失。参见王钢《德国刑法诈骗罪的客观构成要件——以德国司法判例为中心》，《政治与法律》2014 年第 10 期。

数据。对于所谓"无权"，主流观点认为此处无权应与"欺诈"近似，即若将此计算机程序以自然人替换，亦因行为人之数据操作而陷入错误认识，则该当"无权"①，通常以信息系统的客观任务地位判断之②。亦有观点认为应以处分权人之主观意思或程序操作规则为准，然前者将导致凡不符合处分权人期待之交易都纳入"无权"之范畴，使上述影响数据处理之要件虚置，并且如此宽泛之刑罚范围可能对金融交易造成严重阻碍。而后者将过度限缩刑罚范围，因为在网络金融交易中，操作是否由本人亲自进行通常并非在设置者考虑范畴之内，通常仅以账号、密码加以验证而进行，输入符合开户时设定的账号、密码即属符合规则、通过验证，此举无异于令一切（不管以何种方式）获取他人账号密码之人皆属于有权之人，而仅有凭空伪造账户之行为人方属违反该规则。③

（三）保险欺诈罪

德国法对于保险欺诈分别通过第 263 条欺诈罪第 3 项与第 265 条予以规制，其中，第 265 条通过将部分保险欺诈的预备行为正犯化而将刑罚显著前置。有鉴于此，德国刑法中的保险欺诈罪与我国刑法中的保险诈骗存在显著的不同。

1. 法律规定

《德国刑法典》第 263 条将部分保险欺诈作为情节特别严重之范例，具体规定如下④：

（1）任何人，意图为自己或第三人获取非法财产利益，捏造虚假事实或扭曲、隐匿事实，致使他人产生或维持此错误，而损害他人财产的，处五年以下自由刑或罚金。

……

---

① 参见 Wessels J., Hillenkamp T. & Hettinger M., *Strafrecht Besonderer Teil 2 Straftaten gegen Vermögenswerte*, 2015, Rn. 602。

② 参见 Wolfgang Joecks, *Strafgesetzbuch：Studienkommentar*, C. H. Beck, 2014。

③ 参见许恒达《电脑诈欺与不正方法》，《政大法学评论》2015 年第 140 期。

④ 参见 StGB §263 Betrug。

（3）情节特别严重者，处六个月以上十年以下自由刑。一般地，下述范例皆属情节特别严重：……5. 行为人或他人纵火焚毁有重要价值之物，或使其全部或部分损毁，或造成船只沉没或搁浅，而捏造保险事件。

第 265 条保险欺诈罪规定如下[①]：

（1）意图为自己或第三人获取保险给付，对业已投保防止灭失、损害、效用减损、遗失或盗窃之标的物，而实施损害、损毁、减损其效用、隐匿或向他人转让者，若行为未依第 263 条处罚，则处三年以下自由刑或罚金。

（2）前项之力图可罚。

此外，德国法上此二者均仅适用于财产保险诈骗行为，至于人身保险则并不在此之列。行为人为骗取人身保险给付而伤害身体或剥夺生命的，则可能分别成立故意伤害罪或故意杀人罪与第 263 条之欺诈罪，而不适用此处第 263 条第 3 项范例 5 或第 265 条的保险欺诈罪。

2. 规范特点

第 263 条第 3 项之适用仍然以行为构成欺诈罪为前提。该法条将部分保险欺诈行为作为情节特别严重之范例（Regelbeispiel）[②]，因此，构成第 263 条第 3 项下的诈骗罪仍然需要满足第 1 项所要求的构成要件，即客观构成要件方面仍然要求向保险人或相关人实施欺骗行为，并使其产生或维持错误，进而处分财产并引起财产损害。简而言之，第 263 条第 3 项是欺诈罪的加重构成要件。

第 265 条则采用了抽象危险犯之设计。根据第 265 条第 1 项，凡行为人以诈取保险给付为目的而着手实施损害保险标的之行为即属力

---

① 参见 StGB §263 Versicherungsmißbrauch。

② 范例与加重或减轻构成要件略有不同，对于范例中的某些行为要素，法官得在一定限度内自由裁量。关于范例与加重构成要件之关系，参见［德］金德霍伊泽尔《刑法总论教科书》，蔡桂生译，北京大学出版社 2015 年版，第 64—65 页。

图，此举将通常被我国认为仅仅是将保险诈骗罪预备行为的捏造保险
事故行为①予以正犯化，并且第 2 项明确该罪力图可罚。可见，相较
于资本投资欺诈罪与信贷欺诈罪，本罪构成要件之设置进一步提前。
通说主张该规范之保护法益除包括作为保险标的之财产法益，还包括
保险业正常运作之一般性法益，出于法益保护早期化之目的，应当提
早刑法介入之时点，然如此提前刑法防线之设计，即使在德国亦广受
质疑。②

就第 263 条与第 265 条之关系而言，第 265 条直言"若行为未
依第 263 条处罚"，显然系第 263 条之补充法条。在我国立法上，
保险诈骗罪乃诈骗罪的特殊法条，其在诈骗罪的基础上额外规定了
一系列的构成要件要素③，因此保险诈骗罪仍然维持了诈骗罪之基
本构造。但德国刑法则分别以第 263 条第 3 项与第 265 条对保险诈
骗作出规定，其中第 263 条第 3 项范例 5 的构造与我国保险诈骗罪
类似，皆是在诈骗罪之基本构成上规定额外的行为要素；而第 265
条保险欺诈罪之设计则不同于我国，其将刑罚直接提前至欺诈罪之
预备行为，即德国法上的保险欺诈罪乃将保险欺诈之预备行为实行
化的抽象危险犯，换言之，第 265 条保险欺诈罪中根本不包含完整
的欺诈罪结构。

（四）德国经验与非目的性抽象危险犯构造之检讨

鉴于我国近年来金融犯罪活动频发，学界与实务界多有提出参照
德国刑法上广泛采用的非目的性抽象危险犯之构造来对金融诈骗犯罪

---

① 关于我国保险诈骗罪着手标准的观点，参见张明楷《诈骗罪与金融诈骗罪研究》，
清华大学出版社 2006 年版，第 426 页；郑高键《刑事疑难案例司法认定与法理评析》，法
律出版社 2015 年版。

② 参见 Trondle Herbert and Thomas Fischer，"Strafgesetzbuch und Nebengesetze"，52，
Auflage Munchen，2004，§1787，转引自吴玉梅《中德金融诈骗罪比较研究——以行为模式
和主观要素为视角》，《环球法律评论》2006 年第 6 期。

③ 亦有观点认为因在法条中未明示"以非法占有为目的"，故保险诈骗罪不需非法目
的此主观构成要件而与诈骗罪不同。然《刑法》第 198 条所列举的五种行为方式均要求
"骗取"保险金，即以法所不容许的诈术而取得之，故而通说认为行为人成立保险诈骗罪依
然需要具备非法占有之目的。

予以规制，以实现法益保护提前化。①不过，无论是从刑事政策，还是从教义学出发，此举都存在着诸多有待检讨之处。

1. 抽象危险犯构造

我国改革见解多从刑事政策出发，主张随着互联网金融的发展，金融诈骗活动影响无远弗届，若等待风险于结果中实现，往往涉案金额惊人、受害人众多，严重动摇公众对于和平的法秩序之信赖，因此提倡效仿德国刑法，采用抽象危险犯设计。不过，我国目前就抽象危险犯的可罚性基础、抽象危险犯与行为犯之关系等问题尚存在诸多争议，加之在未完成形态的犯罪之可罚性上我国与德国立法存在显著差异，若仓促采取抽象危险犯之构造，恐怕造成刑罚失衡而累及一般预防之政策目标的实现。

关于难以实现预防犯罪之政策目的的观点，若单就刑法分则中金融诈骗罪这一节论之，似乎如此，不过若检视我国刑法的其他规定，可看出我国现行法例对金融活动之管制不可谓不严厉。首先，区别于德国，我国刑法总则原则上肯定了预备犯（第 22 条）与未遂犯（第 23 条）的可罚性，因此我国虽对集资诈骗等罪规定要求"数额较大"，但行为人若直接着手实施诈骗行为尚未达到"数额较大"，即行为不法，仅未能完全实现结果不法而已，其已构成犯罪未遂，足以对其展开刑事追诉。

其次，我国刑法对金融市场之进入实施严格管制，现行刑法中设有擅自设立金融机构罪（第 174 条），骗取贷款罪（第 175 条），非法吸收公众存款罪（第 176 条），擅自发行股票、公司、企业债券罪（第 179 条）等，实际上将多数金融诈骗犯罪的预备行为纳入了规制范围之内，即使是实务中常见的"旁氏骗局"模式的互联网集资诈骗亦往往于尚未实现损害便因非法吸收公众存款而受到刑事追诉。换言之，就我国当下的刑事政策而言，对于金融活动之管制仍然相当严

---

① 关于此类见解，例如，沈丙友：《诉讼证明的困境与金融诈骗罪之重构》，《法学研究》2003 年第 3 期；刘远：《我国治理金融犯罪的政策抉择与模式转换》，《中国刑事法杂志》2010 年第 7 期。

厉，对金融诈骗犯罪采用抽象危险犯设计，不仅将模糊本节犯罪与相关犯罪的界限，考虑到金融诈骗犯罪法定刑普遍较重，此举还可能造成刑罚失衡。

2. 非法占有目的

此外，亦有观点对我国关于金融诈骗罪中非法占有目的展开检讨。多数批评观点认为，此要件一方面只能透过行为人实施欺骗行为或从事非正常经营活动之客观事实而加以认定，造成证明规则的混乱①，另一方面造成仅对客户资金损失具有间接故意的诈骗行为被排除出各类金融诈骗罪中，然而从刑事政策角度论之，此类行为亦危及金融管理秩序，作此非法占有目的之要求可能出现法益保护漏洞。②加之，刑法条文中仅对第 192 条集资诈骗罪与第 193 条贷款诈骗罪明文规定"以非法占有为目的"，似乎表明立法者对于其他金融诈骗并不作出具有非法占有目的的解释。③因此，多数批判观点认为，金融诈骗罪中非法占有目的并非主观构成要件要素之一④，或者认为具备排除他人支配的间接故意足以构成金融诈骗罪中的非法占有目的。⑤

（1）主观构成要件要素的证明

非法占有目的是被告人内心的意图，但是人类的内心世界无法直接获知⑥，因此在司法实践中，行为人是否具有非法占有之目的，必然仅能透过事后所查明的客观事实来加以评价。实践上，最高法院2001 年发布的《全国法院审理金融犯罪案件工作座谈会纪要》与

① 王志远、齐一村：《非法占有目的：值得反思的路径依赖》，《社会科学战线》2018年第 12 期。

② 卢勤忠：《金融诈骗罪中的主观内容分析》，《华东政法学院学报》2001 年第 3 期。

③ 顾晓宁：《简析票据诈骗罪的主观要件》，《中国刑事法杂志》1998 年第 1 期。

④ 此种观点认为非法占有目的仅仅指破坏他人占有与建立自己或第三人占有的客观事实。

⑤ 徐凌波：《金融诈骗罪非法占有目的的功能性重构——以最高人民检察院指导案例第 40 号为中心》，《政治与法律》2018 年第 10 期。

⑥ 更为重要的是，如果行为人的内心想法并未透过现实中的客观举止加以表露，则根本不具有行为不法，此乃刑法不得干涉的思想自由。

2010 年发布的《关于审理非法集资刑事案件具体应用法律若干问题的解释》也一再重申，"认定是否具有非法占有为目的，应当坚持主客观相一致的原则……根据案件具体情况具体分析"，但是，证明如何达至排除合理怀疑之程度 [《刑事诉讼法》第 55 条（三）]，仅以《刑事诉讼法》中"排除合理怀疑"之表述的确过于抽象，以至于部分学者主张建立相应的刑事法律推定规则。[①]

对于建立刑事推定规则，且不论刑事推定与无罪推定原则（《刑事诉讼法》第 12 条）间的冲突，此举亦与关于证据证明力的自由心证有所冲突。诚然，依据证据裁判规则（《刑事诉讼法》第 55 条），法官固然应当根据证据进行判断，不过，所谓证据所反映的事实与待证事实之间的关联性，实际上是关于证据证明力的判断之一，其属于法官自由心证的范畴，自由心证除非明显不合逻辑或违背经验法则才会达到"事实不清楚或者证据不足"的程度（《刑事诉讼法》第 236条）。当然在法官的职权之内，这种基于客观事实推定非法占有目的依然是法官基于自身的经验与逻辑做出的事实认知。即使是《非法集资案件解释》，也仅用"可以认定"而非"应当认定"借以表明。就司法实践之经验来看，诸种情形与非法占有具有相关性而不是因果性，具体案件仍然要求法官根据个案情形加以判断。例如，《非法集资案件解释》中虽然将"集资后不用于生产经营活动或者用于生产经营活动与筹集资金规模明显不成比例"作为可以认定为具有非法占有为目的的情形之一，但在实务中，考虑到金融活动之特点，有下级法院采取"灭失性处置"[②]此概念，对这种情形加以限缩，并且下级法院普遍拒绝单独以"将集资款用于维持平台运营"认定非法占有目的。

实际上，有关非法占有目的"只能透过行为人实施了欺骗行为或从事非正常经营活动之客观事实而加以认定"之批评，更多的是指向

---

① 李明：《诈骗罪中"非法占有目的"的推定规则》，《法学杂志》2013 年第 10 期。

② 参见袁一绮、张旭东《P2P 网贷中集资诈骗罪的司法认定——基于 28 个案件的实证分析》，《金融法苑》2019 年第 1 期。

对于自由心证被滥用之批评。不过，就此问题而言，诚然，通过司法解释提供一般参考，并将具体案件交由法官自由心证存在诸多弊端，但是，鉴于立法者难以对迅速发展的互联网金融活动及时设立相应法律推定，似乎也并没有更为有效的解决方法。

（2）不法获利目的

德国法上财产犯罪中的目的要素存在着"不法所有"（Zueign-ungsabsicht）与"不法获利"（Bereicherungsabsicht）两种类型，并且二者完全不同。以保护法益为标准划法，财产犯罪被分为侵害权利人对物的所有权的所有权犯、侵害他人整体财产利益的狭义财产犯以及侵害特定财产价值的犯罪。其中所有权犯具有民法附属性，其侵害的是所有权人对特定物的所有权，而是否导致了经济上的损失与之并无关联，是故盗窃罪（《德国刑法典》第242条）、强盗罪（《德国刑法典》第249条）等所有权犯以不法所有为目的要素，所谓"所有"强调建立自己或第三人对物如所有权人一般的全面支配。①而狭义财产犯则是以交换价值确定财产概念，其侵害对象为他人所有的经济上可享有的利益，即整体财产利益，因此此类犯罪要求存在着他人整体财产的减少，而并不考虑个别物或利益的损失，是故欺诈罪（《德国刑法典》第263条）等狭义财产犯以不法获利为目的要素，"获利"旨在强调行为人因欺诈而未向被害人支付应当支付的对价。②同样地，从保护法益的角度来看，我国刑法通说根据《刑法》第91、第92条之规定将财物与财产性利益一并纳入保护对象，强调诈骗罪造成了被害人财物或财产性利益的损失，如果对比德国刑法，其实际上指的是以整体财产为保护对象，是故我国刑法中的非法占有目的与德国法上的不法获利目的更为接近。③

---

① 参见 Wessels J., Hillenkamp T., & Hettinger M., *Strafrecht Besonderer Teil 2 Straftaten gegen Vermögenswerte*, 2015, Rn. 2。

② 参见 Eisele J., *Strafrecht Besonderer Teil II Eigentumsdelikte und Vermögensdelikte*, 2017, Rn. 517。

③ 不过此见解下不法地使用盗窃亦符合此处的不法获利目的，因此本书并不主张在金融诈骗罪以外对其他目的性财产犯罪中一概以不法获利论之。参见徐凌波《论财产犯的主观目的》，《中外法学》2016年第3期。

因此，若从非法获利的角度理解我国刑法规定中金融诈骗罪的以非法占有为目的，则更有利于理解集资诈骗罪与非法吸收公众存款罪、贷款诈骗罪与骗取贷款罪间的区别。

整体财产的范围须从经济角度检视。购买金融商品的投资人旨在获得出让其对于货币的时间使用价值，而其对价则是借款人以各种形式所支付的利息。但就利息的组成来看，其不仅包括名义无风险利率，还有违约风险溢价、流动性溢价与到期日溢价三者。在集资活动中，行为人若实施挥霍、抽逃资金、投资与生产经营无关的高风险活动（"灭失性处置"）等行为，则必然使得金融商品具有极高的违约风险。如果行为人通过种种欺骗性行为，于从事此类活动时不做说明，隐瞒这类有关于违约风险的重大信息，将致使他人陷入认识错误，从而丧失此部分的溢价。

换言之，一方面，被害人所遭受的侵害并非货币之减少，而是未能收取应有的溢价，另一方面，行为人的不法利益，在于不支付此部分溢价，而不是取得被害人的货币。以此观之，在非法吸收公众存款罪中，行为人虽然也可能就金融商品有关信息对公众实施欺诈，不过其承诺的本息业已包含各类风险溢价，是故行为人并未获取上述不法利益，又或者是，行为人获取不法利益仅仅是行为人追求其他目的时不可避免的附带结果，则欠缺不法获利之目的。所谓的非法吸收公众存款罪是对银行存款业务管理秩序的破坏。《非法集资案件解释》中亦将"非法吸收或者变相吸收公众存款，主要用于正常的生产经营活动，能够及时清退所吸收资金"规定免予处罚，表明当行为人未追求上述不法利益，并且没有从事存款银行业务时，不构成本罪。

而当行为人故意隐瞒风险溢价相关事实从而致使被害人放弃部分风险溢价，则当然属于获利，如果行为人以此作为最终目标或阶段性目标，则构成集资诈骗罪。实际上，如果行为人直言风险事项，例如，明确向公众说明"本公司计划发行 200 万债券用于大麻种植，票息好说"，则其根本未就其中风险有所隐瞒，双方于此情形下达成合意表明投资人已充分考虑到风险溢价，并无不法获利可言；而当行为人隐瞒大麻种植之事宜，对公众仅以水产养殖项目宣传，并仅以水产养殖的利息承诺之，则具备不法获利，那么实际上诸种集资诈骗行为之表现与说明义务之不履行息息相关，抽逃资金、从事违法事业等行为仅仅是说明义务之来源。不过此时非法获利目的之认定仍然仅能从客观行为判断。①

二 日本涉网新型金融犯罪的刑法规制

日本于 2007 年实施的《金融商品交易法》将部分金融欺诈行为作为不正当交易并规定了相关的罚则。《金融商品交易法》第 157 条至第 172 条详细地规定了包括不正当交易、操纵市场、虚假陈述、过度投机等一系列行为，并于罚则中明确规定对其中部分行为的刑事处罚。对于此类行为，《金融商品交易法》第 197 条第 1 款与第 207 条第 1 款第 1 项规定了对个人得处以 10 年以下惩役，或 1000 万日元以下的罚金，对法人则得处 7 亿日元以下的罚金；若以获得经济利益为目的而从事之，依第 197 条第 2 款得处以 10 年以下惩役或 3000 万日元以下罚金。此外，对于实务中常出现的利用计算机实施的诈骗犯罪，日本刑法典中设有使用计算机诈骗罪。

日本将互联网众筹活动划分为捐赠型、预购型与投资型，其中关于投资型众筹称为"电子募集经办业务"，并将其定义为：通过内阁府令规定的电子信息处理系统等信息通信技术开展的以《金融商品交易法》第 2 条第 8 款第 9 项②所列举的行为为内容的业务。③《金融商品交易法》中虽规定了多种罚则，不过就互联网众筹活动而言，因其不涉及公开发行、收购或上市交易，所以《金融商品交

---

① 当然，非法获利目的作为主观构成要件要素仍然只能透过行为人实施欺骗行为或从事非正常经营活动等客观事实而加以认定，本书旨在强调金融诈骗罪中的不法利益是来自风险溢价的不支付而不是直接从被害人处获得的货币，从而阐明《集资案件解释》中"集资后不用于生产经营活动或者用于生产经营活动与筹集资金规模明显不成比例"的实质，并建议采用下级法院所提出的"灭失性处置"标准限缩之。

② 日本《金融商品交易法》第 2 条第 8 款第 9 项的具体内容：有价证券的募集或卖出的应对，私募或面向特定投资者的销售劝诱等的应对。

③ 参见朱大明、陈宇《日本金融商品交易法要论》，法律出版社 2017 年版，第 70 页。

易法》中有关操纵市场、内幕交易等以公开流通市场为保护对象的规范与之联系并不密切。此外，根据《金融商品交易法》第4条第6款，发行总额不到1亿日元的发行人并不负有披露义务，而仅需在发行金额达到1000万日元以上时向财务局提交仅起事实通知作用的有价证券通知书。因此，多数关于申报文件的虚假记载罚则亦不适用于此情形。

（一）概括性欺诈禁止规定

《金融商品交易法》第157条类似于美国法中的概括性欺诈禁止规定。第157条之内容为："任何人不得不正当地作出以下行为：1. 采取相关手段、计划或技巧性地进行有价证券买卖、其他交或衍生性融商品交易等。2. 关于有价证券买卖、其他交易或衍生性融商品交易等使用的重要事项伪造或缺乏。3. 用错误情报引诱从事有价证券买卖、进行其他交易或衍生性融商品交易等。"①。日本1948年《证券交易法》第157条曾参考美国1933年《证券法》第17条（a）与1934年《证券交易法》第10条（b）以及证券交易委员会的Rule 10b-5制定一般反欺诈条款，此后整合了《证券交易法》《投资信托法》《期货交易法》的《金融商品交易法》中延续了此规定。②

具体而言，有关上述第一项中"不正当"之含义，学说中认为仅限于欺骗性行为，但最高法院认为不正当手段不限于此，而包括从社会交往观念看来属于不正当的一切手段。③所谓"有价证券买卖、其他交或衍生性融商品交"亦包括一切与有价证券或衍生品的权利有关的所有交易行为，而不论交易属于直接投资或间接投资。不过，本条法规因其构成要件的明晰性不足，而鲜有案例适用该规定，多数欺诈犯罪仍然

---

① 参见周行一《从日本〈金融商品交法〉来探讨我国未来融市场发展方向》，中华民国证券商业同业公会委托项目研究，2008年，第196页。

② 参见黄爱学《金融商品交易反欺诈制度研究》，法律出版社2012年版，第150—151页。

③ 参见黄爱学《金融商品交易反欺诈制度研究》，法律出版社2012年版，第150—151，186页。

适用刑法典中关于诈骗得利（《日本刑法典》第 246 条第 2 款）之规定。

（二）散布流言、施用诈术、暴行及胁迫的禁止

《金融商品交易法》第 158 条前半段将部分第 157 条上的不正当行为加以具体化。依据本条法规，"任何人不得为有价证券之募集或进卖买有价证券及衍生性商品而进流言之散布、施用诈术、暴行或胁迫之为。"①

具体而言，"流言"指缺乏合理根据的信息，至于真伪与否，则在所不问。②而"诈术"指足以使被害人产生认识错误的欺骗性手段或不正当手段，而"只是带有诱惑性的或阴险的策略或手段不在此列"③。

三　德日的经验与借鉴：计算机诈骗罪

随着信息技术的迅速发展，鉴于虚拟信用卡与自助金融服务互联网终端的日益普及，部分学者主张增设计算机诈骗罪以处理非法使用他人信用卡的情形④，对此问题，有必要检视德国、日本刑法典中关于使用计算机诈骗罪之规定。

依《日本刑法典》第 246 条第 2 款，使用计算机诈骗罪的具体内容为："除前条规定外，对于供人处理事务之用的电脑，输入虚假信息或不正指令，而制作有关财产权得失、变更的虚假电磁记录，或将有关财产权得失、变更的虚假电磁记录供他人处理事务之用，而取得

---

① 参见周行一《从日本〈金融商品交法〉来探讨我国未来融市场发展方向》，中华民国证券商业同业公会委托项目研究，2008 年，第 196 页。

② 参见［日］松根直彦《金融商品交易法》（第三版），日本：商事法务出版社 2014 年版，第 552—553 页，转引自朱大明、陈宇《日本金融商品交易法要论》，法律出版社 2017 年版，第 188 页。

③ 参见［日］松根直彦《金融商品交易法》（第三版），日本：商事法务出版社 2014 年版，第 552—553 页，转引自朱大明、陈宇《日本金融商品交易法要论》，法律出版社 2017 年版，第 188 页。

④ 例如，刘明祥：《再论用信用卡在 ATM 机上恶意取款的行为性质——与张明楷教授商榷》，《清华法学》2009 年第 1 期。

财产上不法利益或使他人取得者，处十年以下惩役。"其客观构成要件包括四项：（1）向他人用于处理事务的计算机；（2）输入虚假信息或不正当指令；（3）制作出有关财产权得失或变更的虚假电磁记录，或提供有关财产权得失或变更的虚假电磁记录，供他人处理事务；（4）取得非法的财产性利益或由他人取得。① 其中，"不正当指令"指内容有依他人计算机程序设置之客观任务所不应该发布的指令，结果是会制作出虚假的电磁记录②。因此，冒用他人的 ID、密码，亦属于输入不当指令。

《德国刑法典》第 263 条（a）与《日本刑法典》第 246 条第 2款在主观构成要件方面并无太大差别，唯《日本刑法典》第 246 条第 2 款在客观构成要件要素方面与德国法例有细微差别（具体对比见表 3 - 17）。具体而言，《德国刑法典》第 263 条（a）严格类比诈骗罪的构造，不仅要求以类似诈术的方式输入指令，而且以影响数据处理作为中间结果，并要求影响数据处理与造成财产损害具有直接性，如果行为人影响数据结果仅为下一步其他犯罪提供便利，则不构成本罪；《日本刑法典》第 246 条第 2 款是于 1987 年间与同一系列计算机犯罪一同纳入刑法典中的，本罪虽然亦以制成虚假电磁记录为中间结果，不过额外规定将虚假电磁记录提供给他人处理事务进而造成财产损害的纳入使用计算机诈骗罪之范畴，其在虚假电磁记录与财产损害之间的因果关系上较德国法例而言稍显宽松，因此可能将某些盗窃、诈骗罪的预备行为亦纳入规制范围。不过需要注意的是，尽管《德国刑法典》第 263 条（a）以造成财产损失而《日本刑法典》第 246 条第 2 款以取得不法利益为结果要件，在字面上有所不同，但德日刑法中的诈骗罪均要求损失与获利间具有直接关联性，因此二者在此问题上不会产生差别。

---

① 参见 ［日］ 松宫孝明《刑法各论讲义》，王昭武、张小宁译，中国人民大学出版社 2018 年版，第 219 页。

② 参见 ［日］ 山口厚《刑法各论》，王昭武译，中国人民大学出版社 2011 年版，第 322 页。

表 3 - 17　　　　　　　　德国与日本计算机诈骗犯罪对比

		《德国刑法典》第 263 条（a）	《日本刑法典》第 246 条第 2 款
客观构成要件	采用类似欺诈方式输入指令	不正确配置程序	向他人用于处理事务的计算机输入虚假信息或不正当指令
		使用不正确或不完整的数据	
		未经授权使用数据	
		对处理过程施加其他未经授权的影响	
	影响数据处理		制作出有关财产权得失或变更的虚假电磁记录
			提供有关财产权得失或变更的虚假电磁记录，供他人处理事务
	造成财产损失		取得不法利益
主观构成要件	故意		
	（1）为自己或第三人获利的目的；（2）获利与损害的关联性；（3）对于追求获利所实现的客观不法具有间接故意即可		

就我国而言，是否应借鉴德日共有的这一立法例，将在本书第五章第六节及第七节中展开讨论。

第四章　我国涉网新型金融诈骗犯罪现状：数据与案例

众所周知，互联网金融从根本上既有别于通过银行等金融机构的间接融资，也有别于通过股票、债券市场的直接融资模式，是主要通过互联网相关的现代信息集成技术，进行各种金融活动的总称。[①]在我国，涉网新型金融诈骗犯罪依托于互联网金融，随着互联网金融的高速发展，其在近年来数量陡增。从一定程度上讲，涉网新型金融诈骗犯罪活动的"金融创新"之发达程度，使之早已远超传统金融业务模式的既有范围，有些技术和交易"创新"方式，甚至超过了合法的涉网金融活动。无论是基于计算机信息技术的创新金融业态，还是基于融合了"互联网＋"的传统金融业务，涉网新型金融诈骗犯罪都呈现出前所未有的新的犯罪形式。

从总体情况来看，集资诈骗案数量最为庞大，占涉网新型金融诈骗犯罪的90%以上。其中主要是利用 P2P 集资，建平台炒外汇、炒期货以及利用比特币等手段进行非法集资，实施违法犯罪活动。同时，与集资诈骗手段相同，但不具有刑法规定的"非法占有目的"的集资诈骗行为往往被非法吸收公众存款罪所规制。因此，对集资诈骗罪进行分析也离不开对非法吸收公众存款罪的考察。与此同时，由于互联网金融下新的支付手段（e 支付）的普及，人们普遍习惯于支付宝支付和微信支付，并且将互联网支付账户与银行卡进行绑定，一旦互联网支付账户因种种原因失去安全性，随之而来的便是涉网信用

---

① 李真：《互联网金融：内生性风险与法律监管逻辑》，《海南金融》2014 年第 4 期。

卡诈骗案件的发生，因而涉网信用卡诈骗案件在近年来也较为高发。本章在对涉网新型金融诈骗犯罪总体情况进行数据分析的基础上，结合大量案例对当前涉网新型金融诈骗犯罪进行了梳理与归纳，尤其是对以集资诈骗罪规制的涉网新型金融诈骗案件进行了详细地分类与讨论。

第一节　涉网新型金融诈骗犯罪
总体情况数据分析

随着近年来互联网金融的高速发展，集资诈骗罪在我国司法实践中的适用率非常高。从另一个角度看，集资诈骗犯罪是实践中最为常见的高发犯罪类型。本节中关于涉网新型金融诈骗犯罪案件的分析也主要集中于集资诈骗罪。伴随着互联网金融业务的发展，行为人一般都借助互联网进行宣传，以种种名目，如投资理财等，利用互联网进行集资活动。一方面，互联网集资诈骗活动具有网上资金互助平台与线下代理中心、服务中心相结合的特点，可辐射全国且资金归集流转迅速，由此导致集资参与人数、犯罪金额迅速扩张。另一方面，进行非法集资的犯罪分子往往通过网络大肆开展虚假宣传，极易使群众受骗，造成众多参与者巨额财产损失，因此集资诈骗罪被认为是当前风险性和危害性极大的金融犯罪。同时，在集资诈骗类案件中，涉案公司的集资模式由简单向复杂化转变，且有大量金融人才的参与，一般人难以分清该手段属于合法的金融交易抑或是骗局。

一　以非法集资类犯罪为主的涉网新型金融诈骗犯罪

我国涉网新型金融诈骗犯罪亦以非法集资类犯罪为主。其中，非法集资类犯罪以集资诈骗罪和非法吸收公众存款罪为主要类型。两罪的构成要件在很大程度上都是相同的。从行为方面看，二者都要求行为人违反相关法律法规，使用非法手段吸取公众资金，扰乱金融管理秩序；而从责任方面看，作为一般主体的行为人，两罪都要求行为人为故意，但集资诈骗罪要求行为人具有"非法占有目的"，非法吸收公众存款罪则并不要求这一"非法占有目的"。依照最高法院颁布的《关于审理非法集资刑事案件具体应用法律若干问题的解释》第1条，两罪均需具有"四性"，即非法性、公开性、利诱性及社会性。实践中大量的做法是将非法集资后行为人能否返还资金作为判断行为人是否具有"非法占有目的"的标准，本书搜索的大量案例也证实了这一点。而且在本书看来，以行为人能否返还所集取的资金为判断标准，并不能否认行为人在实施非法集资行为之时，没有实施诈骗行为。因此本部分在进行统计时，不得不考虑将非法吸收公众存款犯罪也纳入在内，从而勾勒出较为全面的涉网新型金融诈骗犯罪的图景。

（一）非法集资类犯罪数量变化及分析

总体上看，以集资诈骗罪与非法吸收公众存款罪两罪入罪为主的涉网新型金融诈骗犯罪在2010年至2019年这十年中，自2013年开启爆发式增长，并在2017年达到峰值，此后两类案件数量开始迅速下降（见图4-1）。与此同时，可以看出非法集资类犯罪数量变化趋势基本一致，在一定程度上证明了上文中将非以诈骗之名但实则行诈骗之实的非法吸收公众存款罪纳入统计的科学性。

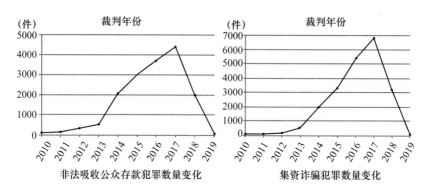

图4-1 集资诈骗罪涉罪案件数量变化（2010—2019）

之所以出现上述图表中所呈现的趋势，究其原因主要在于，2017年金融行业和银行业开始对互联网融资（集资）行为进行强监管。因此，2017年也被称金融行业和银行业的"监管风暴年"。随后，我国银监会于 2018 年 1 月发布了《关于进一步深化整治银行业市场乱象的通知》，对违法违规问题开始整治。在这一背景之下，集资诈骗类案件开始频频爆出。2018 年年底，"两办"又发布了《关于做好网贷机构分类处置和风险防范工作的意见》，以化解涉网集资行业中网贷机构所造成的种种风险。

在强监管的压力下，从 2018 年 6 月至 7 月中旬，短短 50 天，已有 163 家 P2P 网贷平台出现提现困难、老板跑路等问题，成百上千万的投资人卷入其中，很多人或将面临"血本无归"的结局。很多耳熟能详的大案要案，如"e 租宝"案也是在这一时期爆出的。随着对该类案件的打击，案件数量逐年减少。截至 2019 年 2 月，各地公安机关已对三百多个涉嫌非法集资的网贷平台立案侦查，据不完全统计，查封、扣押、冻结的涉案资产价值约百亿元。这一影响延续至今，警方关于各家涉案平台的案情通报仍未停歇，尤其是在深圳等地，基本都采取每周集中通报一次涉案平台最新侦查进展的方式以持续跟踪打击该类案件。

（二）非法集资类犯罪被起诉人数变化及分析

对非法集资类犯罪起诉人数的分析从另一个角度反映了我国非法集资类犯罪，乃至我国涉网新型金融诈骗犯罪的发展情况。与上述案件数量趋势图相较而言，因非法吸收公众存款罪及集资诈骗罪而被起诉的人数，从 2016 年开始持续走高，到 2019 年已经分别达到 23060 人和 2987 人。按照刑事案件办理的一般程序及时间，起诉人数和案件数量的变化是一致的，即 2017—2018 年案发的案件经公安机关侦查、检察机关审查起诉，于 2019 年将涉案的犯罪嫌疑人进行起诉。具体数量变化请参见图 4-2。

需要指出的是，从检察机关的起诉情况看，以非法吸收公众存款罪这一罪名起诉的人数，远远高于以集资诈骗罪起诉的人数。笔者经调研认为，之所以会出现此类情况，盖因在多数案件之审查起诉阶段，行为人对以非法手段集资而得的款物配合清偿，而并非被诉以非法吸收公众存款罪的行为人之行为不符合诈骗罪的构成要件。

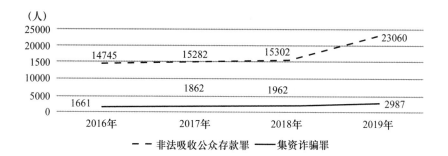

图 4.2 2016—2019 年集资诈骗罪与非法吸收公众存款罪起诉人数及变化①

注：从案发量和被起诉人数的数据与趋势来看，我国集资类诈骗犯罪案发量相对较高，但在我国对相关案件强势监管的背景之下，自 2019 年，此类案件的案发情况已经逐渐回落到互联网尚未广泛适用于这一领域的互联网金融发展最早期的水平。这显示出我国监管部门和司法部门打击涉网新型金融犯罪的决心和执行力。

二 涉网新型金融诈骗犯罪案件具体统计情况

上文已指出我国的涉网新型金融诈骗犯罪在近年来以非法集资类犯罪为主，并分析了相关案件的数量及被起诉人数，从总体方面勾勒出我国涉网新型诈骗犯罪案件的发展趋势。在本部分，笔者选取了 300 份涉及集资诈骗罪和非法吸收公众存款罪的裁判文书，从裁判年份、地区、诈骗方式、犯罪数额、律师辩护意见及法院采信情况等多个维度进行分析，尝试揭示涉网新型金融诈骗罪司法实践的相关规律。需要特别说明的是：本部分案例数据均来源于公开案例，主要来源包括中国裁判文书网和无讼网（公开数据），选取方式为以罪名作为关键词进行检索得出。

（一）地域分布情况

以集资犯罪类案件为主的涉网新型金融诈骗主要集中在浙江省、河南省、江苏省。其中浙江省的案件量最多，达到 3254 件，参见图 4－3。

---

① 王新：《指导性案例对网络非法集资犯罪的界定》，《政法论丛》2021 年第 1 期。

地 域

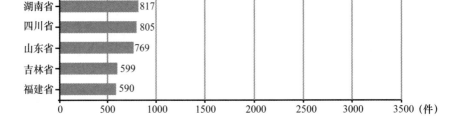

图4-3 集资犯罪类案件地域情况统计

（二）共同犯罪及单位犯罪情况

据统计，在选取的300件案件中，162件案件的被告人涉嫌共同犯罪，比例约为54%，有组织的团伙犯罪情况较为普遍（见图4-4）。这主要源于在涉网新型金融诈骗中，尤其是集资诈骗罪中的被告人均有注册公司。被告人为了让项目看起来更加合理、合法，大多会设立专门的公司开展非法集资活动，以经营合法生意之名，行集资犯罪之实。与此同时，经统计，在300起案件中，只有5起案件被法院认定为单位犯罪的主体，原因主要在于该类公司本身在设立之时的目的便是从事违法犯罪活动，因此不应被认定为单位犯罪的主体。就单位犯罪的案件而言，法院判决均采用了双罚制，既追究单位犯罪责任又追究被告人的刑事责任。其他案件均被认定为个人犯罪。

（三）审理程序与法院层级情况

涉集资诈骗罪与非法吸收公众存款罪的300件案件中仅28.28%经二审审理程序，大部分案件由基层人民法院一审审结，见图4-5和图4-6。

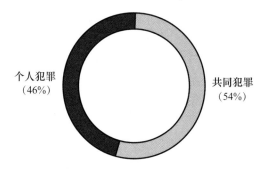

图 4 – 4 集资犯罪类案件共同犯罪情况统计

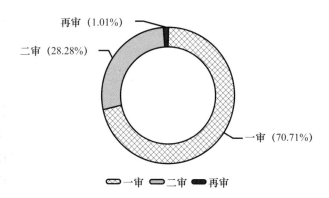

图 4 – 5 案件审理层级情况统计

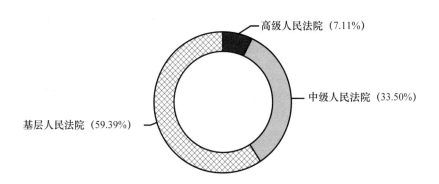

图 4 – 6 案件审理法院层级统计

（四）辩护意见及法院采信情况

笔者对 300 份文书的辩护意见进行了大致划分，发现在集资诈骗罪案件中，对于被告人究竟构成集资诈骗罪还是非法吸收公众存款罪存在较大争议。辩方以此作为切入点进行辩护，在难以认定犯罪主体非法占有目的的情况下，会取得极好的辩护效果。此外，分析样本显示，被告人构成单位犯罪的辩护意见被采信的几率极低，法院驳回辩方意见的主要原因是被告人为犯罪而设立公司且无其他经营活动，由此可见，公司是否存在正常经营活动会直接影响对单位犯罪的认定。最后，辩护人关于数额、从犯从轻处罚的辩护意见较多被法院采信。详细情况见表 4-1。

表 4-1　　　　　　　　　　辩护意见及采信情况统计

序号	主要辩护意见	占比（％）	法院采信情况
1	无非法占有目的，仅构成非法吸收公众存款罪或其他罪名	35.5	采信率中等
2	从犯、初犯、认罪态度好、有立功表现、积极退赔、诈骗数额少，请求从轻或减轻处罚	22.0	采信率较高
3	不构成犯罪，是民间借贷纠纷	17.0	采信率低
4	对诈骗数额有异议	13.0	采信率高
5	一审量刑过重	9.0	采信率高
6	无罪，普通员工不知情	7.0	采信率偏低，认定为从犯
7	属于单位犯罪	6.5	采信率低
8	主、从犯认定有异议	5.0	采信率低

三　我国涉网新型金融诈骗犯罪统计结果分析总结

总之，从案件数量、案件被起诉人的统计结果来看，我国对涉网新型金融诈骗犯罪在近年来进行了富有成效的打击，主要以非法集资类案件为主，涉及两个罪名。从具体原因统计的结果来看，案件受地域互联网金融发展情况的影响明显。同时，大多数涉网新型金融诈骗都以"团伙"作案的形式出现，单位犯罪的情况较少，主要原因在于非法集资犯罪在实施之时虽采取设立公司的形式，但其设立目的便在于实施犯罪活动，不符合我国有关单位犯罪认定的刑法规定。该类案件多在一审法院审结，符合案件处理的一般情况及趋势。就辩护意见及其采信情况而言，辩护意见的主要焦点在于从行为人是否具有非法占有目的的角度区分非法吸收公众存款罪及集资诈骗罪，体现出本书所主张的，在实践中两罪的区分标准并不明晰，而如何区分两罪在本书看来是未来我国刑法应对新型金融诈骗犯罪应当关注的重点之一。

从上文的统计数据中可以看出，我国对涉网新型金融诈骗罪的规制和打击是卓有成效的。但不得不承认，在"从快从严"的治理过程中也出现了一系列问题。从根本上讲，其原因在于本书第二章中指出的刑法有关传统金融诈骗的应对方式在应对涉网新型金融诈骗时的乏力。本书第五章将对相关的刑法应对方式进行讨论。

第二节　P2P 模式下的涉网集资金融诈骗典型案例及分析

根据我国现行《刑法》的规定，金融诈骗类犯罪可以分为集资诈骗罪、贷款诈骗罪、票证诈骗罪、金融票证诈骗罪、信用证诈骗罪、信用卡诈骗罪、有价证券诈骗罪和保险诈骗罪，共计八个罪名。具体到涉网新型诈骗犯罪上，上述八个罪名并非能够全部适用。在我国，目前出现的涉网新型金融诈骗犯罪行为主要包括集资诈骗类犯罪、涉网信用卡犯罪和其他虽非为新型金融诈骗，但多是作为手段出现的相关犯罪。而在上述几种涉网新型金融犯罪中，集资诈骗类占比较高并呈现出多种样态。有学者认为，上述几种类型的金融诈骗罪中的"诈骗"行为依据是否取得被害人财物，可类型化为"骗取财物型诈骗"与"虚假陈述型欺诈"。[①] 依照这种分类，除了仅作为手段出现的类型之外，主要的两种类型都属于上述"骗取财物型"金融诈骗，强调骗得财物的结果。这一方面导致非法集资类犯罪在适用集

---

① 卢勤忠：《金融诈骗罪中的主观内容分析》，《华东政法学院学报》2001 年第 3 期。

资诈骗罪之时与非法吸收公众存款罪界限不清，另一方面还导致涉网信用卡诈骗犯罪在适用刑法规定的信用卡诈骗罪时出现问题。本节从表面实施诈骗手段之不同出发，对我国涉网新型诈骗的典型案例作出类型区分并加以分析。

涉网集资金融诈骗类犯罪是我国涉网新型金融诈骗犯罪中最为常见的类型，占目前我国相关犯罪数量的 90% 以上。其中又以采取 P2P 模式实施诈骗最为典型，数量也最为庞大。此外，常见的涉网集资金融诈骗犯罪往往还采取网上外汇交易、虚拟货币、互联网股权众筹、网络返利传销等方式实施。涉网集资金融诈骗类犯罪规模大、扩张及传播速度快，并且常常波及大量受害人，是我们讨论涉网新型金融诈骗犯罪刑法规制的重点。

P2P 模式是目前最为常见的互联网融资模式，同时也是我国涉网新型金融诈骗犯罪中最为常见的类型。①此类涉网集资诈骗类犯罪以利用 P2P 平台模式为主要特征。由于对 P2P 的初期监管不到位，催生了大量的涉网非法集资金融犯罪。具体而言，在涉网非法集资金融诈骗犯罪中，投资者（一般是广大普通民众）的资金进入到 P2P 平台自有账户之后，便几乎由平台经营者单方决定投资流向，投资者与融资者（一般是发布项目的单位和个人）双方没有任何交流与接触。在此种情况下，P2P 平台便逐渐完全脱离了作为平台应有的中介性，通过发布利率极高的融资标的甚至假标的，吸引广大投资者以募集资

---

① P2P，英文 Peer-to-Peer Lending 的简写，是一种通过互联网完成个人间小额借贷的新型借贷模式。简单来说，其就是利用互联网，把一部分人的小额闲散资金集聚起来，再贷款给急需用钱的企业或个人。这种借贷模式由网络信贷公司作为中介平台，借助互联网技术，直接连接借款人和贷款人，解决了传统银行借贷起点抬高，流程复杂等问题，为急需融资的小微企业和中小投资者提供了新的融资、投资渠道。从某种程度上来说，由于我国 P2P 行业起步相对较晚，相关法规制度尚不健全，加之有的 P2P 公司本身经营不规范，大多数银行并不愿为其提供资金担保，因此亦存在较大的行业风险。目前国内 P2P 公司主要有担保交易、资金池和自融三种经营模式。其中比较安全的是由担保机构负责担保，多个出借人借钱给同一人的担保交易模式。在这种模式下，P2P 公司不参与交易，只作为中介方提供服务。而另外两种模式下的公司都参与交易。其中，资金池模式是将投资者的资金汇集到公司平台，再由平台分配给不同借款人。自融模式则是公司通过发行理财产品来融资，并将资金用于自身经营与发展。这些基础概念直接和本书即将讨论的网上理财的刑事风险和刑法规制逻辑密切相关，值得留意。

金。但由于利率过高，平台不可能通过真实项目赚取足够利润用以偿还投资人的利息，因此大量的 P2P 平台都采取"借新还旧"的方式，用新募集来的资金偿还此前投资人的本金和利息。这一方面不可避免地使 P2P 平台必须建立"资金池"保有一定资金，以便偿还此前投资者的到期债务；另一方面，这种模式必然无法长远健康地运行，最终演变成庞氏骗局①。更有甚者，大量的 P2P 平台通过对投资者宣传会偿还远高于市场价的利息以吸引投资者，并在投资者信以为真后将募集来的大量资金投入平台宣传等方面，或是携款潜逃。这便是 2014 年后至今 P2P 平台"跑路门"频现的原因。

一　我国 P2P 平台融资模式现状及问题

P2P（Peer to Peer）平台模式最为典型的特征，便是由第三方在互联网上设置交易平台作为中介，直接将投资者和融资者进行"撮合"，从中收取手续费等中介费用。应当承认，P2P 平台模式突破了传统金融模式下以银行为代表的金融机构对中小微企业信贷的融资限制，通过互联网实现了投资者与中小微企业低成本的连接，在很大程度上降低了双方的交易成本，并有利于消除双方的信息不对称，打破了中小微企业的融资瓶颈。其运行机制主要包括"直接中介"与"资产证券化"两种模式。在"直接中介"模式中，平台主要充当居间角色，直接撮合投资者和融资者；而在"资产证券化"模式中，平台将融资者的拟融资项目首先进行证券化，然后在其平台上发布融资需求，较"直接中介"模式而言多出一步，风险也更大。

---

① 庞氏骗局是对金融领域投资诈骗的称呼，是金字塔骗局（Pyramid scheme）的始祖，这种骗术是由一位名叫查尔斯·庞兹（Charles Ponzi）的投机商人"发明"的。庞兹是一位生活在 19、20 世纪的意大利裔投机商，1903 年移民到美国，1919 年他开始策划一个阴谋，骗人向一个事实上子虚乌有的企业投资，许诺投资者将在三个月内得到 40% 的利润回报，然后，狡猾的庞兹把新投资者的钱作为快速盈利付给最初投资的人，以诱使更多的人上当。由于前期投资人的回报丰厚，庞兹成功地在七个月内吸引了三万名投资者，这场阴谋持续了一年之久，才让被利益冲昏头脑的人们清醒过来，后人称为"庞氏骗局"。庞氏骗局在中国又称"拆东墙补西墙""空手套白狼"。简言之就是利用新投资人的钱来向老投资者支付利息和短期回报，以制造赚钱假象进而骗取更多投资人的投资。

就我国的情况来看，自 2018 年金融监管风暴元年以来，P2P 平台的数量逐渐减少（见图 4 – 7），不合规平台因各种原因被关停，其中因涉嫌犯罪，由公安机关介入侦查被关停的平台占被关停平台数量的 9%（见图 4 – 8）。而最终被认定涉嫌犯罪的平台主要从事四种不同的金融交易：投资、借款、理财、融资（见图 4 – 9）。

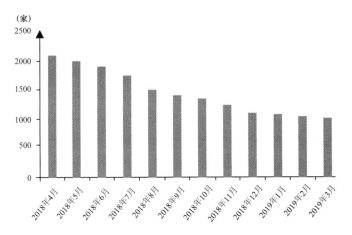

图 4 – 7　P2P 网贷行业 2018—2019 年正常平台数量走势①

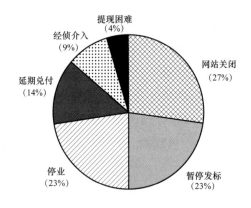

⊠ 网站关闭　▨ 暂停发标　▱ 停业　◼ 延期兑付　▦ 经侦介入　■ 体现困难

图 4 – 8　P2P 网贷平台停业原因及平台事件类型分布②

---

①　数据来源：网贷之家研究中心。
②　数据来源：网贷之家研究中心。

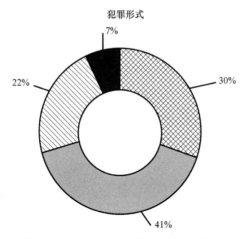

图 4 - 9　涉嫌 P2P 平台犯罪原因分布①

注：1. "投资标"形式：被告人设立 P2P 平台，在平台上发布年化收益率极高、有投标奖励的投标项目，以高额回报作为诱饵，向社会不特定人员吸收资金。2. "借款标"形式：被告人利用 P2P 网络借贷平台，虚构借款人借款合同，发布借款人借款标，向社会不特定对象吸收资金，并承诺投资人高息。3. "理财标"形式：被告人采用口口相传、召开投资讲座、发放宣传单、随机拨打电话等各种手段，在社会上公开宣传公司理财产品，并承诺 8% 至 14% 的固定年化收益，向社会不特定公众变相吸收存款。4. "融资"形式：被告人通过网络平台、QQ 聊天软件公开宣传网络融资平台的融资信息，承诺在一定期限内以货币的形式还本付息。被告人一般伪造房产证、身份证、行驶证等证明文件，编造房屋抵押合同、个人车辆借款抵押合同等，在网络融资平台上发布虚假标的物，进行非法吸收公众存款。

二　P2P 平台模式下涉网集资金融诈骗典型案例及分析

在本书看来，我国目前涉及犯罪的 P2P 平台之行为，基本都属于 P2P 模式下的涉网集资犯罪，其本质都是 P2P 平台向公众非法集资的问题。司法实践中，一部分犯罪行为以刑法规定的集资诈骗罪定罪论处，另一部分则以非法吸收公众存款罪定罪论处。事实上，P2P 涉网集资诈骗罪的认定除其本身要件之外，与之相关的难点和争议都源于其需与非法吸收公众存款犯罪的行为作出区分。本部分将首先讨论 P2P 涉网集

---

① 数据来源：网贷之家研究中心。

资诈骗犯罪本身的认定问题，后通过前述二者进行区分的视角进一步明确 P2P 涉网集资诈骗犯罪的认定问题。

（一）P2P 涉网集资诈骗犯罪之认定：案例及分析

就此类型的犯罪，本书选取了"e 租宝案"和"周某案"① 两个典型案例，并在此基础上对本类案件进行分析。

---

① 除正文中列出的几个案例外，其他典型案例还包括：（1）"中汇金融理财网络平台"案［参见湖北省武汉市中级人民法院（2017）鄂01刑终1470－2号刑事裁定书］。具体而言，2015 年 4 月，被告人刘某注册成立中汇科技公司，联系汇潮支付有限公司提供第三方支付服务，办理公司对公账号及该公司法定代表人陈某的个人银行账号用于资金操作，并建立中汇金融理财网络平台（网址 www. zhonghuict. com）。2015 年 11 月，刘某组织公司员工通过聊天工具向不特定社会人员进行宣传，吸引社会人员在中汇金融理财网络平台投资。刘某指使他人在平台上发布车辆抵押标、信用标、房产抵押标等虚假借款标甚至发布无借款方的秒标，与投资人签订电子协议书，承诺如期还本付息，并发放价值较高的电子产品等投资奖励作为诱饵向社会公众吸收资金，对所募集的资金没有用于正常经营活动，且其在明知无法返还募集资金的情况下仍继续虚构事实吸收公众资金。通过上述方式，刘某在两个月内骗取各地已查实的 36 名投资人投资款近 137 万元，造成损失近 106 万元。法院判决被告人刘某违反国家金融管理法律规定，以非法占有为目的，使用诈骗方法非法集资，数额特别巨大，其行为构成集资诈骗罪；（2）"钱柜理财"案［参见杭州市富阳区人民法院（2017）浙 0111 刑初 531号刑事判决书］，2015 年 5 月，汤某等四人策划成立公司，注册 P2P 网络借贷平台，并在该平台发布虚假信息，以此融资。同时，富某公司也在互联网上注册了"钱柜理财"P2P 网络借贷平台，在网站平台发布虚假宣传信息，并以高于银行利率的年化收益率 18% 等为诱饵，在互联网上向社会不特定对象吸收存款并承诺如期还本付息。半年内，孙某（富某公司法定代表人）伙同汤某等多名犯罪人通过伪造资料制作"一月标""三月标"等虚假投资项目，在互联网上骗取公众投资款近 215 万元人民币。法院判决认为从犯孙某以非法占有为目的，伙同他人采用在互联网上发布虚假投资信息的方法非法集资，数额特别巨大，构成集资诈骗罪。（3）"创新众投"案［参见湖北省武汉市中级人民法院（2017）鄂 01 刑终 1470－2 号刑事裁定书］。2014 年 12 月至 2015 年 8 月期间，李某等五人在未经国家有关部门依法批准专门从事"P2P"网上信贷融资服务的情况下，通过公司设立的"创新众投"网贷平台（所谓"P2P"平台）、公司网站、QQ 群和客户见面会等方式，以保本付息、年收益率 21.6% 的高息及相关物质奖励等为诱饵，吸引不特定人群（存款人），在该公司"创新众投"网贷平台上注册个人账户并充值（通过第三方平台和现金充值两种方式，充值资金主要进入李某个人账户），由存款人在公司网站上竞标以获取约定的上述利息。2015 年 7 月 27 日，"创新众投"网贷平台突然关闭，导致存款人无法提现，该公司资金链断裂。截至 2015 年 8 月，李某等五人共向周某等 182 名存款人非法吸收资金近 1500 万元（其中，李某非法吸收资金涉案金额近 1170 万元）；造成共计约 805 万元存款未能归还存款人。"P2P"平台运营期间，李某擅自以签订无抵押物借款合同、发布虚假借款标的等方式，将非法吸收公众存款的部分资金计 326 万元据为己有。法院最终判决李某犯集资诈骗罪与非法吸收公众存款罪，数罪并罚，决定执行有期徒刑 15 年，剥夺政治权利 1 年，并处罚金人民币 20 万元。本案中其他犯罪人被认定构成非法吸收公众存款罪。除此三例案件外，另请参考："新华贷"P2P 网络平台集资诈骗案，具体参见北京市第二中级人民法院（2017）京 02 刑初 33 号刑事判决书；"荣钻贷 P2P 投资平台"案，具体参见江苏省南京市栖霞区人民法院（2016）苏 0113 刑初 499 号刑事判决书；"联贷天下—鑫昊贷"案，具体参见湖南省澧县人民法院（2017）湘 0723 刑初 157 号刑事判决书。

1. 案例

[**案例 4.2.1e 租宝案**]① 2014 年，在不具有银行业金融机构资质的前提下，安徽钰诚控股集团、钰诚国际控股集团有限公司在近一年半的时间内通过 "e 租宝" [全称金易融（北京）网络科技有限公司]、"芝麻金融" 两家互联网金融平台发布虚假的融资租赁债权项目，包装成若干理财产品进行销售，并以承诺还本付息为诱饵对社会公开宣传，向社会公众非法吸纳巨额资金。本案中，被告人丁某等将大部分募集得来的款项用于个人挥霍、维持公司的巨额运行成本（包括大量的广告炒作，甚至在央视投放广告）及投资不良债权，使大部分向公众募集而来的资金无法被追回。最终，北京市第一中级人民法院判决安徽钰诚控股集团、钰诚国际控股集团有限公司以及相关责任人犯集资诈骗罪、非法吸收公众存款罪等罪。本案是典型的利用 P2P 融资平台发布虚假项目吸引投资人的涉网集资金融诈骗犯罪。

[**案例 4.2.2 周某案**]② 本案为最高人民检察院发布的第 40 号典型案例，是典型的 P2P 平台虚构项目向不特定公众募集资金后用于个人消费挥霍，致使投资人损失的案例。具体而言，2011 年 2 月，周某注册成立中宝投资公司，担任法定代表人。公司上线运营 P2P 互联网融资平台 "中宝投资"。本案中，实际控制人周某伪造融资人，利用虚假身份发布虚假融资项目，并伪造虚假抵押标的、宝石标的等，在以 20% 年化收益率及其他额外高利向不特定多数人融资后进行挥霍。2011 年 5 月至案发，周某通过中宝投资网络平台累计向全国 1586 名不特定对象非法集资共计 10.3 亿余元，案发时尚有 3.56 亿余元无法归还。2015 年 8 月 14 日，浙江省衢州市中级人民法院作出一审判决，以集资诈骗罪判处周某有期徒刑 15 年，并处罚金人民币 50 万元。本案与 "e 租宝案" 类似，都存在虚构融资项目，利用高利吸引外部投资人，向不特定多数人进行宣传，最终无法偿还投资人本金的情形。本案特殊之

---

① 王羽：《"e 租宝" 非法集资案宣判　主犯丁宁被判无期并罚 1 亿元》，《上海企业》2018 年第 1 期。

② 参见最高人民检察院指导案例 40 号（2018 年）。

处还在于被告人周某利用政策，打着金融创新旗号，行非法集资之实，亦是典型的 P2P 平台融资模式下的涉网集资金融诈骗犯罪。

2. 分析

关于 P2P 模式下涉网新型金融诈骗类犯罪，就上述名列及本书脚注中所涉及的案例而言，其案情在很大程度上具有相似性，都是行为人在网络平台上发布虚假借款标（包括车辆抵押标、信用标、房产抵押标等），以物质投资奖励或高于银行的年化利率为诱饵，承诺保本付息，向不特定社会公众吸收资金，且所募集的资金大多没有用于正常经营活动。案例中，行为人在 P2P 模式下虚假标的存在的目的只是将资金移转占有。总结而言这些案例的典型特征包括：（1）未经批准，不具有金融机构资质而成立 P2P 互联网金融平台；（2）通过该平台发布虚假融资项目；（3）向不特定多数人宣传并以高利吸引投资，承诺还本付息；（4）资金链断裂后无法偿还投资人的投资。这基本符合最高法院在 2010 年颁布的《关于审理非法集资刑事案件具体应用法律若干问题的解释》第 1 条规定的非法集资的四个形式要件，也即"四性"：非法性、公开性、利诱性及社会性。

值得注意的是，在本部分选取的案例中，"e 租宝案"和"周某案"两案的被告人都以集资诈骗罪定罪论处。在"e 租宝案"中，"e租宝"不仅作为 P2P 互联网融资平台扮演了上述"直接中介"的角色，更将虚构的项目证券化，实现了其"资产证券化"的功能。在"周某案"中也是如此，其创设的平台"中宝投资"不仅是"直接中介"，更通过虚构担保标的将其证券化后打包出售完成了非法集资。两个案件中的行为人都是典型的利用 P2P 融资平台的两种模式实施了集资诈骗犯罪行为；也都因融资项目本身为虚构项目，被认定具有"非法占有目的"，排除了判处非法吸收公众存款罪的可能性。然而，在很多案件中，行为人是否具有"非法占有目的"的认定并不似本部分所列出的案例那样清晰，也往往容易导致非法吸收公众存款罪和集资诈骗罪在适用时出现争议。

（二）与 P2P 模式下涉网非法吸收公众存款犯罪之区分

P2P 涉网集资诈骗犯罪与 P2P 涉网非法吸收公众存款犯罪在行为上

虽然有着高度的相似性，但法院一般会以是否"以非法占有为目的"
作为区分二者的界线。具体到 P2P 业务中，如果被告人以高额回报为
诱饵，发布虚假的投资标的，骗取被害人投资的，则往往会被认定为构
成集资诈骗罪，反之则认定行为人的行为构成非法吸收公众存款。本部
分将以"杨某等非法吸收公众存款案"及"拓行天下案"为例①，结
合上述"e 租宝案"和"周某案"明确 P2P 模式下涉网集资诈骗罪的
边界。

1. 非法吸收公众存款犯罪案例

[案例 4.2.3 杨某等非法吸收公众存款案]② 本案是最高人民检察
院发布的第 17 批指导性案例第 64 号案件。本案中，被告人杨某任望洲
集团法定代表人及董事长。2014 年，杨某利用其控制的公司成立了两
个公司：望洲普惠投资管理有限公司（以下简称望洲普惠）和上海望
洲财富投资管理有限公司（以下简称望洲财富），前者负责在线下发展
信贷客户作为平台的融资项目（也即个人信贷项目的借款人），后者负
责公开向不特定多数人宣传本平台，吸引大众投资，对投资者根据产品
的不同期限约定 7%—15% 不等的年化利率募集资金。在具体操作中，
望洲财富作为互联网 P2P 平台，通过在线上匹配吸引来的客户（投资
人）与望洲普惠的信贷客户及其他虚构客户（融资人）实现交易。其

---

① 此外，另有类似案件如"黄某非法吸收公众存款案"［参见福建省厦门市思明区人民
法院（2017）闽 0203 刑初 833 号刑事判决书］。本案中，被告人黄某为某公司厦门分公司总
经理，其于 2015 年 9 月至 2015 年 12 月间经营该分公司时，在未经金融监管机构批准、无资
格从事吸收公众存款且明知吸收的相关存款存在资金自融等违法情况下，通过发送传单、网
站等途径散播惠农富、惠农益、新手标和福利标等各类理财产品信息，并承诺给付固定回报，
继而通过金某公司的三农资本网络平台，以 P2P 网络借贷的形式向社会不特定对象吸收资金，
将个人钱款借给企业生产经营使用。借款企业先与某融资租赁有限公司签订租赁、保理合同
确定项目标的，租赁公司把项目的债权等相关情况交给金某公司合规部，再发布在三农资本
平台。客服、业务员通过发传单、打电话、熟人介绍、网络宣传等途径联系客户，投资人通
过在平台上注册、开户，再到汇付天下开办支付账户进行投资，之后租赁公司再把融资款转
到借款企业。本案中借款人无法明确获知借款企业是否真实存在。经统计，金某公司厦门分
公司通过线上、线下共计吸收资金 10127763.61 元，截至案发时共计造成实际经济损失约 331
万元。法院判决黄某犯非法吸收公众存款罪，判处有期徒刑三年，缓刑四年，并处罚金人民
币五万元。

② 参见最高人民检察院指导案例 64 号（2020 年）。

中，融资人与杨某或其控制的公司签订债权转让协议后，望洲财富将这些债权包装成产品卖给投资人。但投资人购买产品的资金并不直接交付给信贷客户（融资人），而是直接支付到由杨某或望洲集团控制的、第三方支付平台设置的虚拟账户中，由其统一控制，将资金按合同划拨给投资人和融资人。该虚拟账户的剩余资金则通过托管账户转至杨某的个人账户中。最终，因资金链断裂案发。截至 2016 年 4 月 20 日，杨某等通过线上 P2P 平台望洲财富融得 11 亿余元的资金，未兑付资金共计 26 亿元，涉及投资人 13400 余人。2018 年 2 月 8 日，杭州市江干区人民法院作出一审判决，生效判决以非法吸收公众存款罪判处被告人杨某有期徒刑 9 年 6 个月，处罚金人民币 50 万元，并对其他责任人分别依本罪判处相应刑罚。

[**案例 4.2.4 拓行天下案**] ①2014 年 8 月及翌年 7 月，辛某与张某在大连市金州区分别注册成立了绿韵商贸公司和绿韵百货公司，法定代表人均为辛某，两家公司股东为辛某与张某，二人均未实际出资。上述两家公司均无吸收社会公众资金的资格，基本上亦未开展正常的经营活动。2015 年 1 月中旬至 2016 年 1 月 24 日期间，辛某与张某利用上述两家公司，在未经有关部门批准的情况下，利用上线"云仓百货"提供的网络平台，组织工作人员及下设多家分公司，开展了一项名为"拓行天下"的业务，该业务的主要内容是：只要客户交钱报单，公司就每天向客户返钱，即每单投入人民币 1500 元（后期老客户为 1300 元、1250 元），12 至 14 个月返回 4950 元（其中 70% 以现金形式直接转入客户所绑定的建设银行账户中，30% 以虚拟的购物币转入客户网上账户）。在该业务开展过程中，辛某与张某以 O2O 商业模式、政府支持、零风险、互联网＋等为宣传内容，以高额回报为诱饵，利用互联网、电视、报纸、微信群等载体，以集会、讲课等方式，向社会公众宣传。最终，辛某与张某本人并通过下设的各分公司吸收了 4000 余名社会公众，共投入 111676 单以上，按照每单最低金额 1250 元计算，共计吸收其他投资人投资近 1.38 亿元。转给上线"云仓百货"一定数量钱款后，剩余 1247 万余元的资金被

---

① 参见辽宁省大连市中级人民法院（2017）辽 02 刑终 598 号刑事裁定书。

二人截留并挥霍。法院判决认为，绿韵商贸有限公司和绿韵百货有限公司及旗下各分公司不具有销售商品和提供服务的真实内容，仅是以 O2O 商业模式、互联网＋等作为宣传手段，以明显不符合市场规律的高额回报为诱饵，通过媒体、推介会、传单、微信群等途径广泛公开宣传，吸引不特定社会公众投资报单，从中获取提成收益，其行为触犯了国家金融管理法律规定，构成非法吸收公众存款罪。

2. P2P 涉网非法集资诈骗犯罪与相关"非吸"犯罪的区分

在上述分析的 P2P 涉网非法集资类案件的交易过程中，行为人采取各种欺诈、隐瞒手段，其流程与传统的金融犯罪相比更具有隐蔽性与高技术性。事实上，此种行为在早期是极难判断出其是违法还是正当的投资交易行为的。同时，在构成犯罪时，也需要重点研究其是否属于金融诈骗犯罪领域。对于互联网金融犯罪而言，非法占有目的的认定更多发生于此罪与彼罪的认定过程中，特别是在非法吸收公众存款罪和集资诈骗罪之间。是否具有非法占有目的，是正确区分非法吸收公众存款罪和集资诈骗罪的关键。

由于非法占有目的是主观要素，因此，在司法认定当中如何正确认定，是一个比较复杂的问题。有关司法解释明确规定，对于金融诈骗罪的非法占有目的应当采用推定的方法。推定的方法是用来证明主观目的的一种较为常见的司法手段。对非法占有目的的认定，应当围绕融资项目真实性、资金去向、归还能力等事实及证据进行综合判断。[①] 行为人将所吸收资金大部分未用于生产经营活动，或名义上投入生产经营，但实际上通过各种方式抽逃转移资金，或供其个人肆意挥霍，归还本息主要通过借新还旧来实现，造成数额巨大的募集资金无法归还的，可以认定具有非法占有目的。

就上述分析的 P2P 非法集资诈骗犯罪而言，涉案金融从业机构负责人员往往在案发后有携款潜逃的行为，这种情况下行为人极有可能以涉嫌集资诈骗罪被控诉。但是，根据司法实践，行为人在获取资金后逃跑的情况下要构成集资诈骗罪的前提是行为人采取诈骗手段非法获取资

---

① 金善达：《互联网非法集资的刑事治理：2007—2014》，《犯罪研究》2016 年第 1 期。

金。在互联网金融业务活动中，行为人不具备资质并不意味着他的融资行为就具有欺诈性，如果仅仅是未经行业主管部门批准，而融资交易过程中的交易项目是完全真实的，即使案发后有逃跑行为，也不能一概定性为集资诈骗罪。[①] 在互联网金融犯罪中，互联网的虚拟性特征会加重行为人欺诈的嫌疑，但是否构成欺诈，主要还是要认定是否具有非法占有目的，平台是否提供了真实的交易内容以及金融服务项目，对不特定的投资者是否具备足够的偿还能力。例如，在"赵某集资诈骗案"中，其裁判要旨就明确指出，在有证据证明赵某所发布的投资项目不真实，且将所得并未用于项目本身而是用作其他，导致最终造成损失的，"显系具有非法占有的目的，符合集资诈骗罪的构成要件"[②]。

当然，对集资诈骗罪中非法占有目的的认定，在有多人参与构成共犯或行为人有多个行为时，应针对不同情况进行区分。实践中，也存在大量的在同一案件中，多个被告人有些被认定具有非法占有目的，而有些不具有；抑或是将同一行为人所为的某些利用 P2P 平台进行非法集资的行为认定为具有非法占有目的，而某些则不然的情况。最终依据两个不同罪名进行定罪论处。

3. P2P 平台模式下涉网集资诈骗犯罪量刑情况

我国刑法对集资诈骗罪与非法吸收公众存款罪的量刑差异很大，前者远重于后者，且依非法集资金额的不同而不同（具体请参见表 4 - 2）。这一情况在规制 P2P 平台模式下涉网集资诈骗犯罪量刑之时也有明显体现。

表 4 - 2　　　　　P2P 平台模式下涉网金融犯罪量刑对比

罪名 标准	非法吸收公众存款罪		集资诈骗罪	
	个人	单位	个人	单位
吸存/集资数额	≥20 万元	≥100 万元	≥10 万元	≥50 万元
吸存对象	≥30 人	≥150 人	—	—
经济损失	≥10 万元	≥50 万元	—	—

[①] 姜涛：《互联网金融所涉犯罪的刑事政策分析》，《华东政法大学学报》2014 年第 5 期。

[②] 参见北京市第二中级人民法院（2017）京 02 刑初 33 号刑事判决书。

罪名 标准	非法吸收公众存款罪		集资诈骗罪	
	个人	单位	个人	单位
第一档刑罚	3 年以下、拘役、加罚 2 万—20 万		5 年以下、拘役、加罚 2 万—20 万	
吸存/集资数额	≥100 万元	≥500 万元	≥30 万元	≥150 万元
吸存对象	≥100 人	≥500 人	—	—
经济损失	≥50 万元	≥250 万元	—	—
第二档刑罚	3—10 年，加罚 5 万—50 万元		5—10 年，加罚 5 万—50 万元	
吸存/集资数额	—	—	≥100 万元	≥500 万元
第三档刑罚	—		10 年以上、无期，加罚 5 万—50 万元，没收财产	

第三节　其他涉网新型金融诈骗犯罪典型案例及分析

一　直接利用互联网进行虚假融资实施集资诈骗

在互联网网贷这个风口之下，实践中还出现了利用互联网快速融资的便利，直接发布虚假信息进行非法集资，行为人最终以集资诈骗罪入罪的案例，试举如下两例：

[**案例 4.3.1 苏某集资诈骗案**] ①本案中，被告人苏某于 2016 年 6 月至 8 月间，在湖北省武汉市某租房内，购买电脑、营业执照、网页等用以开设"财益宝"虚假理财网站和 App，通过搜狗、百度推广，吸引他人进入网站并投资，以高额利息回报引诱不特定人通过微信支付、银行转账等方式将钱款转入指定账户。被告人苏某在收到钱款后关闭网站并逃匿，其中被害人马某被骗 58.2 万余元、被害人蔡某被骗 9.7 万余元。法院认为被告人苏某以非法占有为目的，采用诈骗方法非法集资，数额巨大，其行为已构成集资诈骗罪。

[**案例 4.3.2 久赢平台案**] ② 2016 年 3 月，被告人王某、石某为

---

① 参见浙江省桐乡市人民法院（2018）浙 0483 刑初 101 号刑事判决书。
② 参见宁波市北仑区人民法院（2016）浙 0206 刑初 843 号刑事判决书。

牟利，与他人合伙利用互联网建立名为"久赢国际金融互助平台"
（以下简称"久赢平台"）的投资平台。随后被告人王某建立微信群，
伙同被告人石某通过将自己的朋友发展成为微信群成员、微信群成员
再发展自己的朋友成为微信群成员的方式陆续将三百余人发展成为该
微信群成员，并在微信群中宣传"久赢平台"，在明知该平台没有实
际投资项目也必将崩盘的情况下，以在该平台投资十天即可收回本金
并获得本金40%的利息为诱饵，诱骗投资人投资。数十位被害人先
后将约43万元转入被告人王某、石某个人账户及其实际控制账户用
于投资，其中部分钱款被两被告用于个人消费。2016年3月25日，
因平台后续投资人员较少，无法支付前期投资者的本金及利息，被告
人王某、石某遂将该平台关闭，将微信群解散并将微信群成员删除，
将所获投资款据为己有。法院最终判决认为，两被告人的行为符合集
资诈骗罪的构成要件，对二人以集资诈骗罪定罪处罚。

　　上述两个案例中的行为人皆利用虚假网络投资理财平台，虚构投
资项目，以高额利息回报为诱饵吸引投资人。互联网虚假融资通常在
参与搜索引擎竞价后或经过微信平台宣传得到快速推广，短时间内吸
取大量的资金。与前述采取P2P模式下的涉网集资金融诈骗犯罪相
比，此类案件的最大特征是其并未创立互联网融资平台，又或平台本
身是完全不具备P2P平台作为"直接中介"的功能，其非法融资的
行为事实上是直接利用互联网进行集资的行为。而利用网络平台发布
虚假高利借款标募集资金，采取借新还旧的手段，短期内募集大量资
金，不用于生产经营活动，或者用于生产经营活动的资金与筹集资金
规模明显不成比例，致使集资款不能返还的，便是典型的利用网络中
介平台实施集资诈骗的行为。[①]

　　[①] 最高法院在《全国法院审理金融犯罪案件工作座谈会纪要》当中规定，非法占有
目的是指具有下列情形之一：第一，明知没有归还能力而大量骗取资金的；第二，非法获
取资金后逃跑的；第三，肆意挥霍骗取资金的；第四，使用骗取资金进行违法犯罪活动的；
第五，抽逃转移隐匿资金以逃避返还的；第六，隐匿销毁账目或者搞虚假破产、假倒闭以
逃避返还资金的；第七，其他非法占有资金拒不返还的。

二　利用互联网进行外汇或虚拟货币交易实施集资诈骗

实践中，利用互联网平台，假借外汇交易或虚拟货币交易之名，行涉网新型金融诈骗之实的案例也并不少见。下文以"808 比特币案""风雨同舟虚拟货币交易平台案"及"许某、赖某外汇集资诈骗案"为例就此类集资诈骗模式进行说明。

[**案例 4.3.3 808 比特币案**] ①本案中，颜某以某电子商务有限公司名义建立"808 比特币"交易网站，并采用网站会员与网站本身进行交易的模式展开运营。将网站会员充值的人民币直接打入其控制账户，同时将会员充值的比特币转移至中国比特币交易网站进行交易，并兑换成人民币后用于"808 比特币"网站会员的现金提现、公司运营及个人消费等，最终导致资金链断裂，会员充值的人民币和比特币无法提现。

[**案例 4.3.4 风雨同舟虚拟货币交易平台案**] ②本案中，自 2016 年 7 月底至 9 月初，被告人张某在山东省青岛市通过互联网非法设立"风雨同舟"虚拟货币交易平台，以高回报为诱饵，通过 QQ 向社会公众宣传该平台的风雨同舟币、瑞克币和摇钱积分币 3 种虚拟货币的买卖、兑换等业务，要求投资人通过银行转账、支付宝转账等方式向其指定的账户充值，开展上述业务，以此向社会公众非法集资。同年 9 月初，被告人张某关闭该虚拟货币交易平台，解散 QQ 群，携款逃匿。期间，被告人张某骗取了 64 名投资人约 84 万元。最终，法院认定被告人张某以非法占有为目的，使用诈骗方法非法集资，数额巨大，其行为已构成集资诈骗罪。

[**案例 4.3.5 许某、赖某外汇集资诈骗案**] ③2014 年 2 月至 8 月间，许某伙同赖某以虚构的利鑫外汇网为幌子，宣称利鑫外汇网系外国人设立的用于炒外汇的网站，客户在该网站注册账号和密码后，即

①　参见浙江省嘉善县人民法院（2015）嘉善刑初字第 318 号刑事判决书。
②　参见浙江省宁波市鄞州区人民法院（2017）浙 0212 刑初 1041 号刑事判决书。
③　许某判决参见福建省南安市人民法院（2015）南刑初字第 1647 号刑事判决书；赖某判决参见浙江省宁波市鄞州区人民法院（2017）浙 0212 刑初 1041 号刑事判决书。

可进行外汇交易获利，客户每出资人民币 65000 元，就可以在网站上购买 1 万美元，再向利鑫外汇公司贷款 2 万美元，账户内资金达到 3 万美元，利鑫公司将在每周自动返 3%（900 美元）给客户；客户如果介绍他人出资加入利鑫外汇网炒外汇，还可获得介绍费。通过上述方法，许某与赖某诱骗 20 人投资，收取投资款约 330 万元人民币。许某与赖某骗得涉案集资款后，随即对资金进行转移、隐匿，以逃避返还。至案发前，涉案集资款均未归还给被害人。法院判决许某犯集资诈骗罪，判处有期徒刑 11 年，并处罚金人民币 40 万元。赖某被抓获归案后被法院宣判犯集资诈骗罪，判处有期徒刑 11 年，并处罚金人民币 40 万元。

以上三个案例皆为行为人利用互联网，通过吸引受害人进行虚假的外汇交易或虚拟货币交易而实施的集资诈骗犯罪案件。外汇、虚拟货币属于新鲜事物，因此很多犯罪分子便利用公众对其了解不深的特点，以虚拟货币之名行金融诈骗之实。

值得注意的是有关虚拟货币的讨论。"808 比特币案"中的犯罪行为系犯罪人在采用欺骗的方式引诱被害人充值人民币和比特币之后进行非法占有，继而将"808 比特币"交易平台骗取的比特币变现后部分用于"808 比特币"的运营和会员的现金提现，以达到吸引更多投资者充值的目的，也就是用高收益来不断吸引不特定社会公众加入的庞氏骗局形式，因而构成集资诈骗罪。"风雨同舟虚拟货币交易平台案"的情况也与之类似。除典型的非法集资特征之外，两案还有一个值得注意的内容，即利用虚拟货币实施融资行为是否属于"非法集资"。事实上，司法实践对于吸收虚拟货币是否属于"吸收资金或存款"也已作出肯定的回应：已产生市场价值的数字货币或虚拟货币被认定为财物并不存在太大的定性困难，比特币等数字货币或虚拟货币也可以成为非法集资的对象。①

---

① 吴一波、王冠：《ICO 融资模式下非法集资问题研究》，《行政与法》2018 年第 6 期。

三　互联网股权众筹模式下的融资诈骗

股权众筹是指公司出让一定比例的股份，面向普通投资者，投资者通过出资入股公司，获得未来收益。而基于互联网渠道进行融资的模式被称作股权众筹，该模式也被解释为"私募股权互联网化"。这种众筹模式在拓宽金融融资渠道的同时也存在着巨大的法律风险。以我国 2018 年互联网股权众筹刑事第一案"郭某等互联网股权众筹集资诈骗案"与"徐某互联网股权众筹集资诈骗案"为例来分析这类案件的特征。

[**案例 4.3.6 郭某等互联网股权众筹集资诈骗案**] ①本案中，郭某于 2015 年 4 月担任雅鉴天津分公司负责人。该公司于 2015 年 4 月 14 日由上海雅鉴公司法定代表人徐某伙同他人在天津市南开区注册成立。同年 4 月至 9 月，郭某在徐某的授意下，给付业务团队一定比例的资金，由该团队负责对外吸揽资金，并在人群密集地区散发小广告、随机拨打电话，以股权众筹形式对外宣传，以 1 万元为投资起点上不封顶，以年化收益 20%—24% 为标准，以 6 个月、12 个月等为周期，与集资参与人签订《股权众筹合同书》，非法吸揽社会公众存款。2015 年 9 月至 2016 年 8 月，郭某在明知上海雅鉴公司徐某及其团伙成员因涉嫌非法集资被公安机关侦查并羁押、集资参与人的资金无法兑付等的情况下，隐瞒上述事实，继续带领雅鉴天津分公司员工采取上述方法，对外吸揽资金，鼓动集资参与人将到期的资金续投。郭某吸揽的资金除小部分用于涉案公司租房费用、员工工资、集资参与人返利外，其余涉案款未用于生产经营活动或者其他投资。截至案发，郭某利用雅鉴天津分公司吸揽资金共计 1345 万余元，造成 55 名集资参与人的经济损失共计 1269 万余元。法院最后认定，郭某以非法占有为目的，使用诈骗方法非法集资，其行为依法构成集资诈骗罪。

---

① 参见天津市南开区人民法院（2017）津 0104 刑初 681 号刑事判决书。

[**案例 4.3.7 徐某互联网股权众筹集资诈骗案**] ①2016 年 2 月至 7 月期间，徐某以集资为目的，利用无任何资产、无实体经营的珲春弘洋高科技生物产品销售有限公司法定代表人身份，通过微信组建了"百万扶贫创业慈善基金"微信群及相关职责分工不同的 5A 级微信群 160 多个（每个群都是 400 至 500 人不等），并在微信群中发布虚假信息，虚构集资资金用途，以发放高额善款为诱饵，骗取群成员购买其企业虚拟原始股，向社会不特定多人非法集资，致使全国各地两万余名不明真相的微信群成员向其企业账户汇款，造成被害人经济损失近 84 万元。法院审理认为：徐某以非法占有为目的，使用诈骗方法非法集资，数额巨大的行为，已构成集资诈骗罪。

如前所述，以股权众筹形式将私募股权互联网化在很大程度上能够帮助融资者拓宽融资渠道，然而，私募股权融资本身便受到监管部门的严格限制，不能对公众开放。利用互联网金融私募股权融资使得该类融资具有了非法集资"四性"中的"公开性"及"社会性"，在符合集资诈骗罪的其他构成要件时，应被刑法所规制。在"徐某互联网股权众筹集资诈骗案"中的行为人虽然采取了股权认购的方式，设立空壳公司以"民族大业"为幌子实施股权众筹行为，但不改其本质，仍应构成集资诈骗罪。

四 互联网返利传销模式下的金融集资诈骗

下面将通过几个典型案例具体介绍集资类犯罪中的返利传销模式：

[**案例 4.3.8 特快付案**] ②2015 年 6 月，杨某成立了特快付公司并吸收李某及其他多名同案人作为该公司重要成员。自 2015 年 8 月开始，杨某等人对外宣传特快付公司经营社区 O2O 和滴答快送业务，

---

① 参见吉林省珲春市人民法院（2017）吉 2404 刑初 261 号刑事判决书。

② 参见广东省高级人民法院（2017）粤刑终 923 号刑事裁定书。与此类似的案件数量众多，例如，（1）2013 年 10 月至 2014 年 11 月间，刘某在北京市昌平区组织赵某 1、李某 1（已判刑）、刘某某及魏某（另案处理）等人，通过推荐、介绍，向社会公开宣传（转下页）

（接上页）某基金项目（以下简称某基金）并承诺高额回报，以投资者购买基金和产品的方式，非法吸收公众资金达人民币（以下币种均为人民币）230 万余元，并将其中 120 万余元以购买个人房产等形式据为己有。2013 年 12 月，刘某自称其公司有某基金投资项目，委托李某 1 和赵某 1 在北京帮其公司在网上售卖基金产品，这个基金分为 1500 元、15000 元、30000 元、60000 元、120000 元和 180000 元六个档次，每月返还投资额的 10%，返 40 个月。刘某销售基金，李某 1 和赵某 1 进货销售足疗仪、某牌高电位治疗仪、饮水机、空气净化器等产品，并向顾客承诺每月返利直到返完产品售价，然后李某 1 和赵某 1 把其中一部分投给刘某购买基金项目，刘某返还 4 倍投资额，李某 1 和赵某 1 赚取其中差价。其后，部分顾客在知道基金投资项目后开始直接投资基金。基金投资过程表现为顾客在店里完成投资款交易，由李某 1 和赵某 1 帮顾客在某基金的网站上注册会员号，会员账户中显示出与投资数额一致的电子币数额，然后李某 1 和赵某 1 将顾客投资钱款转到刘某指定账户，每月 23 日，二人提取电子币通过网络转给刘某，刘某就对应电子币的数额将钱打给赵某 1，25 日左右再由二人将钱返给客户。2014 年 10 月刘某停止返钱，称资金周转出现问题，关闭基金网站后销声匿迹，造成被害人的大量钱款损失。被告人刘某以非法占有为目的，使用诈骗方法非法集资，法院认定其行为已构成集资诈骗罪。参见北京市昌平区人民法院（2016）京 0114 刑初 677 号刑事判决书。（2）2014 年 6 月开始，凌某添与樊某、凌某（均已被判刑）、邓某（另案处理）经商量后，四人在互联网上开设名为"香港融汇资本有限公司"的网站，虚拟投资项目，以前期每天返还投资款 2% 的红利或推荐客户可得相应奖励的方式，诱骗他人向其指定银行账号汇入投资款。凌某添负责组织策划网站的运作和制度的建立，其余三人负责网站运营管理，其中樊某负责网站的建立、维护和后台计算客户红利及分红；凌某负责建立、管理客户 QQ 群并发布网站公告、信息及制度等；邓某负责通过 QQ 进行客户服务。期间，樊某、凌某等人将客户的汇款分散转存至多张购买得来的银行卡用于提现金，赃款由四人分占。至同年 7 月 17 日，扣除返还红利后累计共骗取被害人 448851 元。法院根据上述事实和证据，认为凌某添以非法占有为目的，伙同他人使用诈骗方法非法集资，数额巨大，其行为已构成集资诈骗罪。参见广东省佛山市中级人民法院（2017）粤 06 刑终 547 号刑事裁定书。（3）"北天鹅案"：2015 年 7 月，被告人胡某、杜某与程某预谋发起实施"北天鹅"投资分红返利项目。被告人胡某负责联系被告人何某组建网站，联系被告人郦某和李某以杭州"北天鹅"公司生产的床上用品供货；被告人杜某负责资金投入、财务管理以及会员打款返利相关事项；程某负责市场开发宣传、讲课、发展层级会员。"北天鹅网上商城"网站以会员先花 4000 元买一件"北天鹅"牌床上用品，后再推荐一名新会员，分 10 周可以拿到 6800 余元的返利为模式，自网站运行至关闭的近五个月时间内，程某共发展一级会员代理 8 名、市级会员 50 余名、层级会员达 30 余级，总会员 4000 余名，会员总订单数 34630 单，并获得提成 446.865 万元。2015 年 12 月底，因网站资金链断裂，被告人胡某、杜某提取账户内剩余 900 万现金，部分转账给受损会员，将剩余大部分款项据为己有。第三方支付平台数据显示自 2015 年 8 月 11 日至 2015 年 12 月 28 日，该网站"北天鹅网上商城"实际吸收资金共计约 1.7 亿元，造成 3356 名会员亏损总金额达 7000 万余元；自 2015 年 12 月 28 日至 2016 年 1 月 8 日，"北天鹅网上商城"新网站共有 4459 名会员，会员充值总金额 411 万余元，723 名会员亏损总金额 363 万余元，造成会员总损失 7545 万余元。以被告人胡某、杜某与程某为主发起实施的"北天鹅"投资分红返利项目，其实（接下页）

将社区实体店搬上手机 App，社区消费者可通过公司 App 在社区实体店购买商品，由在该社区内注册为特快付公司的快递员抢单送货，整合社区资源，打造顺路经济。杨某与李某以此公开招商，宣称支付加盟费人民币 50000 元可以成为该公司加盟商。但事实上特快付公司社区 O2O 和滴答快递项目并未实际运营，应用 App 未研发成功，亦无研发、维护相关 App 的技术力量。

杨某与李某还伙同他人以在相关网站注册特快付公司会员直接投资可多倍返利、会员发展下线有提成奖金的模式骗取公众资金。投资人注册会员分别投资人民币 700 元、7000 元、21000 元、35000 元、70000 元五种级别。当投资人投资时，特快付公司网站相对应的公司微股指数上涨 20 点时，特快付公司即按"七进六出"的比例对投资人返利，其余则由公司抽取，当公司微股指数再上涨 20 点时，特快付公司即按"七进六出"的三倍比例对投资人进行返利，两轮返利后会员投资分红结束。如会员将返利提现时，特快付公司需提取百分之五的费用。特快付公司网站微股指数的上涨与后续投资资金投入数量紧密相关，投资资金越多则指数上涨越快。为鼓励和吸引投资，规定会员发展下线可直接从下线投资资金中获取百分之八的提成，同时根据发展下线的多少规定了组织奖、感恩奖等。相关被害人的资金部

（接上页）质是变相吸收公众存款的非法集资行为。该项目虽是以销售"北天鹅"床上用品为参与项目前提，但并不是以销售商品为主要经营目的和获取利益来源，不属于以对价交付为目的的正常商品交易、生产活动行为，而是以推介会员后的高额提成返利为诱饵，吸引不特定的社会公众广泛参与投资，达到吸收社会公众存款的实际目的，涉案行为应当定性为非法集资行为。另外，本案中投资返利项目涉及复杂商业模式，不能简单以其获利高于同类经营即认定其使用诈骗方法构成集资诈骗罪。法院最终认定被告人胡某等人的行为不符合集资诈骗罪的构成要件，对涉案非法集资行为，依法应当认定构成非法吸收公众存款罪。一方面，杨某与李某通过虚构事实的方法向社会不特定对象进行诈骗，以加盟特快付公司、注册会员分红等为诱饵，吸引不特定对象投资加盟、成为会员投入资金，并以高额回报吸引被害人不断投入资金；另一方面，二人在收取被害人投资后并未将资金用于生产、经营活动，具有非法占有的目的。总结而言，杨某与李某主观上具有非法占有目的，客观上明知没有实体经营而使用欺诈手段大量骗取投资人的资金，造成重大经济损失，严重扰乱金融秩序，法院据此认定杨某与李某构成集资诈骗罪。参见山东省临沂市兰山区人民法院（2017）鲁 1302 刑初 11 号刑事判决书。

分用于会员返利、返现，部分被提现和消费，部分进入杨某、李某名下账户以及二人实际控制的账户中以消费、取现等方式被非法占有。截至 2015 年 11 月底，公司网站微股指数不再上涨，所谓会员投资返利模式开始崩盘。经司法会计审计认定，特快付公司在三个月内通过上述方法累计骗取投资者资金人民币 3525 万余元，造成 1144 万余元人民币无法返还。

[**案例 4.3.9 老顽童案**] 2011 年 5 月 27 日，赵某注册成立 A 市老顽童贸易有限公司，随后又分别于 2013 年 4 月 19 日注册成立 A 市老顽童户外运动俱乐部（非营利性社会组织）及 2015 年 1 月 22 日在海口市注册成立海南老顽童实业投资发展有限公司，上述公司实际控制人均为赵某且均未实际投入注册资金。老顽童户外俱乐部成立后，通过组织娱乐活动等形式先在线下吸纳会员，通过推销健康产品及出售虚构的养老院床位、推销虚假的本集团境外上市原始股、销售虚假的海南楼花等方式，骗取了一千多万元。2015 年 1 月，被告人赵某安排戴某某等人向会员介绍"美国邦利"和"英国沃某"网络境外投资项目。被告人戴某某发展"下线"，以每"单"1500 元收取现金，收现金后即在电脑上为交钱的会员注册账户并输入所交钱款数额，为会员线上呈现账户投资情况，但会员不能自行运作。自 2015 年 4 月 24 日，出资人不再能够通过个人电脑知悉自己的账户情况，后被告人赵某向会员出具《邦利集团内部公告》，该公告载明：因受政府相关政策影响，为合理避税和追求市场的最大共赢，为更好保护客户安全收益，特将国内网站暂时关闭，待例检结束后开通恢复正常，若客户要求强行开通，通过国内客户半数表决以上则开通，开通后若因政策原因被检查停业关闭或被处罚，所有后果由表决者自行承担。此项活动共收取 30 余人资金共计 132 万余元。最终，法院判决赵某犯集资诈骗罪与非法吸收公众存款罪，数罪并罚，决定执行有期徒刑 11 年，并处罚金人民币 40 万元。①

带有传销模式的投资非法集资诈骗在初期能够快速占据市场，尤

---

① 参见江苏省连云港市中级人民法院（2018）苏 07 刑终 48 号刑事判决书。

其是带有返利的集资诈骗模式可以有多种外在的表现形式，在中国裁判文书网中可以找到大量此种类型的金融诈骗案件。一般情况下，在传销模式下的金融集资诈骗中，行为人初期能通过互联网的聚集效应快速融得资金，因此初期的投资者一般都能获利，但此种经营模式本质在于"骗新还旧"，一旦资金链断裂，后来的投资者很容易血本无归。此种金融集资诈骗犯罪波及面广、影响力大，一旦通过互联网传播相关信息，社会危害性很强。在返利模式的经济行为中，仅从投资表象而言难以判断是否是骗局，投资者只能在履行充分的理性审查义务后才有可能充分判断。这当中，政府往往存在一定的监督管理责任。如果没有较为透明的监管，一般投资者十分容易受到欺诈。

通过上文中的案例不难看出，返利传销模式可通过不同形式展开。有的通过开设网站，虚构投资项目，以返还部分投资额红利诱导投资；有的通过销售商品作为参与返利项目的前提，但该销售行为并非投资返利项目的主要经营目的和获取利益来源，因此本质上仍然是以高额提成返利为诱饵，吸引不特定的社会公众广泛参与投资，进而吸收社会公众存款的非法集资行为。

传销返利模式常融于其他模式，此时可能涉及非法吸收公众存款罪与集资诈骗罪的认定：1. 主观非法占有目的是否是区分集资诈骗罪和非法吸收公众存款罪的关键要素？2. 行为人事后产生的非法占有目的是否溯及行为人行为时？3. 当收取集资款后用于生产经营活动的款项与集资资金规模明显不成比例时，如何区别非法吸收公众存款罪与集资诈骗罪？

首先，集资诈骗罪和非法吸收公众存款罪在客观上都表现为非法集资行为，但集资诈骗罪在客观上更强调以诈骗方法进行非法集资，因此主观上是否具有非法占有目的是区分集资诈骗罪和非法吸收公众存款罪的关键。投资返利项目经营方式往往会同一定的商业经营模式相联系，而商业经营本身有其复杂性和多样性，仅以结果成败来衡量行为是否属于诈骗明显不当。例如在上述案例中，不能以投资返利项目经营方式事实上无法长久维持即推定该类经营方式具有欺骗故意，从而认定行为人的非法占有目的。其次，集资诈骗罪中"非法占有目的"存在于行为人实施非法集资行为之前，或产生于行为人非法集资行为时，不包括事后的非法占有目的，否则明显违背刑法主客观相统一原则和行为与责任同时存在原则，从而导致罪名认定时的主客观不一致。最后，根据《最高人民法院关于审理非法集资刑事案件具体应用法律若干问题的解释》第 4 条规定的"以非法占有为目的，使用诈骗方法实施本解释第 2 条规定所列行为的，应当依照刑法第 192 条的规定，以集资诈骗罪定罪处罚。使用诈骗方法非法集资，具有下列情形之一的，可以认定为'以非法占有为目的'：（一）集资后不用于生产经营活动或者用于生产经营活动与筹集资金规模明显不成比例，致使集资款不能返还的……"，当收取集资款后用于生产经营活动的款项与集资资金规模明显不成比例时，可认定行为人的非法占有目的，据此以集资诈骗罪定罪处罚。如何区分适用集资诈骗罪与非法吸收公众存款罪一直是理论和司法实践中争议较大的问题，就这一问题在第五章会详细展开论述。

五　融合型的涉网金融集资诈骗犯罪

前述对集资诈骗模式的划分是为了使读者更直观地了解目前存在的金融诈骗类型，而在司法实践中，部分案件事实上融合了各种手段。如以下案例所述，该案案情复杂，同时存在以上五种集资诈骗模式。

[案例 4.3.10 华强币案] ①2015 年 3 月至 5 月间，被告人张某在其公司没有任何金融手续的情况下，伙同他人，利用媒体、传单、推介会等形式宣传"华强币"项目，谎称"华强币"是可流通的网络虚拟货币，其货币价格等同于人民币价格，每天按万分之三增值。张某还通过互联网及线下方式公开出售"华强币"股权，与参加者签订协议，参加者需缴纳 1 万元才可获得股东资格，并要求参加者继续发展下线，以发展下线的人员数量及层级作为返利依据。截至案发前，参加购买股权的人员数量达 400 余人，且已形成 3 个以上层级，

---

① 参见北京市第二中级人民法院（2017）京 02 刑终 349 号刑事裁定书。

缴纳传销资金累计达人民币400余万元。此外，张某还以打造"华强币"网络平台为由，向投资人发起"债权众筹"，即以100元为投资金额底线，上不封顶，活期理财日利息0.03%，定期理财按月返息，投资额越高时间越长则返息越多，承诺在一定期限内还本付息，参加者可继续发展下线以获得更多提成。张某通过"债权众筹"方式吸收公众资金共计人民币300余万元。法院最终判决认为：张某等三人结伙，以"股权众筹"名义，要求参加者以缴纳费用的方式获得"华强币"股加入资格，并按照一定顺序组成层级，直接或间接以发展人员的数量作为返利依据，引诱参加者继续发展他人，从中获取利益，其行为已构成组织、领导传销活动罪，且情节严重，应依法予以惩处。三人同时以"债权众筹"名义，在未取得相关资质的情况下，通过媒体、推介会、传单等途径向社会不特定人员公开宣传，并承诺在一定期限内还本付息，以吸收社会公众资金，扰乱金融秩序，其行为已构成非法吸收公众存款罪，且数额巨大，应与三人所犯组织、领导传销活动罪数罪并罚。

本案融合了利用P2P网络平台非法集资、通过互联网直接进行虚假融资、利用互联网进行虚拟货币（本案中虚拟货币本身为假）交易，并以虚拟货币股份为基础进行股权众筹与债权众筹，并在此过程中采用返利传销的手段吸纳会员。这正体现出一个事实，即在司法实践中，行为人实施涉网集资金融诈骗的方式并非单独适用前文列举出的几种方式，而往往是将多种方式加以融合，这就加大了我们判断其行为的难度。有理由相信，随着互联网金融的进一步发展，还将出现更多的犯罪方法和手段，这就给刑法应对带来更多挑战，值得进一步讨论。

第四节　互联网支付方式与涉网新型金融诈骗犯罪

除涉网集资诈骗犯罪之外，信用卡诈骗也是互联网金融支付模式下经常涉及的犯罪。[①] 该类犯罪常见的情形是行为人采取某种技术措施，获取他人的银行信息，在受害人不知情的情况下，直接用于网上转账或消费，这是一种网络无卡式信用卡诈骗模式，属于利用互联网"冒用他人信用卡"或恶意透支的行为，构成信用卡诈骗罪。

[**案例 4.4.1 谭某信用卡诈骗案**] 2015 年，谭某甲、谭某乙合谋利用手机木马病毒盗取他人网上银行账户信息，并通过互联网终端盗刷他人账户资金。后由谭某乙提供 QQ 在网上购买手机病毒，谭某乙、谭某甲一起发送木马病毒作案。谭某乙、谭某甲用上述方法和手段分别将被害人韩某、曾某、陈某银行账户的 4500 元、10000 元、10000 元转入卡号为 62×××18 的账户。此行为触犯《中华人民共和国刑法》第 196 条之规定，构成信用卡诈骗罪。[②]

[**案例 4.4.2 魏某涉网信用卡诈骗案**] 2017 年 11 月 16 日 3 时许，被告人魏某在其工作地打扫卫生时，拾得被害人黄某遗失的华为手机。被告人魏某通过破解该手机的解锁密码登录微信平台，利用手机验证码重置了微信支付密码，将已绑定于该微信的中国工商银行卡内金额共计人民币 1984.73 元分次充值至该手机微信零钱中，后将微信零钱内钱款共计 2380 元转账至其本人微信用于赌博。随后，被告人魏某发现其拾得的手机内留存有一张福建宁德农村商业银行卡的照片，遂利用该银行卡信息与微信绑定，套取卡内钱款共计 10484.01 元用于赌博。法院认为，被告人魏某以非法占有为目的，冒用他人信用卡，数额较大，其行为已构成信用卡诈骗罪。[③]

我国《刑法》第 196 条规定了信用卡诈骗罪。在 2005 年《刑法修正案（五）》对信用卡诈骗罪进行完善的基础上，两高在 2009 年

---

① 最高人民法院、最高人民检察院于 2009 年 12 月 12 日颁布的《关于办理妨害信用卡管理刑事案件具体应用法律若干问题的解释》第 7 条第 3 款规定："违反国家规定，使用销售点终端机具（POS 机）等方法，以虚构交易、虚开价格、现金退货等方式向信用卡持卡人直接支付现金，情节严重的，应当依照《刑法》第 225 条的规定，以非法经营罪定罪处罚……持卡人以非法占有为目的，采用上述方式恶意透支，应当追究刑事责任的，依照刑法第 196 条的规定，以信用卡诈骗罪定罪处罚。"

② 参见广西壮族自治区宾阳县人民法院（2016）桂 0126 刑初 26 号刑事判决书。

③ 参见福建省宁德市蕉城区人民法院（2018）闽 0902 刑初 167 号刑事判决书。

出台的《最高人民法院、最高人民检察院关于办理妨害信用卡管理刑事案件具体应用法律若干问题的解释》中，将"窃取、收买、骗取或者以其他非法方式获取他人信用卡信息资料，并通过互联网、通讯终端等使用的"规定为《刑法》第196条第1款第3项所称冒用他人信用卡包括的情形之一。相较之前的规定，《解释》明确指出，通过互联网实施信用卡诈骗的情形也应适用本罪，这是刑法对当时泛滥的网上盗取信用卡信息、盗刷信用卡犯罪行为的有力回应。

而随着互联网金融的发展，作为金融基础设施的互联网支付方式完全颠覆了传统金融模式下的支付方式。e支付（互联网第三方支付）因具有使用方便、交易便捷、交易成本低廉等优势，给传统金融模式下的银行卡支付方式带来了巨大冲击，甚至在很多支付场景中都大有取而代之之势，如支付宝、微信支付等。与此同时，传统的支付业务（银行卡、信用卡支付业务）因第三方支付机构竞争，也都相继开通了互联网支付渠道，很多银行都开通了本银行的App内支付与NEC支付等支付方式。必须承认，互联网金融虽然具有公众参与度高、参与成本低以及交易更便捷等优势，但也在传统支付方式的原有风险之上增加了由互联网技术所带来的技术风险、业务风险以及法律风险。某种程度上，互联网技术的普及为不法分子提供了作案的便捷手段，增加了被害人遭受信用卡诈骗的风险。在e支付盛行的当下，人们普遍习惯于支付宝支付和微信支付。由于第三方支付平台往往强制与用户的银行卡进行绑定，当手机遗失或者被窃取时便更容易导致信用卡诈骗的发生。同时，传统的银行卡支付由于开通了互联网支付渠道，也将用户的账户密码暴露在互联网支付与生俱来的风险之下。在上述两个案件中，第一个是典型的在传统银行卡支付方式开通互联网支付渠道后，行为人盗刷他人信用卡，实施涉网信用卡诈骗的案件，第二个则是由于第三方支付平台与银行卡绑定，行为人通过盗取用户的第三方支付账户密码实施的涉网信用卡诈骗案件。

第五节 涉网新型金融诈骗犯罪相关 的其他犯罪

一 涉网非法吸收公众存款犯罪

上文在讨论涉网集资诈骗犯罪时多次提到了非法吸收公众存款犯罪，二者在制定法角度的区别在此不赘。必须承认，非法吸收公众存款犯罪本身不是金融诈骗犯罪，但其却与涉网新型金融诈骗犯罪，尤其是上文中的涉网集资诈骗犯罪息息相关。根据我国《刑法》第176条的规定，"非法吸收公众存款罪是指违反国家金融管理法规非法吸收公众存款或变相吸收公众存款，扰乱金融秩序的行为"，而其中何为"非法"或"变相"吸收，则需参考1998年国务院发布的《非法金融机构和非法金融业务活动取缔办法》（以下简称《办法》）第4条之规定。其核心要旨在于未经批准，通过种种手段向公众集资的行为。另外，其行为还需符合最高法院在2010年颁布的《关于审理非法集资刑事案件具体应用法律若干问题的解释》第1条规定的非法集资的"四性"要求。

在此，我们讨论与涉网非法吸收公众存款犯罪相关的三个问题。

（一）非法吸收公众存款罪之个人犯罪与单位犯罪区分

一般而言，实践中对为实施非法吸收公众存款而成立公司的情况之下的个人犯罪与单位犯罪的区分问题并不存在疑问，依照单位犯罪的一般判断规则便可解决。但若公司本身合法经营，有其合法经营的业务，与此同时又实施了涉网非法募集资金的行为，便要区分非法募集到的资金之用途。一般而言，若非法募得资金用于公司原有合法经营业务的，不认定其具有"非法占有目的"，但会将其认定为单位犯罪。在上文的"杨某等非法吸收公众存款案"中，依照法院判决，案件中的望洲集团本有其合法经营的业务，后其通过互联网非法募得之资金用于公司经营，因而最终被认定为单位犯罪。①

---

① 参见北京市朝阳区人民法院（2017）京0105刑初884号。

（二）非法吸收公众存款罪案件中业务人员法律责任的认定

在非法吸收公众存款罪案件中，法院除追究公司负责人的法律责任以外，对于团队负责人或业务骨干也同样会追究其刑事责任。工作人员之间虽然构成共同犯罪，但往往不会区分主从犯，而是按照各自的职责范围承担与其吸揽人数、吸揽数额、造成损失数额相应的刑事责任。例如，在"李某、庞某非法吸收公众存款"一案中，作为团队经理的庞某受被告人李某领导，二人虽皆非非法吸收公众存款案件的组织、领导、策划者，但最终两被告皆被法院认定为主犯，并按照二人的职责范围承担与其吸揽人数、吸揽数额、造成损失数额区分二人相应的刑事责任。

（三）数额认定问题

依照《最高人民法院〈关于审理非法集资刑事案件具体应用法律若干问题的解释〉》第 3 条的规定，"非法吸收或者变相吸收公众存款的数额，以行为人所吸收的资金全额计算。案发前后已归还的数额，可以作为量刑情节酌情考虑"。本条从原则上规定了在对通过"非法吸收"方式募集资金的行为进行定罪量刑时如何认定其数额的问题，法院一般会以会计师事务所出具的审计报告作为认定非法吸收公众存款数额的主要证据。然而在实践中，常常出现非法吸收公众存款案件中的涉案人员介绍自己的亲朋好友作为投资人的情况，也会出现涉案人员本身既是非法吸收公众存款案件中实施犯罪的行为人，同时自己也作为投资人投资的情况。对于这一部分资金，法院在一般情况下不予扣减，仅在量刑时酌情进行考虑。例如，在"张某非法吸收公众存款罪"一审刑事判决书[①]中，法院便明确了这一点。

二 涉及公民信息保护的犯罪

上文主要讨论了涉网新型金融诈骗犯罪直接涉及"集资"的犯罪、多发的涉网信用卡诈骗问题及相关的其他犯罪类型，而由涉网新

---

① 参见重庆市渝中区人民法院（2016）渝 0103 刑初 1894 号。

型诈骗犯罪直接衍生而来的刑事风险——对公民信息保护的侵害也必须引起我们的注意。虽然这类犯罪行为常常作为涉网新型诈骗犯罪的"手段行为"，但其对大众的个人信息安全侵害所造成的后果，并不当然地不如对大众的经济利益侵害造成的后果严重。

可喜的是，就网络安全领域的管理而言，除下文即将论述到的"拒不履行信息网络安全管理义务罪"等刑事法律规定外，其重要性已在许多前置性法规中得到确认。①但毋庸置疑的是，诸如P2P这样的网上理财平台，其能够较为精准地掌握投资者的真实姓名、电话、住址、身份证号码、银行卡号等较为私密的信息。如果遭遇平台恶意泄露或者内部员工泄露甚至遭遇黑客攻击、P2P网贷平台本身不合规等情况，则投资人的信息极其容易被泄露，给投资者带去无法估量的损失。以上文中提到的涉网信用卡诈骗领域为例，信用卡业务不仅具有金融行业固有的道德风险和逆向选择风险，还新生了各种互联网支付本身特有的法律风险。涉网以网络平台为依托进行保险的各项流程，其交易信息、客户信息、网络用户和密码等都以电子数据形式储存。保险消费者向保险人提供的家庭情况、既往病史等信息一旦被公开或者窃取，将极大侵犯消费者的金融隐私权。② 因此，自"网络安全"这一大领域细分下来的、由涉网新型金融诈骗犯罪带来的公民个

---

① 例如，《全国人民代表大会常务委员会关于加强网络信息保护的决定》第4条规定："网络服务提供者和其他企业事业单位应当采取技术措施和其他必要措施，确保信息安全，防止在业务活动中收集的公民个人电子信息泄露、损毁、丢失。在发生或者可能发生信息泄露、毁损、丢失的情况时，应当立即采取补救措施。"2017年6月1日起施行的《网络安全法》第21条也明确规定了服务商的合规管理义务：网络运营者应当按照网络安全等级保护制度的要求，制定内部安全管理制度和操作规程，确定网络安全负责人，落实网络安全保护责任。《即时通信工具公众信息服务发展管理暂行规定》第5条、《计算机信息网络国际联网安全保护管理办法》第10条等均有相关规定。由此可以看出，对于网络安全领域的合规管理在前置性法规中已受到足够重视，其注重发挥网络服务商在其中可能发挥的优势作用。

② 参见阙凤华《浅析互联网保险消费者权益保护的法律风险》，《上海保险》2016年8期。根据该文，网络隐私权是个人隐私权拓展到网络环境中形成的权利，具体是指"公民在网上享有的私人生活安宁与私人信息依法受到保护，不被他人非法侵犯、知悉、搜索、复制、公开和利用的一种人格权"；也指禁止在网上泄露某些与个人有关的敏感信息，包括事实、图像以及毁损的意见等"。隐私权是一项对公民来说很重要的现代人格权。

人信息被侵害的风险，亦值得我们多加留心。在本书看来，此类风险即涉网新型金融诈骗犯罪带来的公民信息保护被侵害的刑事风险，其主要因对公民信息的管理不善及滥用而起。与前面所讨论的典型的涉网新型金融诈骗犯罪行为相比，不可争辩地也有必要被纳入我国刑法规制的视野。

第五章　涉网新型金融诈骗犯罪的刑法应对

涉网新型金融诈骗罪的刑法规制在本质上与传统金融诈骗罪有着巨大差异，法律对其所保护的法益与风险承担不同。传统诈骗罪所保护的法益为当事人的合法财产，但是我们可以进一步追问：不同诈骗行为所侵犯的同为合法财产，但法律对其的保护为何不同？从刑法的角度看，这种情况出现的根本原因在于：交易中存在不同的风险承担和分配。存在交易就会存在风险，对合法财产的保护，并非完全否认风险的存在，而应着眼于风险的披露与发现。传统诈骗之所以入罪，从这个角度来看，就是在于其通过欺骗手段给受害者带来了超出可被容忍的风险：财产损失。而金融交易，本身即属于投资行为，具有高风险性。如果采取欺骗手段，使得金融机构在合理的限度内无法发现欺骗手段的存在，则会给其带来过度的风险，进而可能超出社会的容忍程度，因而成为入罪化的标准。涉网新型金融诈骗犯罪，通过对互联网和高科技手段的运用，更进一步地扩大了其负面影响，带来了更大的风险。在我国刑法目前规定的金融诈骗罪中，除信用证诈骗罪外，其余均同普通诈骗罪一样采取"重结果"的入罪模式。将"数额较大"作为入罪前提的做法，在本书看来无法契合涉网新型金融交易中风险的分配，更无法应对新型金融诈骗罪的行为特征。因而，本书在考虑涉网新型金融诈骗犯罪所涉及的交易风险之基础上，探讨未来我国对涉网新型金融诈骗犯罪刑法规制的问题。

就我国涉网新型金融诈骗犯罪的现状和司法相关情况来看，目前我国的刑法应对在很大程度上并未关注每种涉网新型金融犯罪的底层交易结构问题，而往往直接套用现有刑法规定及相关司法解释。在本书看来，尽管多数涉网新型金融诈骗犯罪都被司法机关以常用的几个罪名适用，例如，集资诈骗罪、非法经营罪、信用卡诈骗罪等，但不同的涉网新型金融诈骗犯罪所依托的金融交易背后的底层交易模式并不相同，因而会产生不同的刑法风险。若在适用罪名时对此不加以考虑，脱胎于诈骗罪的传统金融诈骗罪的几个罪名在适用时往往会出现似是而非、亦此亦彼的情况，进而带来大量的适用上的困难。笔者认为，在互联网金融背景下的支付、信息处理和资源配置三个领域中，涉网新型金融犯罪都各有其独特的底层交易结构，随之而生的涉网新型金融诈骗犯罪也因此具有与传统金融诈骗犯罪不同的刑事风险及相应的新特征。是故，对其应采取不同的刑法应对逻辑和思路。

第一节　我国涉网新型金融诈骗犯罪刑法应对的应有逻辑

一　现有理论基础

为了解决传统金融诈骗犯罪罪名适用于涉网新型金融诈骗犯罪时出现的种种问题，我国相关领域的学者做出了许多努力。首先，有学者认为应从宏观角度讨论新金融背景下的刑法保护问题，即"刑法应以信息安全保障及金融风险控制为基本政策定位"，在此基础上实现行政与刑事法律制度联动立法，以实现金融市场的刑法保护。[1]并有学者提出了我国目前的新金融发展存在着违法犯罪高发、相关立法滞后及监管风险巨大等问题，应"尽快确立甄别互联网金融创新与相关违法犯罪的刑法标准，从社会危害性和刑事违法性两个方面，出罪标准和定罪标准两个层次上来设定互联网金融的刑法保障标准"[2]。其次，已有学者从总体上对互联网金融犯罪进行了大致梳理。[3]亦有学者针对

---

① 刘宪权：《互联网金融市场的刑法保护》，《学术月刊》2015 年第 7 期。
② 皮勇、张启飞：《论我国互联网金融发展的刑法保障》，《吉林大学学报》（社会科学版）2016 年第 2 期。
③ 郭华：《互联网金融犯罪概说》，法律出版社 2015 年版。

新金融业务的细分领域，提出相应的刑法应对。典型的如针对问题较多的 P2P 网络借贷领域，不少学者提出了或宏观或微观的思考。[1] 对于网络众筹领域，也有学者进行了深入的刑法分析。[2] 再次，刑法学者亦未错过目前处于风口浪尖的互联网支付领域中存在的种种问题。例如，有学者对比特币（Bitcoin）交易中的刑事问题进行了探讨，[3] 还有学者对新金融背景下金融犯罪的衍生问题进行了讨论，如相关信息的刑法保护问题等。[4] 最后，现阶段也已经有学者采用实证研究的方式，对新金融背景下的犯罪问题进行研究。[5]

国外学者的研究亦有参考价值。如同我国学者，域外学者也已注意到刑事规制及金融创新间的平衡问题。[6] 此外，域外学者亦对于新金融细分领域的刑事规制问题进行了探讨，包括支付领域的代币问题[7]、区块链技术的刑事风险[8]等。同时，也有域外学者在讨论新金融背景下的金融犯罪时着重考虑犯罪成因问题。[9] 并且，在这一领域采用实证方法进行研究十分普遍。通过实证研究方法，英美学者更关心哪些因素是新金融背景下某一或某些金融犯罪行为的诱因；通过哪些影响

①　李晓明：《P2P 网络借贷的刑法控制》，《法学》2015 年第 6 期；李永升、胡冬阳：《P2P 网络借贷的刑法规制问题研究——以近三年的裁判文书为研究样本》，《政治与法律》2016 年第 5 期。

②　刘宪权：《互联网金融股权众筹行为刑法规制论》，《法商研究》2015 年第 6 期；阴建峰、刘雪丹：《联网股权众筹的刑法规制问题论纲》，《法律科学》2018 年第 1 期。

③　谢杰：《区块链技术背景下金融刑法的风险与应对——以比特币交易对外汇犯罪刑法规制的冲击为视角》，《人民检察》2017 年第 8 期。

④　张绍谦、颜毅：《论利用未公开信息交易罪的立法完善》，《法治论丛》2017 年第 3 期。

⑤　段威、俞小海：《互联网金融犯罪中的事实问题研究》，《犯罪研究》2016 年第 5 期。

⑥　Bromberg Lev, Andrew Godwin and Ian Ramsay, "Fintech Sandboxes: Achieving a Balance between Regulation and Innovation", *Journal of Banking and Finance Law and Practice*, Vol. 28, No. 4, 2017.

⑦　Swasdiphanich Kamolnich, "In an Era of FinTech: Strategies of Government to Deal with Virtual Currencies", *International Immersion Program Papers*, 2017.

⑧　Walton, Joseph B. and G. Dhillon, "Understanding Digital Crime, Trust, and Control in Blockchain Technologies", *AMCIS* (2017).

⑨　Harrington Cynthia, "Why Fintech Could Lead to More Financial Crime", *CFA Institute Magazine*, Vol. 28, No. 3, 2017.

因子可更好地发现可疑的金融犯罪行为。[1]此外，有关金融犯罪的衍生问题，也有域外学者进行了关注。[2]当然，还有不少成果在研究新金融相关法律之时涉及刑事问题，该类研究也具一定的参考价值。[3]

已有研究为本书奠定了必要的研究基础。在本书看来，我国及域外的相关研究都可以大致被分为两类：第一类研究从宏观角度分析新金融背景之下刑法的应对问题；第二类研究则是针对新金融背景下某一类型的金融业务中高发的犯罪行为进行分析并提出相应的刑法应对方案。笔者认为，现有研究已经在一个基本主张上达成了共识：刑法在应对新金融背景中的犯罪问题时，应保持警惕及谦抑，但决不能放任不管。那么接下来，我们从逻辑上便必须回答一个非常基本但却极其重要的问题：刑法应在哪些情况下保持谦抑，而又应在何种情况下坚决介入？针对这个问题，现有的第一类研究成果虽然得出了刑法应有所为有所不为的结论，却没能说明在何种情况下应有所为或有所不为，更未深入讨论刑法介入程度的问题，而仅是重申了刑法谦抑的重要性。第二类研究本应在第一类研究的基础上进行，但由于缺乏相关基础，加之多数研究未能透彻理解相关新金融业务的本质交易结构，导致刑法研究常常惊异于新金融背景下的新型金融诈骗犯罪行为之"新"，而只能停留在头痛医头、脚痛医脚的较浅层次，并极其容易反过来陷入被新生犯罪牵引的滞后困境。

二 刑法应对思路：从交易结构到刑法风险[4]

互联网及新科技的广泛适用和金融业务的发展，不仅更新了传统

---

① Moon Wooyoung and Soo Dong Kim, "Fraud Detection of FinTech by Adaptive Fraud detection algorithm", *Proceedings of The International Workshop on Future Technology*, Vol. 1, No. 1, 2017.

② Dehner Joseph, "The United States' Perspective on Data Protection in Financial Technology (Fintech), Insurance, and Medical Services", *Northern Kentucky Law Review*, Vol. 44, 2017, p. 13.

③ Kevin C. Taylor, *FinTech Law: A Guide to Technology Law in the Financial Services Industry*, Arlington: Bloomberg BNA, 2014.

④ 乔远：《网上理财交易的刑事风险及其刑法规制逻辑》，《郑州大学学报》（哲学社会科学版）2021 年第 3 期。

金融犯罪的外观，更重要的是催生了基于不同交易类型的、内涵截然不同的、附着于复杂交易结构和权利分配的新的金融犯罪行为类型。因此，若期冀我国刑法顺畅解决新的金融犯罪问题，在本书看来，一个十分有效的研究路径便是在对互联网金融模式进行类型化的基础上，分析该业务类型之本质及其背后的交易结构，进而得出有关本类犯罪行为的刑法风险，并基于此采用不同的刑法保护方法及宽严标准。同时，结合我国的金融犯罪刑法理论已经初具模型的现状及近年来有关新金融领域犯罪的现有研究，进一步建立和完善金融犯罪的类型化标准，进而提出刑法应对的方式及程度这一研究思路也具有相当大的现实可能性。

诚然，依托互联网的金融产品因数据传输方式及去中介化的交易模式，大大方便了普通用户，降低了交易成本。然而与互联网金融爆发式增长相伴而生的巨大风险也让人难以忽视。我们可以看到，实践中存在着许多风险意识不强的中小型互联网金融平台，他们可能无任何牌照，且偿付能力低、风控能力差。其依托互联网开展具有高风险特征的资产管理业务，由于互联网本身的波及范围广，客户群体数量庞大，因此一旦出现金融风险，传染性极强，势必给投资者造成重大损失，严重威胁到金融稳定。近来，互联网金融风险专项整治工作领导小组办公室在其发布的《关于加大通过互联网开展资产管理业务整治力度及开展验收工作的通知》中，明确指出了包括常见的涉网金融交易等在内的互联网资产管理业务被定性为非法金融活动的可能性，即"开展资产管理业务……属于特许经营行业，须纳入金融监管……依托互联网公开发行、销售资产管理产品，须取得中央金融管理部门颁发的资产管理业务牌照或资产管理产品代销牌照。未经许可，不得依托互联网公开发行、销售资产管理产品。未经许可，依托互联网以发行销售各类资产管理产品（包括但不限于'定向委托计划''定向融资计划''理财计划''资产管理计划''收益权转让'）等方式公开募集资金的行为，应当明确为非法金融活动，具体可能构成非法集资、非法吸收公众存款、非法发行证券等"。应当承认，涉网金融交易公司及投资人对监管的模式与相关刑事风险的认知匮乏，使其面临着巨大的刑事风险敞口。当然，也有人试图浑水摸鱼，利用互联网金融交易实施诈骗行为，为整个行业带来了巨大风险。

从表面来看，有关涉网新型金融诈骗的刑事规制，在实践中除适用常见的几个罪名外，似乎没有别的方式。尽管我们在一定程度上必须承认刑事规制方式有限的事实，但草率得出刑法不够用的结论也彰显出我们对涉网金融交易背后的交易模式以及现有罪名的适用逻辑在认知上的不足。事实上，涉网新型金融诈骗背后的复杂交易结构的确在一定程度上挑战了传统刑法所秉持的规制范式，但并未脱离现有刑法的规制框架。对涉网金融诈骗犯罪背后的交易模式进行详尽的法律分析，并在此基础上探讨其刑事风险，对解决刑法在对其进行规制之时饱受诟病的"不够精细"具有重要价值，也对改善刑法在金融市场领域"一收就死，一放就乱"的现状具有积极意义。理论上，近年的刑法研究已经从仅关注刑法本身，逐渐走向"左看右盼"、注重刑法学科与其他学科交叉关系研究的"立体化"研究。[①]更进一步讲，由于刑法有关犯罪构成的规定，尤其是与金融犯罪相关的规定，在很多时候都需要参考相关民商事法规及行政法规，因而刑事犯罪的判定与相关违法的判定之间"并不存在截然分明的界限"。[②]有关涉网新型金融犯罪刑事风险及刑法规制逻辑的相关研究，也理应以此为基础，秉持"立体化"的研究思路，不仅关注刑法规制问题本身，而且注重涉网金融交易背后的交易结构及基础法律关系。

目前，金融市场上比较流行的几种主要涉网金融交易虽然名目繁多，但其背后的交易结构却有规律可循。具体而言，从其背后的交易结构角度进行分析，主要包括四种类型：债权型、基金型、信托型、保险

[①] 有学者提出了"立体刑法学"概念，主张刑法研究不仅应关注刑法本身，也要关注刑法学与其他学科间的关系。刘仁文：《构建我国立体刑法学的思考》，《东方法学》2009年第5期；刘仁文：《立体刑法学：回顾与展望》，《北京工业大学学报》（社会科学版）2017年第5期。

[②] 已有学者从刑民学科交叉的角度对法与冲突之排除问题进行了深入的研究。我们认为，不仅"民事违法与刑事犯罪之间并不存在截然分明的界限"，至少在金融犯罪领域，相关的民事违法与行政违法与刑事犯罪之间也不存在截然分明的界限。于改之：《法域冲突的排除：立场、规则与适用》，《中国法学》2018年第4期。

型。这几种典型的涉网金融交易因背后交易结构的不同，与所依托的民商事法律关系相去甚远。更进一步讲，虽然其刑事风险及刑法规制的方式从表面上看来十分类似，但所使用的相关刑法规制方式及罪名逻辑却大不相同，值得深入分析。笔者认为，在以上四种类型为主的涉网金融交易中，典型的情况是：行为人多数情况下会首先设立一个或数个公司，然后以公司为载体发行各种产品，最终通过相关金融产品完成集资，因此通常会经历设立及运营两个阶段。相应地，对其刑事风险和刑法规制的讨论也与这两个阶段相对应，主要包括"擅设"风险与"运营"风险。当然，本书所讨论的这两个阶段的刑事风险仅指那些因使用互联网开展业务的理财平台所面临的刑事风险，而非泛指全部的设立与经营风险。除与"涉网金融交易"直接相关的刑事风险外，还有相关互联网平台因利用互联网而产生的收集及利用公民信息便利，使之面临信息滥用的相关"衍生"刑事风险。

第二节　典型涉网新型金融诈骗行为之交易类型、法律关系及其法律风险①

尽管涉网金融交易已为大众所熟知，但事实上很难对其作出准确的定义。②现存的涉网金融诈骗背后的交易类型均可以视作是互联网金融的某个具体分支，对其概念的理解可以依托互联网金融这一媒介。互联网金融既包括传统金融机构利用互联网继续为其客户提供服务，比如各大银行都借助互联网提供相关网上银行、手机银行 App 服务以适应互联网时代的发展；也包括互联网公司提供的类金融服务，例如互联网支付（典型的如支付宝、微信支付）、互联网金融产品销售（如余额宝）、互联网融资（P2P 网络借贷）等业务。一般意义上所讨论的互联网金融，主

---

① 本部分的核心成果已由笔者以论文的形式发表，请参见乔远《网上理财交易的刑事风险及其刑法规制逻辑》，《郑州大学学报》（哲学社会科学版）2021 年第 3 期。

② 相关分析及结论另请参见刘睍《中国互联网金融的发展问题研究》，博士学位论文，吉林大学，2016 年；李树文《互联网理财产品特征与风险分析》，《大连海事大学学报》（社会科学版）2015 年第 3 期。

要指后者——非金融机构的互联网公司通过新技术来提供类金融服务。[1]本书所讨论的涉网金融诈骗背后的相关金融交易，主要是指以互联网为依托、面向大众销售的各种金融产品的总称，且该产品主要由非金融机构的互联网公司所提供。我国金融市场中各种金融交易产品虽然名目繁多，花样百出，然而若从交易结构及产品内容的角度出发，不难发现现存的涉网金融交易大致包括四类：以债权为基础的债权型交易产品，以基金产品为内容的基金型交易产品，以信托产品为内容的信托型交易产品，以及以兼具理财功能的保险作为产品的保险型交易产品。具体来看，每种类型的交易都因其独特的交易结构而依托于不同的民商事法律关系，也相应地面临不同的法律风险乃至刑事风险。

一 债权型涉网金融交易及其法律风险

目前而言，债权型涉网金融交易主要包括两类：一类是以直接融资模式为基础的涉网金融交易，例如上一章讨论过的 P2P 融资模式便是主要的类型之一；另一类是偏向于利用互联网销售以债权为内容、以质权等为担保的产品。就第一类涉网金融交易而言，多数包括 P2P 在内的以互联网直接融资为基础的涉网金融交易产品，都涉及 P2P 平台本身为债权提供担保，因而其存在从"信息"中介转变为"信用"中介的问题。[2] 背后的原因主要在于平台为实现期限错配[3]而设立资金池[4]，

---

[1] 彭冰主编：《互联网金融的国际法律实践》，北京大学出版社 2017 年版，第 2 页。

[2] 乔远：《刑法视域中的 P2P 融资担保行为》，《政法论丛》2017 年第 1 期。

[3] 在实践中，有些 P2P 网贷平台通过拆分债权或者是拆标，实现期限转换。即借款双方不直接发生债权债务关系，而是由与平台紧密关联的第三个个人先行放贷，再将该债权拆分为期限不同、金额不同的份额出售给投资人，或者由平台直接将期限较长、金额较大的借款需求拆分成金额更小、期限较短的借款标的，以便尽快将期限长、金额大的借款需求推销出去。在这样的交易模式中，借款需求通过网贷平台实现了期限转换，存在着期限错配、金额错配的问题，很可能会引发流动性危险。参见彭冰《P2P 网贷与非法集资》，《金融监管研究》2014 年第 6 期。

[4] 资金池，又称现金总库。形象地说就是将资金汇集在一起，形成一种类似蓄水池的"资金池子"，例如银行拥有一个庞大的资金池，贷款和存款从这个资金池里流进流出，使这个资金池保持相对的稳定性。在债权型涉网金融交易的情况下，平台可能会将资金汇集并且进行资金错配，也就是说，将所有的资金汇集到平台的一个账户中，形成资金池，之后可能涉及使用新项目的资金来偿还前项目的到期款项之情况，平台亦有携资金池逃跑的可能性。

即先将投资者的资金汇集到 P2P 公司平台形成资金池，再由平台将这些资金分配给不同的借款人。这样一来，本不具有吸纳公众资金资质的 P2P 平台事实上已不再作为中介提供服务，而是直接参与交易，从事的是向公众吸纳资金的业务，这就导致实践中除符合法律规定的小额豁免①外，多数的 P2P 平台都面临着非法集资的法律风险。

就第二类涉网金融交易而言，其背后依然是以直接融资为内容的债权，不同之处在于其债权通常由其他权利（如质权等）为其担保，实践中常见的"票据理财"便是如此。②欲厘清"票据理财"背后所存在的法律关系，清楚"票据"的概念功能是必不可少的环节。首先，所谓"票据"，是指付款人向收款人作出的到期支付一定金额的书面承诺。票据有广义和狭义之分。人们常说的票据，一般指的是狭义上的票据。目前我国《票据法》规定的票据由汇票、本票和支票构成。不论何种票据，其最终目的皆为付款，待到金额全部付清之日，票据即为失效。票据具有法律效力，受到法律保护，例如，《刑法》就对伪造票据等行为进行严厉制裁。此外，票据具有的权利与票据不可分离，须妥善保管票据。票据可以转让流通，具有信用、支付和汇兑等功能。其作用是优化现金支付流程，使贸易结算变得方便快捷。由于票据具有期限短、受众多和交易灵活的特点，因而成为一种热门的融资工具。在涉网金融交易中，"票据理财"也因此备受青

---

① 2016 年 8 月 17 日，中国银监会联合工信部、公安部等四部委发布的《网络借贷信息中介机构业务活动管理暂行办法》第 17 条规定：同一自然人在同一网络借贷信息中介机构平台的借款余额上限不超过人民币 20 万元；同一法人或其他组织在同一网络借贷信息中介机构平台的借款余额上限不超过人民币 100 万元；同一自然人在不同网络借贷信息中介机构平台借款总余额不超过人民币 100 万元；同一法人或其他组织在不同网络借贷信息中介机构平台借款总余额不超过人民币 500 万元。关于设置该金额限制的理由，可以参见彭冰《〈网贷办法〉核心是赋予 P2P 平台合法身份》，http：//www.sohu.com/a/111919946_465463，2021 年 9 月 5 日。

② 在我国，票据类涉网金融交易的知名度远不及其实际规模。自 2013 年我国第一家票据理财平台"金银猫"设立至今，多达数百家的 P2P 理财平台实际上都采用的是票据理财的模式。除金票通、银票网、票据宝等知名平台外，阿里巴巴与京东金融都有自己的票据理财产品。刘江伟：《互联网票据理财的法律风险及其化解建议》，《西南金融》2017 年第 3 期。

昧。具体来说，企业需要融资的时候，把银行承兑汇票①作为质押担保，互联网金融平台寻找一家商业银行合作，验证这张银行承兑汇票的真伪，并且让银行来完成托管和质押的手续，平台由此不直接涉及票据的所有权和收益权，而成为一家信息中介，并通过托管避开了没有真实贸易背景的票据贴现②（票据产生的背景本身就是作为一种贸易结算工具）问题。之后，企业再在互联网金融平台上发布金融交易产品，向投资者募资。从中可以看出，互联网票据涉网金融交易的实质是为个人投资、企业融资提供服务的网络借贷信息中介，这种模式本质上是"P2B"（个人对企业的贷款）。这类涉网金融交易产品背后的交易结构中大致有四方当事人：投资人、融资人、互联网平台及第三方支付机构。投资人作为资金的出借方，通过互联网平台，与融资人之间形成借贷关系。一般而言，合法的票据涉网金融交易项目中投资人所出借的钱款将用于融资人日常经营之中，融资人（借款人）还款时应使用自有资金，并且以银行承兑汇票为质押以担保投资人债权的实现。与此同时，投资人委托平台代办汇票质押、验真、保管及

---

① 汇票是最常见的票据类型之一，我国的《票据法》第19条规定："汇票是出票人签发的，委托付款人在见票时，或者在指定日期无条件支付确定的金额给收款人或者持票人的票据。"银行承兑汇票则是商业汇票的一种，是指由在承兑银行开立存款账户的存款人签发，向开户银行申请并经银行审查同意承兑的，保证在指定日期无条件支付确定的金额给收款人或持票人的票据。在银行承兑汇票未到期之前，持票人可以通过背书转让或者是贴现（概念解释见下文注释）的方式获得资金。

② 根据《商业汇票承兑、贴现与再贴现管理暂行办法》的有关规定，贴现，即"贴补利息、获得现金"，是指持票人在远期票据未到期之前，将票据转卖至商业银行获取现金的行为。贴现发生在个人、企业法人和商业银行之间。按照规定，远期票据需要经过一段时间（最长为6个月）才能兑现。在票据到期之前，持票人如果急需现金，可以贴补利息，将票据转卖给商业银行。商业银行按照票面金额，扣除自贴现日到到期日的利息后，将余数付给持票人。与其紧密相关的概念"转贴现"是指将已贴现尚未到期的票据转卖给其他金融机构进行融资的行为。转贴现发生在商业银行与其他金融机构之间，当商业银行发生资金短缺时，将持票人已贴现而尚未到期的票据再转卖给其他金融机构，同时贴补一定利息。票据贴现是企业筹措资金的一种方式。值得说明的是，相对于其他融资手段和途径，如民间借贷、商业银行贷款，票据融资具有成本低、效益高、风险小、周转快等优点。加之当前银行普遍惜贷，致使诸多企业被排除在商业贷款行列之外，对于急需短期融资却很难获得银行贷款支持的中小企业而言，票据融资便成为他们资金周转的最佳选择，而票据贴现即为票据融资的最佳手段。

主张票据权利等事项；而投资人与融资人间的资金往来则不通过互联网平台，而是通过第三方支付机构完成。银行承兑汇票在其中不仅可以作为债权的担保，通过其1—6月不等的承兑期限，也使投资人可选择的投资期限更为多样。然而，依照我国《票据法》的规定，票据是具有支付结算功能的金融产品。再结合《票据管理实施办法》等有关规定，以融资为目的的票据本身即可能面临不存在真实交易背景的合规风险①，另外，从中国人民银行制定的《支付结算办法》相关规定来看，银行是唯一的票据承兑、贴现主体②，其他非银行金融机构并没有从事该类活动的主体资格，互联网平台在投资人、融资人和第三方支付机构的关系中必须明确信息中介的定位，并严格按照程序通过有相关资质的银行完成票据的质押和托管手续，而不可僭越充当融资中介角色，或越过银行，帮助融资人直接以接近票据买卖、转让的方式筹措资金。因此互联网平台一旦涉及使用票据进行融资，便很容易触及刑法底线。

二　基金型涉网金融交易及其法律风险

基金作为风险低于股票的一种涉网金融交易方式，是指为了某种目的而设立的具有一定数量的资金，其必须用于指定的用途，并单独进行核算。我们通常所说的基金是指证券投资基金，可以通俗地理解为"代人交易的机构"。基金公司将投资者手中的资金集中起来，交由专业人士投资，共担风险、共享收益。基金公司通常配有"投资专家"，依据丰富的实践经验，搜罗更为全面的投资信息，采取多元化、组合式的策略，投资于股票、债券、票据等各种金融产品，进而分散

---

① 《中华人民共和国票据法》第10条规定："票据的签发、取得和转让，应当遵循诚实信用的原则，具有真实的交易关系和债权债务关系。"中国人民银行《票据管理实施办法》第9条规定："承兑商业汇票的银行，必须具备下列条件：（一）与出票人具有真实的委托付款关系……"第10条规定："向银行申请办理票据贴现的商业汇票的持票人，必须具备下列条件：……（二）与出票人、前手之间具有真实的交易关系和债权债务关系。"

② 《中国人民银行支付结算办法》第6条规定："银行是支付结算和资金清算的中介机构。未经中国人民银行批准的非银行金融机构和其他单位不得作为中介机构经营支付结算业务。但法律、行政法规另有规定的除外。"

投资风险、保障投资者的收益。对投资者来说，申购基金的金额一般起点较低，风险相对较小，收益较为稳定。基金可以划分为公募基金和私募基金。公募基金是以公开方式募集的基金，而私募基金是以非公开方式向投资者募集资金设立的投资基金。在互联网金融领域，基金型涉网金融交易是目前我国最为常见的涉网金融交易产品之一，近年来十分流行的"余额宝"便是非常典型的、本质为货币市场基金①的涉网金融产品。而复杂一点的基金型产品更为灵活而且收益更高，涉及的基金种类和交易结构也更为复杂。基金型涉网金融交易的背后，一般至少包括三个基本的法律关系：基金市场法律关系、网络代销关系以及依托第三方支付平台赎回所产生的法律关系。在"基金市场法律关系"中，基金管理人一般在成立且对公众开放申购募集到一定数量的金钱之后，或投资以国债、央票等低风险、低收益的货币市场工具；或投资企业债、股票等高风险、高收益的金融产品。而其中最常见的基金型涉网金融交易都是依托网络平台对公众展开申购的，尤其是那些投资起点要求不高的金融产品，基本都通过互联网平台这一渠道对公众开放。换言之，基金公司在成立之后，需要通过一个或数个互联网平台，将其基金销售给投资者，这便是上述法律关系中的"网络代销法律关系"。基金型涉网金融交易产品还会涉及投资者提现时的另一法律关系，即"依托第三方支付平台产生的赎回法律关系"。当投资人希望赎回其所投资的金额，一般是通过一个第三方支付平台来实现的，具体路径为投资人申请赎回，资金回到第三方支付平台上，后依照投资人的要求，可从该第三方支付平台回流到与平台绑定的银行卡上。

在这种交易模式下，若基金销售平台直接嵌入互联网平台，事实

---

① 货币市场是以货币市场工具为投资对象的一种基金，其投资对象期限较短。根据《货币市场基金监督管理办法》的规定，货币市场基金只能投资于现金，期限在 1 年以内（含 1 年）的银行存款、债券回购、中央银行票据、同业存单，剩余期限在 397 天以内（含 397 天）的 AA + 以上的债券与非金融企业债务融资工具、资产支持证券，以及中国证监会、中国人民银行认可的其他具有良好流动性的货币市场工具。因此其具有资本安全性和流动性较高、风险低的特点。

上便会形成上述网络代销法律关系下互联网平台用户与基金购买者的混同，这不仅是我国目前市面上的基金型涉网金融交易所面临的最主要的法律风险，更是触犯刑事底线的最大隐患。事实上，我国现行法律对公募基金产品的发行和销售都有较高的准入要求①，需要在获得证监会的批准之后才能发行，并且销售机构也需要获得证监会的许可。实践中大量被认定为非法的基金型涉网金融交易，之所以被看作是非法的，其背后的主要原因基本都是基金销售直接嵌入了互联网代销平台，而互联网代销平台本身又不具有证监会的基金销售许可。笔者在本书开篇就曾提到互联网金融风险专项整治工作领导小组办公室在 2018 年 3 月末下发的《关于加大通过互联网开展资产管理业务整治力度及开展验收工作的通知》，其中明确表示任何资产管理业务都需要持牌，非持牌的机构不得发行销售资产管理产品。这一通知直接影响到 P2P 模式下的基金代销，对于互联网代销平台来说，基金代销牌照变成了必须具备的条件。与此同时，法律对投资者的适当性必须加以考虑②，并且应当向基金投资

① 相对于私募基金，公募基金监管程度更高：无论对于准入还是常规监管，其在监管力度、透明度要求、公信力、公正性、安全性等方面都有严格规定。比如，根据《证券投资基金法》第 13 条的规定，设立管理公开募集基金的基金管理公司，需符合八项条件，其中单是注册资本一项，就要求"注册资本不低于一亿元人民币，且必须为实缴货币资本"。此外，我们从之前所述私募基金的定义可以看出，私募基金不能以公开方式集资，不能够承诺投资本金不受损失或者承诺最低收益，其募资的对象是特定的，而且要求私募基金的合格投资者具备相应风险识别能力和风险承担能力（比如最低投资门槛为 100 万元且金融资产不低于 300 万元等）。

② 根据中国证券投资基金业协会 2017 年 6 月 28 日公布的《基金募集机构投资者适当性管理实施指引（试行）》的规定，所谓"投资者适当性"，是指基金募集机构在销售基金产品或者服务的过程中，根据投资者的风险承受能力销售不同风险等级的基金产品或者服务，把合适的基金产品或者服务卖给合适的投资者。证监会发布的 2017 年 7 月 1 日起施行的《证券期货投资者适当性管理办法》将投资者分为专业投资者和普通投资者两类。专业投资者主要包括金融机构及其发行的金融产品，社保基金以及符合一定条件的组织和个人，其在投资中不受限制。除此之外就是普通投资者，囊括了绝大多数股民，在投资中需要严格遵守适当性管理要求，否则就要追究证券期货经营机构的法律责任。新规将普通投资者按风险承受能力，从保守型到基金型共划分为 5 类，对应的产品或服务风险等级也划分为 5 类。从理论上来说，投资者只能购买其对应风险等级或风险等级更低的金融产品，但投资者坚持要购买更高风险等级的金融产品，经营机构在进行书面风险警示并录音后可以向其出售。投资者适当性制度强化了经营机构的适当性管理义务，是一种保护中小投资者的措施。

者进行必要的信息披露和风险提示。

三 信托型涉网金融交易及其法律风险

信托型涉网金融交易也是目前我国金融市场上较为常见的一种涉网金融交易方式。信托是一种"受人之托，代人交易"的模式，是一种以信用为基础的法律行为。委托人基于信任，将财产委托给受托人，让其以委托人的名义，为受益人的利益或者特定目的，对财产进行管理或者是处置。委托财产既可以是股票、债券、土地、房屋等有形财产，也可以是知识产权这样的无形财产。按照委托财产性质的不同，人们将信托业务分为金钱信托、动产信托、不动产信托和有价证券信托等。在我国，信托业务由信托公司依据《信托法》开发，受银监会的监督。目前获得银监会所颁"牌照"的信托公司数量极少，只有68家，如中信信托、平安信托、华润信托等。信托公司通过开发信托产品筹集资金，利用其专业知识，投资于金融市场、房地产、基础设施建设等领域，并给投资者带来收益。与其他投资方式相比，信托有自己独特的优势，例如破产隔离功能，即便受托人因为经营不善而破产，也不会影响到信托财产的安全，受益人仍可以享有财产权益。与此同时，信托产品的投资起点通常较高，单项投资最低为100万。在互联网金融领域的多数情况下，广大用户通过网络平台与某投资公司签订委托代理合同，该公司在取得用户的委托代理权之后，再以自己的名义与信托公司签订信托合同，对具体的信托产品进行投资。当然，互联网用户的资金一般由第三方公司托管，在信托产品额度已满的情况下，由第三方公司向信托公司打款，而非直接由该公司（投资公司）管理用户资金。其中的问题在于，按照我国法律规定，信托投资人不得违规汇集他人资金购买信托产品，在我国能够向公众吸收资金的金融中介机构仅为银行及保险机构。而多数违法的信托型涉网金融交易问题都源于投资公司试图绕开资质监管，将信托产品先进行拆分，再利用互联网平台销售。这种拆分销售的行为实质上便是非法汇集他人的资金购买信托产品的行为①，极易触及刑事底线。笔者以"信托 100"为例来解读上述交易结构及其所面临的刑事风险。②根据"信托100"的官网显示，"信托 100"是一个创新型互联网金融交易平台，致力于为投资者提供信托搜索与购买的一站式服务，具有高收益率、低风险、高灵活性、低门槛等优势，其目前提供的服务主要包括三大模块，分别是"如意存""随心转"和"交易所"。通过将最低认购限额为 100 万元的信托计划进行拆分，满足普通投资者的投资要求。投资者通过与"信托 100"签订《委托认购协议》，委托"信托 100"经营者，即财商通投资（北京）有限公司向信托公司购买信托产品，财商通以自己的名义与信托公司签订合同，国付宝系第三方支付机构。在该结构中，"信托 100"通过在投资者与信托公司中间引入一个合格投资者，规避了信托合格投资者的要求。这种拆分销售行为从实质上来说属于非法汇集他人资金购买信托产品的行为，因而面临着刑事风险。

四　保险型涉网金融交易及其法律风险

保险型涉网金融交易，顾名思义是以保险产品为基础的涉网金融交易产品。与银行、证券一同被称为金融界的"三驾马车"的保险，是指将集中起来的保险费用于补偿被保险人的财产损失或者人身损失，或当达到合同约定的期限、年龄等条件时，对其支付保险金的商业行为。人们往往根据保险的不同，将保险分为财产保

---

①　根据银监会 2009 年 2 月 4 日颁布施行的《信托公司集合资金信托计划管理办法》第 6 条之规定，只有合格投资者才可以认购信托计划份额，类似于拆分信托的互联网信托模式很可能已经触犯了合格投资者的监管红线。此外，所谓"合格投资者"，根据该办法的规定，是指符合下列条件之一，能够识别、判断和承担信托计划相应风险的人：（一）投资一个信托计划的最低金额不少于 100 万元人民币的自然人、法人或者依法成立的其他组织；（二）个人或家庭金融资产总计在其认购时超过 100 万元人民币，且能提供相关财产证明的自然人；（三）个人收入在最近三年内每年收入超过 20 万元人民币或者夫妻双方合计收入在最近三年内每年收入超过 30 万元人民币，且能提供相关收入证明的自然人。

②　参见张曜《互联网金融背景下信托投资模式的法律分析》，《北方金融》2015 年第 5 期。下文再次引用该案例时亦参考上述文献，因此不再赘述。

险、人身保险、责任保险和信用保险。财产保险为物品或其他财产利益提供保障；人身保险则以人的生命、身体或健康为保障对象；责任保险的保险对象是被保险人的民事损害赔偿责任；信用保险则为债务人的信用提供担保，当债务人不能履行偿还义务时，由保险公司代替债务人向债权人作出赔偿。作为一种投资产品，保险的主要功能依旧是保障。购买保险相当于将风险转移给保险公司，或者说将少数人的损失分担给大多数人承担的一种经济安排。随着对互联网依赖程度较高的 80 后、90 后消费群体的保险意识的逐渐觉醒，以及互联网即时移动设备较高的普及率，互联网保险市场的人口规模正在逐渐扩大，保险产品越来越多地在互联网金融市场上崭露头角，例如，网上购物提供给消费者"退货运费险"进行选择。根据保监会公布的数据，到 2016 年，经营互联网保险业务的公司数量占我国保险公司总数量的比例已达到 75%。以众安保险为代表的互联网保险企业在金融科技的驱动下搭建起了开放的保险生态平台。从目前的互联网保险市场来看，其运营模式包含两种选择：自营与合作。相对于传统保险公司而言，虽互联网保险具有广覆盖、低成本、高效率的优势，但如果保险公司自营互联网保险业务，将面临着经营模式单一、科技投入成本高以及流量有限的问题，因此除保险公司自营互联网保险业务外，目前大多数公司都采取合作模式（或者是"自营 + 合作"的模式）开展互联网保险业务。该种模式最大的优势是保险公司的前期投入少，只需要与科技公司合作链接终端，通过引流实现保险产品的终端投入，从而转变整个保险的价值链，把所有使用终端的客户都变成保险客户或粉丝，最终实现保险客户的转换。但该种合作模式面临着较大的违规风险。[1]此外，上述两种模式背后的具体交易结构可以总结为：投保者通过网络交易平台，与保险公司签署投资协议，保险公司收到用户的投资后，对资金进行管理及再投资，其可投资范围非常广

---

[1]　参见马丽娟《创新与合规：互联网保险破茧成蝶的两道关》，《中国保险报》2018年 12 月 18 日。

泛，包括可使用资金投资信托计划等，因而更为灵活。在有些情况下，保险型涉网金融交易会与其他方式的涉网金融交易结合起来一并向投资者销售，阿里巴巴旗下的"招财宝"便是如此。由于在现有的《保险法》及相关法律框架下，保险公司是被允许向公众吸收资金的，因而当保险公司是依照我国《保险法》第三章之要求合法设立的情况下，保险公司是没有面临"非法集资"相关刑事风险的可能性的。然而，当投资者通过涉网金融交易平台购买某一保险产品之时，涉网金融交易平台作为保险代理人或经纪人①，其设立亦要符合我国《保险法》之要求，即在开展业务之前须取得保险机构颁发的经营保险代理业务许可证、保险经纪业务许可证。②此外，《互联网保险业务监管暂行办法》③ 从正面和反面两个维度对互联网保险业务活动中第三方网络平台的业务范围作了明确规定，即除自营网络平台外，在互联网保险业务活动中，为保险消费者和保险机构提供网络技术支持辅助服务的第三方网络平台开展应由保险机构管理和负责的互联网保险业务的销售、承保、理赔、退保、投诉处理及客户服务等保险经营行为，应取得保险业务经营资格。如果第三方网络平台超越网络技术支持辅助服务，即第三方网络平台可销售底线被突破，那么就意味着线下的无证经营转到线

---

① 根据《保险法》第117条和118条，保险代理人是根据保险人的委托，向保险人收取佣金，并在保险人授权的范围内代为办理保险业务的机构或者个人；保险经纪人是基于投保人的利益，为投保人与保险人订立保险合同提供中介服务，并依法收取佣金的机构。

② 参见《保险法》第119条，"保险代理机构、保险经纪人应当具备国务院保险监督管理机构规定的条件，取得保险监督管理机构颁发的经营保险代理业务许可证、保险经纪业务许可证"。此外，这里需要说明的是，目前我国对互联网保险监管主要依靠的是《保险法》以及《互联网保险业务监管暂行办法》等相关法律条例。即使是这样，我国的互联网保险监管亦是在不完备的法律下进行的，不仅如此，若不对互联网金融平台给予足够关注，亦可能面临相关风险。例如，《保险法》第68条对保险行业的市场准入条件给予明确规定，要求保险公司的注册资金至少达到2亿元人民币，但是在《互联网保险业务监管暂行办法》中并没有对互联网保险公司的市场准入条件给予明确界定。

③ 该办法由原中国保险监督管理委员会发布，2015年10月1日生效，有效期为3年。2018年9月30日，即该暂行办法失效前一天，中国银行保险监督管理委员会发布《关于继续加强互联网保险监管有关事项的通知》，表示新的互联网保险监管规定正在修订之中，并要求各有关单位在新办法出来之前继续遵照执行《暂行办法》。

上即合法合规，这无疑破坏了保险经营的公平性。同时，按照法律要求，作为保险代理人或经纪人，"不得挪用、截留、侵占保险费或者保险金"①。在这种情况下，平台如何在保证投资者资金安全的前提下不截留资金，以免触犯相关法律甚至是刑事法律，是尤其值得我们关注的问题。

总体而言，我国不同类型的涉网金融交易所面临的刑事风险尽管从表面看上去十分相似，但若我们结合上述四种类型化的涉网金融交易之背后的法律关系与交易逻辑，便会发现在极其相似的法律风险背后，是差别十分巨大的交易结构与法律关系。具体而言，任何一种涉网金融交易公司，都会至少经历从设立到运营两个阶段。而在这两个阶段中，上述四种常见的涉网金融交易所面临的刑事风险，可以大致被总结为：第一，设立阶段中的刑事风险主要是指不具法定资格，擅自利用互联网设立金融机构从事相关业务的"擅设"刑事风险；第二，在运营阶段中，未经国家有关主管部门批准，利用互联网实施非法经营证券、期货、保险业务或非法从事资金支付结算业务的非法经营刑事风险；以及不具法定资格，却利用互联网之便利向公众汇集资金的"非法集资"相关刑事风险；第三，除与交易直接相关的风险外，涉网金融交易事实上还存在着与交易本身无关，但直接衍生于其业务的风险，即"衍生"刑事风险，如因网络平台滥用公民个人信息而产生的刑事风险等。上述三种类型的刑事风险，虽然在很多情况下可能会表现为触犯同一罪名，然而其背后的法律关系逻辑乃至刑法规制逻辑并不相同，值得进一步深入分析。

---

① 参见《保险法》第131条，"保险代理人、保险经纪人及其从业人员在办理保险业务活动中不得有下列行为：（七）挪用、截留、侵占保险费或者保险金"。所谓"挪用"，是指"挪用保险费、保险金或保险赔款归个人使用或借贷给他人"的情形。所谓"截留"，是指"除因不可抗力，未在公司规定的期限内交回客户的保险费，或未在规定时间内交付客户委托领取的保险金、保险赔款"的情形。

第三节 涉网新型金融诈骗行为及其刑法 规制逻辑："擅设"风险①

一 "擅设"金融机构之刑事风险概述

所谓"擅设",指未经批准和正当程序,擅自设立金融机构的行为。刑法中有关规制擅自设立从事相关涉网金融交易业务机构的罪名主要是指《刑法》第174条规定的擅自设立金融机构罪:"未经国家有关部门批准,擅自设立商业银行、证券交易所、期货交易所、证券公司、期货经纪公司、保险公司或者其他金融机构的,处三年以下有期徒刑或者拘役,并处或者单处二万元以上二十万元以下罚金;情节严重的,处三年以上十年以下有期徒刑,并处五万元以上五十万元以下罚金。"从传统刑法理论构成要件来看,该罪所保护的法益是国家的金融管理制度。对于涉网金融交易而言,如若不经批准擅自设立金融机构,便极容易触及刑法对于国家金融方针政策和信贷计划的保护底线。本罪的不法表现为,未经中国人民银行批准,擅自设立商业银行、证券交易所、期货交易所、证券公司、期货经纪公司、保险公司或其他金融机构的行为。本罪的犯罪主体为一般主体,单位也可构成此罪。单位犯此罪的,对单位判处罚金,并对其直接负责的主管人员和其他直接责任人员按照自然人犯罪之规定予以处罚。本罪在责任层面要求行为人必须是出于直接故意,即行为人明知设立金融机构应当经过批准,擅自设立属于违法行为,也明知自己的行为是在私自设立金融机构并且希望发生金融机构擅自设立成功的危害后果。其设立目的是牟取非法利润,非法设立金融机构后又从事非法吸收公众存款、进行集资诈骗等违法犯罪活动的,应按照刑法的牵连犯处断原则择一重罪处罚。

当前的司法实践中已经存在若干适用该罪名的案例。比较典型的

① 本部分的核心成果已由笔者以论文的形式发表,请参见乔远《网上理财交易的刑事风险及其刑法规制逻辑》,《郑州大学学报》(哲学社会科学版)2021年第3期。

如"何某甲擅自设立金融机构案"。何某甲与某公司的何某乙、王某、张某乙结识后，共同商议成立"台湾金门银行"。2013 年 8 月 21 日，何某乙、王某、张某乙在厦门签署备忘录，约定成立"台湾金门银行"的筹备事宜，并任命何某甲为厦门筹委会负责人，此后陆续召开了"台湾金门银行筹备委员会启动仪式暨新闻发布会"，对外宣称"台湾金门银行筹备委员会"成立，并正式启动"台湾金门银行"筹备工作；聘任何某甲为集团主席助理兼"台湾金门银行"行长，负责"台湾金门银行"筹建工作。何某甲等人在该筹委会未经国家有关主管部门批准成立的情况下，在厦门市思明区体育路 45 号设立"台湾金门银行筹备委员会"办公室，加挂"台湾金门银行筹备委员会"铜牌，设计印刷"台湾金门银行"的有关标识、宣传手册，以"台湾金门银行筹备委员会""台湾金门银行筹备委员会秘书处"等名义招募入股金，积极开展设立"台湾金门银行"的一系列金融活动，后又在广东省广州市花都区镜湖路 2 号设立"台湾金门银行筹备委员会"的办公场所。在筹备过程中，何某甲担任"台湾金门银行筹备委员会秘书长"，使用"台湾金门银行筹备委员会秘书处"的印章，以每人民币 50 万元可获得"台湾金门银行"0.1% 股份的条件对外募集入股金，并以"台湾金门银行筹备委员会秘书处"的名义向投资者出具股东出资证明书。法院认为，何某甲未经国家主管部门批准，擅自设立商业银行，其行为已经构成擅自设立金融机构罪。①

但是，在刑法学理论界中，对于司法实践中的互联网金融平台是否属于《刑法》第一百七十四所述的"其他金融机构"以及何为"擅自设立"，尚未形成统一认识。与此同时，如何适用该罪名打击非法互联网金融平台、整顿互联网金融秩序，也成了实践中不得不面对的问题。②有观点认为，要正确适用该罪名，有效地治理互联网金融

---

① 案例来源于北大法宝：《何某甲擅自设立金融机构案》，http：//www.pkulaw.cn/case/pfnl＿a25051f3312b07f325bd1fe0672742d837a35f6f152d3b16bdfb.html?keywords＝%E6%93%85%E8%87%AA%E8%AE%BE%E7%AB%8B%E9%87%91%E8%9E%8D%E6%9C%BA%E6%9E%84&match＝Exact。

② 孙静翊：《立足业务范围规制擅自设立金融机构罪》，《检察日报》2018 年 7 月 16 日。

乱象、促进互联网金融的健康持续发展，必须从金融机构的设立流程和本质特征来合理解释"擅自设立"和"其他金融机构"。①"擅自设立"应当理解为未向国家有关主管部门②提出申请、履行相关审批手续而设立，抑或是已经向国家有关主管部门提出申请，但是在审批时未获批准而自行设立。此外，冒用其他合法金融机构的名称或者合法金融机构未申请或未经有关主管部门批准而设立互联网分支机构或者互联网金融平台的也应认定为"擅自设立"。"其他金融机构"应当采取同类解释方法，解释为与"商业银行、证券交易所、期货交易所、证券公司、期货经纪公司、保险公司"性质相同、业务相近的金融机构，这些金融机构的本质特征都是从事相关金融业务。原因在于互联网金融市场发展瞬息万变，如若将"金融机构"的范围限定在《商业银行法》《证券法》《保险法》等法律法规明确规定的组织之内，则极大地缩小了擅自设立金融机构罪的规制范围，也很难认定互联网金融中披着各种外衣（如，汽车金融、货币经纪等）、逃避监管和打击的互联网金融平台。因此必须抓住其本质，只要目的是从事相关金融业务且被互联网投资者认为是金融组织的，便可认定为"其他组织"。

例如，在"上海某某资产管理有限公司及杨某擅自设立金融机构罪"一案中，被告单位上海某某资产管理有限公司及被告人杨某于2014年5月9日合伙成立某某投资管理中心（有限合伙）。后被告单位和被告人在未获得金融业务许可证的情况下，通过"某某金融"互联网金融平台发布以某某投资管理中心名义开发的若干理财产品，招揽许某某、张某某、田某某、王某某等不特定投资人入伙某某投资管理中心，并向上述投资人承诺10%至15%保本付息高额回报。案发后经审计，被告单位上海某某资产管理有限公司和被告人杨某获得

---

① 孙静翊：《立足业务范围规制擅自设立金融机构罪》，《检察日报》2018年7月16日。

② 有关主管部门可参见中国人民银行等部门联合发布的《关于促进互联网金融健康发展的指导意见》等规定，譬如，互联网支付业务由人民银行监管，网络借贷业务由银监会监管，互联网保险业务由保监会负责监管，互联网基金的销售业务以及股权众筹融资业务则由证监会负责监管。

投资款共计人民币 5000 余万元。在此案中被告单位及被告人杨某成立了某某投资管理中心，从该中心从事的行为可以推定其设立目的就是从事金融业务或者说是金融相关业务，且该种设立行为应当经国家有关主管部门批准而未经审查批准，即为"擅自设立行为"，综合其他情况，应当认定为擅自设立金融机构罪。①

对于此罪，笔者认为，上述四种类型的涉网金融交易并不全都面临此类法律风险；并且，无论是具有抑或是不具有此类"擅设"刑事风险的涉网金融交易类型，其背后的原因及逻辑皆有差异，需要具体分析。

二 债权型涉网金融交易的"擅设"风险

就第一类债权型涉网金融交易而言，其主要是指行为人从事以直接融资为基础的涉网金融交易业务（如，以"P2P"为基础的涉网金融交易）。2019 年以前，可以说，刑法及其前置行政法并不要求设立该类机构事先获得批准或者取得牌照，② 因而在多数情况下，此类涉网金融交易在当时并不存在面临本类法律风险的问题。当然，若债权型涉网金融交易采用更为复杂的形式开展业务，例如上文中提到的在设立之时采用票据作为担保，若为 2019 年之前，从事本类涉网金融交易也并无"擅设"风险。主要因为 2019 年之前我国互联网金融交易平台的准入标准极低，基本上不需要金融牌照，仅需完成工商登记即可成立，唯有其经营范围有别于其他一般的公司。然而，2018 年12 月 19 日，互联网金融风险专项整治工作领导小组办公室和 P2P 网贷风险专项整治工作领导小组办公室联合发布了《关于做好网贷机构分类处置和风险防范工作的意见》，要求各省的网贷整治办在 2019 年

---

① 案例转引自张建、俞小海《擅自设立金融机构罪的司法认定》，《中国检察官》2017 年第 20 期。

② P2P 网贷模式向不特定投资者募集资金在理论上本就构成公开发行证券，例如，美国在监管 P2P 方面，基于其传统的证券法逻辑，将 P2P 网贷视为公开证券的发行行为，要求发行人必须按照证券法的要求进行注册。所以，P2P 在实质意义上和债券发行行为是一样的，只不过鉴于现实需要，为 P2P 债券发行进行了某种程度的"豁免"。参见李佳澎《互联网票据理财的法律实质及其合法性问题》，《金融法苑》2018 年第 1 期。

3 月底前完成对各省辖区之内的 P2P 互联网借贷平台的信息披露工作。《意见》出台后，我国金融市场上绝大多数 P2P 互联网借贷平台都因无法满足监管需求而陆续关停。从一般法律和刑事风险的角度看，这事实上为上述平台的设立设置了门槛，因而相关的债权型涉网金融交易平台/公司需符合相关的网络小贷资质，并在此前提之下申请金融机构牌照。根据 2021 年 2 月 10 日国务院最新发布的《防范和处置非法集资条例》第 2 条的规定，债权型涉网金融交易公司或平台若"未经国务院金融管理部门依法许可或者违反国家金融管理规定"面向不特定的公众从事存贷业务的将被依法认定为"非法集资"，面临刑事风险。

三　信托型涉网金融交易的"擅设"风险

信托型涉网金融交易，也同样存在着利用互联网向客户公开售卖信托产品的情况。当然，无论售卖行为是否合法，信托公司的设立首先应当符合我国《信托公司管理办法》的规定，设立信托公司应当经中国银行业监督管理委员会批准，领取金融许可证并符合《办法》规定的多个条件。然而，信托型涉网金融交易的交易结构，决定了信托公司符合设立要求并不意味着信托型涉网金融交易不存在刑事上的擅设风险。合法设立的信托公司，一般而言会面向合格投资人开放购买，而现实中的"擅设"风险并不存在于信托公司本身，而在于作为信托投资人的投资公司。因此，在绝大多数情况下，信托型涉网金融交易的刑事风险，都并非我们讨论的在设立中的刑事风险，而更多的是运营中因投资公司违法而导致的运营风险。

四　基金型涉网金融交易的"擅设"风险

与信托型涉网金融交易相反，基金型涉网金融交易则直接面临着"擅设"风险。根据我国《证券投资基金法》之规定，由于涉网金融交易一般都是面向公众开放的，所以其从事的业务都可以被理解为"公开募集"业务。因而从事基金型涉网金融交易的公司，在设立之时便应设立合乎法律规定的"基金管理公司"。根据《证券投资基金法》以及《证券投资基金管理公司管理办法》的规定，其应当符合法律规定的条件，并由国务院证券监督管理部门批准，① 否则有可能触及擅自设立金融机构罪。可以看出，基金型涉网金融交易的"擅设"刑事风险来源，在于法律对从事基金管理业务的公司具有强制性准入规定，开展本类型的涉网金融交易业务，无论其是否采用互联网手段进行销售，只要"基金管理公司"本身不符合法律规定，便很可能触碰到刑法中的擅自设立金融机构罪，刑法适用时更为关注擅自设立基金管理公司本身，而非基金产品的销售行为。

从裁判文书网等相关途径公开检索到的案例可以看出，目前尚未存在因擅自设立基金管理公司而单独触犯本罪的从事基金管理业务的公司，但证监会深圳监管局曾披露过"嘉睿基金未经核准设立基金管理公司案"②。在此案中，嘉睿基金未经批准擅自设立公开募集基金管理公司，然而该公司并不具备证监会核准的公开募集证券投资基金管理资质，却通过网站、社交网络、电话等公开方式向不特定对象宣称公司具有公募基金管理资格，并推荐公司发行的基金产品，宣称高额回报，以吸引投资者。嘉睿基金宣称自己公司是境内管理基金数目最多、品种最全的基金管理公司之一，经营业务包括基金募集、基金销售、资产管理和中国证监会许可的其他业务；在投资业绩方面，公司宣称截至 2013 年 6 月底公司投研团队累计创造分红超过 820 亿元；在基金产品方面，公司宣称旗下有多种开放式基金，从低风险、低收益的货币市场基金到高风险、高收益的股票基金，可以满足各类风险偏好投资者的需求，仅 2013 年 6 月至 7 月期间就发行了纯债债券型证券投资基金、一年定期开放债券型证券投资基金、双债增强债券型证券投资基金和企业债 30 交易型封闭式指数证券投资基金四只基金产品。嘉睿基金的虚假宣传极易误导投资者。为避免投资者购买该公

---

① 例如，要求有符合《证券投资法》和《公司法》的章程，注册资本不低于 1 亿元人民币且必须为实缴货币资本，公司主要股东具有经营金融业务或者金融机构的良好业绩、良好的财务状况和社会信誉，资产规模达到国务院规定标准；同时，对取得基金从业资格人员人数、董事、监事、高级管理人员任职条件，治理结构，内部稽核监控制度，风险控制制度等条件均有要求。

② 参见中国证券监督管理委员会，http：//www.csrc.gov.cn/pub/shenzhen/gzdt/201501/t20150116_266730.htm。

司基金产品造成投资损失，深圳证监局联合深圳市公安局等多部门将其取缔。在此案中，我们可以看到，深圳从 2013 年 3 月开始率先开展实施商事制度改革，将商事主体资格的登记与经营许可相分离，经营资格许可不再作为商事主体登记的前置审批程序。但是根据《证券投资基金法》等法律法规相关规定，设立管理公开募集基金的基金管理公司，应当经国务院证券监督管理机构批准；未经登记，任何单位或者个人不得使用"基金"或者"基金管理"字样或者近似名称进行证券投资活动。此时行为人乘机注册了"基金管理公司"，借助"基金管理公司"的外衣对外开展业务，号称自己有证券投资基金的管理资格，极易诱导普通投资者。在上述情况中，只要行为人擅自设立的"基金管理公司"本身不符合法律规定，便极有可能触及刑事底线中的擅自设立金融机构罪，司法机关在适用刑法时，也应该更为关注擅自设立基金管理公司本身。

五 保险型涉网金融交易的"擅设"风险

保险型涉网金融交易亦是如此。在我国，保险公司的设立需要经国务院保险监督管理机构批准，并符合《保险法》规定的条件及注册资本等方面的要求。然而，实践中几乎没有因擅自设立保险公司本身而触犯刑法的案例。更多可能的情况在于，保险公司通过网络进行金融产品的售卖，而网络平台本身因不具有保险经纪人资格，或者保险经纪人截留保险资金而带来运营风险，此风险将在下一部分进行讨论。

总的来说，就涉网金融交易的"擅设"刑事风险而言，结合对上述四种类型的涉网金融交易之交易结构逻辑的讨论，我们发现，并非所有类型的涉网金融交易都面临着"擅自设立金融机构罪"的风险。对于从事基金型涉网金融交易的公司，如果其设立之时不符合《证券投资基金法》等法律法规规定的条件，没有证券监督管理部门的批准，其便有极大的可能性触及"擅自设立金融机构罪"的刑事底线。而对于其他三类涉网金融交易公司而言，其在设立过程中一般不会触碰该罪的刑事风险，实践中亦无相关的案例体现。

第四节 涉网新型金融诈骗行为及其刑法规制逻辑：运营风险①

绝大多数情况下，"涉网金融交易"公司在设立之后进入运营阶段中，进一步面临着相关的"运营"刑事风险。在"涉网金融交易"运营实践中，以下罪名常常被适用：一是我国《刑法》第225条规定的"非法经营罪"；二是我国《刑法》规定的与"非法集资"相关的两个罪名：第176条规定的"非法吸收公众存款罪"第192条规定的"贷款诈骗罪"。尽管从表面看来，"涉网金融交易"所面临的刑事风险多数与上述几个罪名直接相关，但某一类型的"涉网金融交易"由上述某一罪名规制的具体逻辑，很多时候都与其他类型的"涉网金融交易"被规制的逻辑不同，因而值得进一步分析。

一 非法经营罪及其适用逻辑

我国《刑法》第225条规定了"非法经营罪"："违反国家规定，有下列非法经营行为之一，扰乱市场秩序，情节严重的，处五年以下有期徒刑或者拘役，并处或者单处违法所得一倍以上五倍以下罚金；情节特别严重的，处五年以上有期徒刑，并处违法所得一倍以上五倍以下罚金或者没收财产：……（三）未经国家有关主管部门批准非法经营证券、期货、保险业务的，或者非法从事资金支付结算业务②的……"从传统刑法理论角度来看，非法经营罪是指违反国家规定从事经营活动，扰乱市场秩序，情节严重的行为。上述第三款是该罪客观方面的其中一个表现。刑法试图通过该罪名，保护国家的市场交易

---

① 本部分的核心成果已由笔者以论文的形式发表，请参见乔远《涉网金融交易交易的刑事风险及其刑法规制逻辑》，《郑州大学学报》（哲学社会科学版）2021年第3期。

② 根据中国人民银行《支付结算办法》的规定，支付结算是指单位、个人在社会经济活动中使用票据、信用卡和汇兑、托收承付、委托收款等结算方式进行货币给付及其资金结算的行为，银行是支付结算和资金清算的中介结构。从司法实践现状看，"非法从事资金支付结算业务"主要有三大类型：地下钱庄、信用卡套现和票据非法贴现。

管理秩序。例如，在"黄某等非法经营、帮助毁灭证据案"① 中，被告人从事了经营证券荐股业务的行为，这一行为既是违反《证券法》、国务院及证监会有关证券市场管理相关规定的非法经营证券业务的行为，亦属于《刑法》第 225 条第 3 款有关的行为。其非法经营荐股软件业务，扰乱市场秩序，已经达到了情节严重的程度，因此被法院以"非法经营罪"定罪量刑。从这个层面上说，非法经营罪属于典型的法定犯，而法定犯首先必须违反了相关行政法规的规定，之后又违反了刑法的规定，具有双层违法性的特征。结合上文中总结出来的四种主要涉网金融交易类型，不难发现，四种常见的涉网金融交易均因本罪第三款而面临非法经营刑事风险的可能。

　　债权型的涉网金融交易背后主要是以直接融资为基础的普通债权交易，所以一般而言不会触及"非法经营罪"，其原因在于 P2P 网贷平台的角色定位。对于从传统的民间借贷衍化而来的 P2P 网络贷款，互联网平台起初只是在其中担任"中介角色"，搭建一个个性化平台，而提供平台的公司本身并不实质性地参与借贷关系，因此一般来说，平台不会触及"非法经营罪"的刑事底线。然而，如果债权型涉网金融交易的公司采取了更为复杂的交易方式，此时的平台提供者便很有可能已在不知不觉中越过起初的发展界限，因而其扮演的角色也不再是最先的"中介"角色，而是由最初中立的这样一种平台提供者演化为融资担保平台甚至是经营证券、存贷等业务的"金融机构"，如使用质权、票据等对双方债权债务关系进行担保②，那么此时便存在面临本类风险的可能性。笔者在此以国内 P2P 网络贷款行业最知名的公司之一——宜信公司所面临的涉嫌构成非法经营罪的刑事风险为例。宜信公司在经营过程中，首先以公司的名义向借款人出借

---

　　① 参见北大法宝，http：//www.pkulaw.cn/case/pfnl_ a25051f3312b07f3a3313ebc8632289 e-102fd4d62e85526bbdfb.html？keywords = %E9%9D%9E%E6%B3%95%E7%BB%8F%E8%90%A5%E7%BD%AA&match = Exact。

　　② 原因在于，很多 P2P 网贷平台为了吸引更多的投资者和资金，会为投资者提供本金和收益担保安排。担保方式在实践中呈现出多种多样的特点：有的平台自身通过提取风险准备金提供担保，有的引入担保公司提供担保，有的要求第三方提供担保。总之将借贷交易中的信用风险进行了转移。参见彭冰《P2P 网贷与非法集资》，《金融监管研究》2014 年第 6 期。

资金，形成债权债务关系。然后通过向放贷人出售债券、金融交易产品的手段获取资金，并在此基础上抽取放贷人的部分收益，以及向借款人收取担保费，共同组成所谓的"风险储备金"。在设计交易模式的过程中，宜信公司在把自己的债权以发行债券方式转让给分散的放贷人的同时，可能会因为超越传统民法领域的借贷关系或者债权转让关系，形成一种证券业务，即发行公司债券的法律关系而被认定属于上述非法经营罪第三款中所述的"非法经营证券行业"，从而面临涉嫌触犯非法经营罪的刑事风险。以目前的实践来看，如果适用包括票据在内的方式对债权提供担保，那么债权型涉网金融交易公司则可能触及非法经营罪。原因在于，我国票据是具有支付结算功能的。而中国人民银行《支付结算办法》规定，银行是支付结算及资金清算的中介机构。未经批准作为中介机构经营支付结算业务的，便有可能因符合上述"非法经营罪"第三款之规定而构成犯罪。以票据对债权进行担保本身并不意味着适用票据从事资金清算，然而正如上文所述那样，票据非法贴现（没有票据贴现经营主体资格的涉网金融交易平台擅自为票据持有人进行贴现的行为）同地下钱庄、信用卡套现一样，被当今司法实践认定为典型的"非法从事资金结算业务"三大类型。如果涉网金融交易平台采用票据贴现的方式进行融资，或者利用票据作为投资人（债权人）和项目（债务人）之间的结算工具，则应认定这一产品属于刑法所认定的"非法从事资金支付结算业务"。

对于基金型和保险型涉网金融交易而言，在涉网金融交易公司正常经营的情况下，因基金公司与保险公司未取得牌照却直接开展业务而构成"非法经营罪"的案例较为少见。但在我国的传统金融领域内，大都实行市场准入机制，涉网金融交易公司也试图利用自身的独特优势涉足这些传统金融领域，尤其是这些涉网金融交易公司为了扩大自身的利润，往往在服务中介的基础之上充任基金、保险等金融产品的管理、经纪业务，但事实上从事这些业务却是违反行政管理法规的。因此尤其值得我们关注的是在涉网金融交易的运营过程中，很容易出现基金管理人与保险经纪人嵌入互联网平台的情况，由此导致基金管理人、保险经纪人与互联网平台的混同。以保险行业为例，我国

《保险法》第 159 条[①]有明确规定，对于未取得保险行业主管机构颁发的保险代理、经纪等业务许可，擅自成立保险代理机构和经纪人的或从事相关具体业务的，将会被依法予以取缔并没收违法所得。由此可以看出，如果涉网金融交易平台不对相关准入制度给予足够的重视，而涉足保险领域的经纪服务业务，导致保险经纪人与互联网平台混同，则极有可能面临非法经营罪的刑事风险。因此，除平台本身外，若是与基金管理人或保险经纪人相互独立的机构没有依照我国《证券投资基金法》和《保险法》的规定持有牌照，那么平台公司则会因此面临非法经营罪相关的刑事风险。而如前文所述，我国基金管理人只能由依法设立的基金管理公司担任，基金型涉网金融交易对刑法的适用更为关注擅自设立基金管理公司的行为本身，而非基金产品的销售行为。可见，二者的区别在于，在基金型涉网金融交易中，平台非法经营的刑事风险直接来源于基金管理人与平台的功能混同；而保险型涉网金融交易非法经营风险则来源于保险经纪人，而非保险公司。

信托型涉网金融交易的情况更为复杂。与基金型和保险型涉网金融交易类似，一般而言，对于信托型涉网金融交易，实践中很少出现因为从事业务的公司不符合我国《信托法》规定的"信托"公司从而触犯"非法经营罪"的情况。[②]然而，信托产品的投资人如果是自然人，依照我国《信托公司集合资金信托计划管理办法》的规定，采用互联网方式吸纳投资的信托公司应对其进行合格投资人审查，要

---

① "违反本法规定，擅自设立保险专业代理机构、保险经纪人，或者未取得经营保险代理业务许可证、保险经纪业务许可证从事保险代理业务、保险经纪业务的，由保险监督管理机构予以取缔，没收违法所得……"

② 值得注意的是，互联网金融平台却有可能触犯"非法经营罪"刑事底线。对于从事信托等资产管理业务的互联网金融门户平台来说，触犯"非法经营罪"的刑事底线风险在于：如果互联网金融门户平台作为受托人以自己的名义从事相关资金金融通业务，其资产管理业务的主要的内容包含委托管理资金（投资人将资金交给互联网金融门户平台，由互联网金融门户以自己的名义投资传统资产管理项目以及银行协议存款等）和收益权拆分两种类型（互联网金融门户先行持有传统资产管理项目的份额，分拆资产管理项目的预期现金收益，并将分拆后的预期收益转让给投资人）。从本质上来说，上述两种行为模式属于信托范畴，属于变相发行证券的活动。由于我国对信托采取行政许可的市场准入机制，互联网金融门户平台利用信托关系进行委托管理资金活动，使得金融市场准入机制被弱化甚至架空，合格投资人的概念被消除，在未取得相关行政许可的情况下，属于未经许可从事信托经营活动的行为，可能触及非法经营罪刑事底线。详细论证可以参见万志尧《互联网金融犯罪问题研究》，博士学位论文，华东政法大学，2016 年。

求其投资人符合能够识别、判断、承担信托计划相应风险的具体条件，并满足相关的人数限制，同时，参与信托计划的委托人应为唯一受益人。关键在于多数情况下在由投资公司对信托产品进行投资的交易中，投资公司不能非法向他人募资以投资信托产品。若投资公司采用了特定方式进行募资而不具有法定资格，尤其是在符合《刑法》第225条第3款（未经国家有关主管部门批准非法经营证券、期货、保险业务）的情况下进行募资，这时应如何处理便值得讨论。在这种情况下，尽管投资公司的行为很契合非法经营罪之要件，然而真正的问题在于：由于信托公司本身必须对投资人是否为合格投资人以及投资人是否为唯一受益人进行审查，因此此时若信托公司未尽合格投资人审查义务，未按规定进行风险声明及披露，便面临着又一问题：应如何处理信托公司？在本书看来，此时不应轻易适用共犯原理将信托公司的行为认定为非法经营之行为，主要原因在于其不具有共犯所要求的故意的主观责任。从我国《刑法》第25条的有关规定①可以看出，构成共同犯罪要求具有共同的犯罪故意（各共同犯罪人认识到他们的共同犯罪行为和行为会发生危害结果并且希望、放任这种结果发生）和意思联络。对于投资公司来说，若其采用符合《刑法》第225条第3款的方式进行募资而不具法定资格，其当然具有非法经营之主观故意，而信托公司则只是未尽到《信托公司集合资金信托计划管理办法》所规定的合格投资人审查义务，其并无采用第225条第3款的方式进行非法募资的主观故意，况且亦未与投资公司有意思上的相互沟通。除此之外，信托公司所负责任从法理上说应为行政责任，宜按照《信托公司集合资金信托计划管理办法》所规定的未尽合格投资人审查义务的法律责任处理，上升为刑事责任实有不妥。当然，如果出现信托公司违规与投资公司进行串通的情况则不属此列。

概括地说，不同类型的涉网金融交易所面临的"非法经营"刑事风险的原因，因其背后的交易结构的差异而有所不同。债权型涉网金融交易触及"非法经营"刑事底线的原因在于其采取诸如使用质权、票据手段对双方债权债务关系提供担保的较为复杂的交易方式；基金

---

① 共同犯罪是指二人以上共同故意犯罪。

型涉网金融交易和保险型涉网金融交易触及"非法经营"罪名的可能性来源于其在运营过程中极易出现基金管理人与保险经纪人嵌入互联网平台的情况，从而导致基金经纪人、保险经纪人与网络平台的混同（其中基金型涉网金融交易的非法经营风险直接来源于基金管理人与平台的功能混同、保险型涉网金融交易的非法经营风险来源于保险经纪人）；信托型涉网金融交易触碰"非法经营"在实践中十分少见，但在信托公司违规与投资公司串通的情况下，如果信托公司未尽合格投资人审查义务、未按规定进行风险声明及披露，则有可能面临适用共犯原理将信托公司的行为认定为非法经营之刑事风险。

二　非法集资相关罪名及其适用逻辑

我国刑法中有关"非法集资"的罪名通常被认为包括第 176 条规定的非法吸收公众存款罪及第 192 条规定的集资诈骗罪。从传统刑法理论角度来看，非法吸收公众存款罪是指非法吸收公众存款或者变相吸收公众存款，扰乱金融秩序的行为。集资诈骗罪是指以非法占有为目的，使用诈骗方法非法集资，骗取集资款数额较大的行为。[1] 单就这两个罪名来说，非法吸收公众存款罪具有基础性意义，属于非法集资类犯罪的一般法规定，集资诈骗罪为特别法规定，是非法集资类犯罪的加重罪名。对于非法吸收公众存款罪来说，判断其客观方面的特征尤为重要。最高人民法院曾出台相关司法解释，为实践中一直存在争议的非法集资刑事案件的审理工作提供了明确指导。[2] 总体来说，要从"非法性""公开性""利诱性"和"社会性"四性来把握非法集资行为。"非法性"是指未经有关部门依法批准或者借用合法经营的形式吸收资金。从这个层面来说，即使是银行，无论其是开展线下业务抑或是从事涉网金融交易业务，均有可能构成本罪。"公开性"是指

---

① 高铭暄、马克昌主编：《刑法学》，北京大学出版社、高等教育出版社 2017 年版，第 402、417 页。

② 关于非法集资行为的界定以及司法解释的评析，参见彭冰《非法集资活动规制研究》，《中国法学》2008 年第 4 期；彭冰《非法集资行为的界定——评最高人民法院关于非法集资的司法解释》，《法学家》2011 年第 6 期。

通过媒体、推介会、传单、手机短信等途径向社会公开宣传。"利诱性"是指承诺一定期限内以货币、实物、股权等方式还本付息或者给付回报。"社会性"是指向社会不特定对象吸收资金。准确把握这四个特性，对认定集资诈骗罪亦有帮助。原因在于，即使是集资诈骗罪，其客观方面亦需满足上述"四性"的入罪条件，只不过在集资诈骗罪中存在着非法占有目的。虽然两罪在保护的客体上有所不同（非法吸收公众存款罪保护的是国家的金融管理秩序，集资诈骗罪试图保护国家的金融管理秩序和公司财产所有权），但一般认为，二者所规制的行为模式并无区别，主要区别在于行为人是否具有"非法占有"目的。[①] 无论作为开展涉网金融交易业务的行为人是否具有"非法占有目的"，都不影响其是否面临"非法集资"相关的刑事风险。因此在本部分，重点是讨论涉网金融交易公司的行为类型，而非行为人是否具有非法占有目的。具体到本书所讨论的涉网金融交易领域，最为常见的刑事风险便是基于该二罪产生的刑事风险，例如，近年来P2P涉网金融交易盛行的背后，"非法集资"相关罪名一直如影随形。除包括P2P在内的债权型涉网金融交易外，其他几种类型的涉网金融交易也都面临着此种刑事风险。在我国，只有银行和商业保险这两种金融机构具有向公众吸收资金的资格，其他任何种类的金融机构都不具有该资格。由于涉网金融交易的受众为公众，因此除银行和保险公司之外的其他任何种类的金融公司在从事涉网金融交易业务时，触犯"非法集资"相关两罪名的可能性都很高。同时，银行和保险公司具有向公众吸收资金的资格并不意味着只要涉网金融交易中吸收资金的一方涉及银行和保险公司，就一定能排除"非法集资"的刑事风险。原因在于即使是银行或者是保险公司，也都存在着借用合法形式吸收资金的可能性。可以说，四种常见的涉网金融交易类型都可能因不同的原因触及刑事底线。

---

① 胡启忠：《集资诈骗罪"非法占有"目的认定标准的局限与完善》，《法治研究》2015 年第 5 期。

（一）债权型涉网金融交易的运营风险

多数情况下，债权型涉网金融交易面临"非法集资"刑事风险的原因在于其设有资金池，却并不具有向公众吸收资金的资格。无论债权型涉网金融交易是较为简单的 P2P 类型，抑或是较为复杂的、以第三方或其他权利（包括质权等）进行担保的情况，只要涉网金融交易公司为错配资金设有资金池，那么其行为便符合我国刑法规定的非法吸收公众存款罪及集资诈骗罪所规定的不法行为类型。例如，实践中有的互联网票据平台在开展涉网金融交易业务中，没有将自有资金与投资人资金隔离；有的互联网票据平台声称将投资人资金存放在指定银行的电子账户，但实质上并未起到第三方托管资金的作用。如此一来，投资人的资金缺乏监管，便极易产生互联网票据平台私设资金池进而出现非法集资的风险。[①] 此外，如前所述，部分 P2P 网贷平台采取债权转让模式运营，通过个人账户进行债权转让活动。债权转让是通过对期限和金额的双重分割，将债权重新组合后转让给放贷人，其实质是资产的证券化，这种模式很容易被认定为是向众多的、不特定的对象吸收资金，从而面临非法集资中的"非法吸收公众存款"之刑事风险。

以曾经轰动一时的"东方创投案"[②] 为例。东方创投是一家于 2013 年 6 月在深圳成立的 P2P 公司，其主要负责人为邓某和钱某。东方创投向社会公众推广其 P2P 信贷投资模式，在将投资者的投资款项全部放在自己的账户中（而不是设立独立账户）、实际资金用途为平台自融的情况下，对投资者以"保本保息""资金安全""账户安全"进行公开宣传，以提供中介服务为名，承诺 3% 到 4% 月息的高额回报。实际上，平台募集资金都是投资人直接汇款至邓某的私人账号，或者汇款至第三方支付平台后再转到邓某的私人账号，具体投资

---

① 参见任永青《互联网票据理财业务法律风险的若干思考》，《海南金融》2016 年 6 期。

② 参见裁判文书网，http：//wenshu.court.gov.cn/content/content？DocID = 56e63f40 - 635e - 4d5a - 8353 - dd4d1c0fa94f&KeyWord = % E4% B8% 9C% E6% 96% 9B% E5% 88% 9B% E6% 8A% 95，2021 年 9 月 18 日。

款均由邓某个人支配，投资人本息返还则相反。东方创投前期有意将投资款借给融资企业，但实际操作后坏账率超过6%，资金不能按时收回，最终转投其私人地产物业。东方创投投资人资金中的2500万元用于购买深圳布吉中心花园四个街头铺面（总价3680万元），而邓某把布吉的四个铺面抵押给担保公司又贷出3000万元，其中2200万元用于深圳华强北和记黄埔的"世纪汇广场"18层物业首付款（总价1.05亿元），另外800万元则用于日常满足投资人投资提现之需求。之后，邓某资金链断裂，汇款不及时导致投资人提现困难。后案发，邓某、李某均于2013年底相继自首。检方指控称，截至2013年10月31日，东方创投共吸收公众存款人民币126736562.39元。法院最终认定两行为人构成非法吸收公众存款罪。该案背后的规制逻辑就在于，涉网金融交易公司为错配资金设有资金池，那么其行为便符合我国刑法规定的非法吸收公众存款罪及集资诈骗罪所规定的不法行为类型。

此外，由于牵涉到金融安全、社会稳定等诸多深层次因素，"自建资金池、大发假标的"的"网贷"变"网骗"现象亦值得我们给予一定程度的关注。[①]据报道，位于佛山市禅城区的安稳投资管理咨询有限公司，规模小、人员少，却吸收了19亿元的公众存款。吸收的资金并没有用于其平台"理财咖"公布的投资项目，而是通过借新还旧募集资金、维持周转。此外，所吸收资金除部分返还投资者到期本金、利息外，其余部分皆被经营者通过违规设立居间人账户的方式转走，用于购买房产、字画、保险等。最终由于经营者提取资金数量过大且大肆挥霍，引发资金链断裂。2018年广州第一家"爆雷"的网贷平台"礼德财富"，曾被权威研究机构和媒体机构联合发布的"P2P网贷评价体系"评定为A级平台，其董事长郑某却"从一开始就是在诈骗"。他成立了上万个价格约为六千元一个的空壳公司，通过这些公司将投资资金套取到自己的手中，而一个空壳公司大概能在礼德财富平

台上借款一千万元。此外，其作案手段极为高明，通过购买诸如"广州互联网金融协会副会长"等身份头衔，投入大量成本于品牌赞助等方式，迷惑投资者。这些网贷平台表面上披着"P2P"金融创新的"外衣"，实质上却是不折不扣的"集资者"，其非法集资的性质并没有发生任何改变。

（二）基金型涉网金融交易的运营风险

基金型涉网金融交易也具有一定的"非法集资"相关刑事风险。依照我国法律规定，基金公司大致可以发行两种不同的基金类型，即公募基金与私募基金。前者一般是指取得了证监会批准能够向公众发行的基金，后者则是指只能以非公开方式向特定的投资者、机构和个人募集资金并依约对其进行回报的基金。因此，基金型涉网金融交易是否面临"非法集资"刑事风险，也因基金本身是公募基金还是私募基金而有所不同。若基金型涉网金融交易背后是公募基金，那么该公募基金开展业务是否经过证监会批准便是影响其是否具有"非法集资"刑事风险的主要因素。与此同时，公募基金的销售若使用互联网开展，那么实施销售的公司必须获得证监会的许可，一旦销售平台未经许可向公众销售产品，其行为便与"非法集资"相关罪名所规定的行为相契合，因而具有相应的刑事风险。而私募基金是不能向公众开放募集资金的，所以一旦私募公司适用互联网公开销售其基金产品，便触及了刑法底线。[①]2016 年发生的"中晋系集资诈骗案"即为典型。据媒体报道，中晋员工经常在朋友圈转发超高年化收益率的涉网金融交易产品，以中晋一款股权基金产品（中晋合伙人）为例，其年化收益率接近 20%，一经推出就引起了投资者的疯抢。为了买到中晋一款高收益涉网金融交易产品，"数以百计的投资者半夜取号，比高峰时期的上海楼市还火爆"。中晋资产除了通过互联网渠道（如微信朋友圈、网页等）宣传公司的"财大气粗"形象，还曾通过冠名当地电视台知名节目、邀请明星代言产品等途径，吸引投资者。法

---

① 卢勤忠、盛林燕：《我国基金犯罪的界限认定问题》，《昆明理工大学学报》（社会科学版）2010 年第 6 期。

院经审理后最终认定，中晋控制人虽然已经向监管部门备案了"中晋股权投资基金管理（上海）有限公司"，但是其却使用互联网、宣讲会等手段公开募资及宣传，是为私募基金的"公募化"，其宣传途径亦属于典型的公开手段集资。此外，其虚构项目、承诺保本付息的行为，违反了《私募投资基金管理暂行办法》的相关规定，属于针对不特定对象募集资金，非法占有集资款。上述种种行为符合集资诈骗罪的犯罪构成，其单位、相关行为人最终以集资诈骗罪定罪量刑。①

此外，根据证监会安徽监管局的公告显示，铁建蓝海广德投资管理公司旗下的广德铁建蓝海达仑投资中心（有限合伙）、广德铁建蓝海辉路投资中心（有限合伙）、广德铁建蓝海兴路投资中心（有限合伙）、广德铁建蓝海源宝投资中心（有限合伙）四只私募基金产品未在证监会办理备案手续即开展投资运作，被责令改正。值得我们注意的是，在基金产品未备案的情况下，其行为除可能存在未能对投资者是否满足合格投资者条件作实质性评估的情况外，还有可能通过互联网等途径面向不特定公众进行宣传从而导致不特定多数公众的投资加入的情形。只要其使用互联网公开销售其基金产品，便极有可能触及"非法集资"相关罪名中"公开性"的违法要件。从以上两个案例我们可以看出，在涉网金融交易的情况下，由于私募基金本身所具有不能向社会公众开放募集资金的特性，所以私募公司极易通过互联网途径公开销售其基金产品，从而触碰"非法集资"相关刑事底线。

（三）信托型涉网金融交易的运营风险

信托型涉网金融交易面临"非法集资"刑事风险的主要原因在于作为中间人的投资人。在信托型涉网金融交易中，合格投资人自己直接投资合法设立的信托公司所发行的信托产品之时，其触犯"非法集资"两罪名的可能性较低。然而，如果信托型涉网金融交易中的网上

---

① 案件请参见科技金融在线《曾吸储近 400 亿的中晋系集资诈骗案一审宣判，实控人徐勤被判处无期徒刑》，《凤凰财经报道》2018 年 9 月 19 日，http：//finance.ifeng.com/a/20180919/16515745_0.shtml，2021 年 9 月 18 日；曾杰《以案说法：这些私募基金为何被判非法集资犯罪呢？》，《搜狐财经报道》2018 年 2 月 9 日，https：//www.sohu.com/a/221835868_742027，2021 年 9 月 18 日。

平台作为中间人，利用互联网吸纳他人资金投资信托产品，便由于涉网金融交易公司本身并不具有吸纳公众资金的资格，却采用了面向大众的"互联网"作为手段吸纳资金，极有可能面临"非法集资"刑事风险。当然，如果投资人将信托产品进行拆分，公开售卖，其行为从本质上也是向公众募集资金的行为。在上文所例举"信托100"之例中，由于投资者不得直接投资信托产品，而是代由"信托100"平台与信托公司签订信托合约，因此投资者的资金必须先通过"信托100"网站平台流入特定的资金账户（按照合约，资金流入了该平台公司名下的银行账户而非第三方独立账户），再进入信托公司的账户，因此实际上在"信托100"内部形成了一个资金池。关键在于"信托100"网上平台并不具备银行合法吸收公众存款的能力，其行为已经面临着触碰非法集资法律底线的风险。除此之外，根据有关媒体报道，深圳一家平台曾推出一款名为"信托宝"的产品，发起"10元买信托"的口号；"多盈理财"也推出过"1万元购信托"产品，并表示"用户在该平台1元就可购买银行理财"。[①]类似于这种"凑份子钱"买信托的行为，实际上在涉网金融交易兴起之前就已经存在，互联网信托交易的兴起使该种现象得到一定程度的放大。上述投资人拆分信托产品向投资者进行售卖的行为，实际上是将资金汇集于一人名下，同时又存在着向不特定对象募集资金、承诺回报等情节，因此极有可能触及非法集资相关刑事底线。

（四）保险涉网金融交易的运营风险

保险型涉网金融交易面临本类刑事风险的主要原因在于作为中间人的保险经纪人。即使保险经纪人是符合我国法律规定的保险经纪人，若其截留、挪用公众用以购买保险的资金，则其行为亦有可能因符合"非法吸收公众存款罪"与"集资诈骗罪"的规定而面临相应的刑事风险。一般而言，保险领域的非法集资存在着以下三种常见类型。第一类是主导型案件，指的是保险从业人员利用职务便利或者公

---

① 参见吕江涛《团购信托层出不穷，投资者应警惕非法集资风险》，《证券日报》2014年12月12日。

司的管理漏洞，假借保险产品、保险合同或以保险公司名义实施集资诈骗。主要手段有：犯罪分子虚构保险涉网金融交易产品，或者在原有保险产品基础上承诺额外利益，或者与消费者签订"代客理财协议"，吸收资金；犯罪分子出具假保单，并在自购收据或公司作废收据上加盖私刻的公章，甚至直接出具白条骗取资金。

例如，在"刘某、马某非法集资案"中，刘某是中国人寿保险股份有限公司南阳分公司营业部经理，从2007年开始，利用中国人寿保险股份有限公司正在开展的"永泰年金"业务，私自制定利率和利息的方法，伙同该营业部员工马某面向社会非法吸收公众存款，在中国人寿保险股份有限公司于2007年12月14日下文停售"国寿永泰团体年金保险（2003版）"和中国人寿保险股份有限公司于2009年3月18日下文停售"国寿永泰团体年金保险（2007版）"的情况下，利用从市面上购买的收据私自刻制"现金收讫"章，非法吸收公众存款。2007年6月4日到2012年12月27日期间，刘某共非法吸收公众存款44585750元人民币，马某共非法吸收公众存款28967100元，涉案金额高达七千多万元，造成了非常严重的社会影响，最后二人均被法院认定为非法吸收公众存款罪而被定罪量刑。[1]第二类是参与型案件，指的是保险从业人员参与社会集资、民间借贷及代销非保险金融产品。主要手段有：保险从业人员同时推介保险产品与非保险金融产品，混淆两种产品性质；保险从业人员承诺非保险金融产品以保险公司信誉为担保，保本且收益率较高；诱导保险消费者退保或进行保单质押，获取现金购买非保险金融产品。第三类是被利用型案件，指的是不法机构假借保险公司信用，误导欺骗投资者，进行非法集资。[2] 这种类型和我们所要讨论的保险经纪人对客户资金的不法截留和挪用并无太大联系，本书不再一一讨论。

概言之，不同类型的涉网金融交易所面临"非法集资"刑事风险

---

[1] 案件请参见中国财产再保险有限责任公司网站，http://www.cpcr.com.cn/zhzcx/469642/470069/477509/506811/index.html。
[2] 子安：《保险领域非法集资的三个类型》，《理财》2017年第7期。

的原因，因其背后的交易结构不同而有所差别。债权型涉网金融交易触及"非法集资"刑事底线的原因在于涉网金融交易公司开设资金池的行为；基金型涉网金融交易则与其业务为公募或私募有关，在公募的情况下，是否取得证监会许可是判断其是否面临"非法集资"刑事风险的关键，而私募基本不能通过互联网公开募集资金；信托型涉网金融交易触犯刑法有关"非法集资"两罪名的情况多出现在涉网金融交易公司作为投资人之时；而保险型涉网金融交易触及"非法集资"相关罪名的可能性主要源于保险经纪人对客户资金的不法截留和挪用。

第五节　涉网新型金融诈骗犯罪的主要 衍生风险及刑法规制[①]

如上所述，债权型、基金型、信托型与保险型涉网金融交易的刑事法律风险，因其独特的交易及交易结构而主要分为两类：其一是与平台设立相牵连的"擅设"风险；其二是与平台经营相关的"运营"风险。前者关注的是涉网金融交易平台如何合法地"设立"于襁褓之中，后者则聚焦于其在设立之后如何合法"运营"。刑法规制逻辑的脉络于此是前后相承、清晰可见的。可以认为，前述讨论主要集中在与涉网金融交易相关的基础交易之上。但除此之外，我们同样需要对涉网金融交易之"网上"这一限定语进行讨论。此处一种衍生性的、更为一般性的刑事风险理应引起人们的警惕，因为其侵害的往往不是金融刑法所致力于保护的大众投资者的经济利益，而是在讨论金融犯罪时常易被我们所忽略的信息保护问题。笔者要指出的是，就网络安全领域的管理而言，除下文即将论述到的"拒不履行信息网络安全管理义务罪"等刑事法律规定外，其重要性已在许多前置性法规中

---

① 本部分的核心成果已由笔者以论文的形式发表，请参见乔远《网上理财交易的刑事风险及其刑法规制逻辑》，《郑州大学学报》（哲学社会科学版）2021年第3期。

得到确认。①在本书看来，此类风险即涉网金融交易的"衍生"刑事风险，与涉网金融诈骗犯罪相伴相生。与前面讨论的"擅设"及"运营"刑事风险相比，这里的"衍生"刑事风险及相关刑法规制逻辑，就不同类型的涉网金融交易而言，更多地具有共性而非差异。

在我国《刑法》中，与涉网金融交易直接有涉的相关公民信息保护的罪名主要是指第 286 条之一的"拒不履行信息网络安全管理义务罪"②，该罪是指网络服务提供者不履行法律、行政法规规定的信息网络安全管理义务，经监管部门责令采取改正措施而拒不改正，具有致使违法信息大量传播等法定严重后果或严重情节的行为。同下面所要列举的"非法利用信息网络罪"和"帮助信息网络犯罪活动罪"两罪一样，其试图保护的客体是信息网络安全管理秩序。客观方面表现为法条所列举的四种情形。主观方面为故意。值得注意的是，本罪的犯罪主体为特殊主体，即网络服务提供者。本书所叙述的涉网金融交易服务提供平台，当然地属于该犯罪主体所涵摄的对象。本罪存在单位犯罪。应当指出的是，此罪是 2015 年《刑法修正案（九）》所新增的罪名，无论是学界还是实务届，均对此罪如何适用等进行了多方面的讨论。③当然，如果相关公司的设立本身便是以实施犯罪行为为

① 例如，《全国人民代表大会常务委员会关于加强网络信息保护的决定》第 4 条规定："网络服务提供者和其他企业事业单位应当采取技术措施和其他必要措施，确保信息安全，防止在业务活动中收集的公民个人电子信息泄露、损毁、丢失。在发生或者可能发生信息泄露、毁损、丢失的情况时，应当立即采取补救措施。" 2017 年 6 月 1 日起施行的《网络安全法》第 21 条也明确规定了服务商的合规管理义务：网络运营者应当按照网络安全等级保护制度的要求，制定内部安全管理制度和操作规程，确定网络安全负责人，落实网络安全保护责任。《即时通信工具公众信息服务发展管理暂行规定》第 5 条，《计算机信息网络国际联网安全保护管理办法》第十条等均有相关规定。由此可以看出，对于网络安全领域的合规管理在前置性法规中已受到足够重视，其注重发挥网络服务商在其中可能发挥的优势作用。
② 网络服务提供者不履行法律、行政法规规定的信息网络安全管理义务，经监管部门责令采取改正措施而拒不改正，有下列情形之一的，处三年以下有期徒刑、拘役或者管制，并处或者单处罚金：（一）致使违法信息大量传播的；（二）致使用户信息泄露，造成严重后果的；（三）致使刑事案件证据灭失，情节严重的；（四）有其他严重情节的。
③ 关于"拒不履行信息网络安全管理义务罪""帮助信息网络犯罪活动罪""非法利用信息网络罪""侵犯公民个人信息罪"四罪的实践把握，参见喻海松《网络犯罪的立法扩张与司法适用》，《法律适用》2016 年第 9 期；周光权《拒不履行信息网络安全管理义务罪的司法适用》，《人民检察》2018 年第 9 期等。

目的，那么还可能构成《刑法》第287条之一的"非法利用信息网络罪"①或第287条之二的"帮助信息网络犯罪活动罪"②。"非法利用信息网络罪"是指设立用于实施违法犯罪的网站、通讯群组，或者利用信息网络发布违法犯罪信息，情节严重的行为。其客观方面均由法条明文规定。触犯本罪须在主观上出自故意。本罪可由单位构成，其犯罪主体为一般主体。"帮助信息网络犯罪活动罪"是指明知他人利用信息网络实施犯罪，为其犯罪提供互联网接入等帮助，情节严重的行为。其客观上表现为为利用信息网络犯罪提供互联网接入、服务器托管、网络存储、通讯传输等技术支持，或者提供支付结算、广告推广等帮助行为。构成本罪，须具备情节严重的要素，本罪的主体为一般主体，包括自然人和单位。此外，《刑法》第253条之一规定的"侵犯公民个人信息罪"③也从个人信息保护的角度为刑法规制涉网金融交易的"衍生"刑事风险提供了依据。该罪是指违反国家有关规定，向他人出售或者提供公民个人信息，窃取或者以其他方法非法获取公民个人信息，情节严重的行为。本罪侵犯的客体是公民个人的信息自由和安全，对象是公民的个人信息，即指以任何形式存在的、与公民个人存在关联并可以识别特定个人的信息，其外延十分广泛，几乎有关个人的一切信息、数据或者情况都可以被认定为个人信息。一般来说，一个人的种族、肤色、肖像、性别、年龄、婚姻状况、家庭情况、宗教信仰、思想观点、爱好、受教育情况、财产状况、血型、指纹、病历、职业经历、住址、电话、电子邮件都属于他的个人信息。本罪的客观方面表现为行为人实施了向他人出售或者非法提供公民个人信息以及获取或者以其他方法非法获取公民个人信息的行

---

① "利用信息网络实施下列行为之一，情节严重的，处三年以下有期徒刑或者拘役，并处或者单处罚金：（一）设立用于实施诈骗、传授犯罪方法、制作或者销售违禁物品、管制物品等违法犯罪活动的网站、通讯群组的；（二）发布有关制作或者销售毒品、枪支、淫秽物品等违禁物品、管制物品或者其他违法犯罪信息的；（三）为实施诈骗等违法犯罪活动发布信息的。"

② "明知他人利用信息网络实施犯罪，为其犯罪提供互联网接入、服务器托管、网络存储、通讯传输等技术支持，或者提供广告推广、支付结算等帮助……"

③ "违反国家有关规定，向他人出售或者提供公民个人信息……"

为。该两种行为要构成本罪，均需达到情节严重的程度。本罪的主观方面为故意，主体为一般主体，自然人和单位均可构成。①最高检曾发布六起侵犯公民个人信息犯罪的典型案例，在"郭某某侵犯公民个人信息案"②中，被告人郭某某在 2015 年 3 月至 2016 年 9 月 1 日期间，利用其曾在某信息技术服务公司工作的便利，通过 QQ 群交换等途径，非法获取楼盘业主、公司企业法定代表人及股民等的姓名、电话、住址及工作单位等各类公民个人信息共计 185203 条，上传存储于其"腾讯微云"个人账户内。其后，他又通过 QQ 群发布信息，将上述非法获取的公民个人信息出售给他人，从中非法获利人民币 4000 元。厦门市思明区人民检察院以涉嫌侵犯公民个人信息罪对郭某某批准逮捕并提起公诉。厦门市思明区人民法院以侵犯公民个人信息罪判处被告人郭某某有期徒刑 7 个月，并处罚金 2000 元。此案具有一定的典型意义。当前，行政管理机关、金融、电信、交通、宾馆、快递等单位、服务行业在提供服务的过程中，会获取大量的公民个人信息。这些单位、公司的个别成员甚至是单位、公司，如果违反职业道德和保密义务，将在工作中获得的公民个人信息资料出售或提供给他人，会对公民的人身、财产安全及正常工作生活造成严重威胁。"本案被告人郭某某原在某信息技术服务有限公司工作，该公司的业务主要是推广 400 电话服务。郭某某在工作中接触和获取了大量包含但不限于公民姓名、所在公司及联系电话的信息，并在辞职后将工作中获取的公民个人信息上传至个人网络储存空间，利用 QQ 等社交软件与他人交换这些公民个人信息，加以出售牟利。被告人郭某某在出售、提供履职和服务的过程中所获公民个人信息，具有更大的社

---

① 参见高铭暄、马克昌主编《刑法学》，北京大学出版社 2017 年版，第 484、485、538、539 页。

② 案件具体内容请参见《最高检发布六起侵犯公民个人信息犯罪典型案例之四：×××侵犯公民个人信息案——将在提供服务过程中获得的公民个人信息出售、提供给他人的，构成侵犯公民个人信息罪》，北大法宝，http://www.pkulaw.cn/case/pfnl_a25051f3312b07f359613bb3b7e7aed6ab31cb24a5d2b4fcbdfb.html? keywords = % E4% BE% B5% E7% 8A% AF% E5% 85% AC% E6% B0% 91% E4% B8% AA% E4% BA% BA% E4% BF% A1% E6% 81% AF% E7% BD% AA&match = Exact，2021 年 9 月 20 日。

会危害性，应当从严惩处。"从中可以看出，司法机关对于公民个人信息的保护给予了一定程度上的关注，这无疑对涉网金融交易平台在提供相关业务服务过程中的投资人个人信息保护的应然性起到警示作用，为刑法规制涉网金融交易的"衍生"刑事风险提供了鲜活的事例和素材。

在我国现行《刑法》中，上述前三项罪名被规定在第六章"妨害社会管理秩序罪"下的"扰乱公共秩序罪"之中。因为该类犯罪所侵犯的同类客体是"狭义的社会管理秩序，即国家对社会日常生活进行管理而形成的有条不紊的秩序，特指刑法分则其他各章规定之罪所侵犯的同类客体以外的社会管理秩序"①。"作为本章法益的社会管理秩序，是指由社会生活所必须遵守的行为准则与国家活动所调整的社会模式、结构体系和社会关系的有序性、稳定性与连续性。"②可以看出，相较于"侵犯公民个人信息罪"更多地关注单一的公民个体（点状式分布），刑法还考虑到了对涉网金融交易产品的"衍生"风险进行更大范围的规制（网状式分布），考虑到了互联网作为放大器的功用，关注到了范围性的刑事风险。进一步而言，金融刑法的传统规制逻辑强调的即是"从点到面"，金融机构对单个投资者财产利益的侵害可能构成诈骗罪，但由于规模性的侵害日益频繁，终将导致集资诈骗罪的设立。而信息类犯罪虽然表面上与金融刑法的规制领域无涉，但当其依附于"涉网金融交易"平台这一载体蔓延生长时，不难发现，这种"从点到面"的规制逻辑已得到立法者的关注。于此，传统的金融刑法规制与涉网金融交易的衍生信息类犯罪规制逻辑达到了某种程度的契合。

可以认为，"涉网金融交易"的主要"衍生"风险是与其交易结构相对剥离的，而更多地关注对信息违法使用及对信息进行滥用的风险，此二者的关系实质上是内容与路径的关系。一方面，我们需要关注被传播信息本身的内容是否合法，如"拒不履行信息网络安全管理

---

① 高铭暄、马克昌主编：《刑法学》，北京大学出版社 2016 年版，第 521 页。
② 张明楷：《刑法学》（下），法律出版社 2016 年版，第 1030 页。

义务罪"中关于致使用户信息严重泄露者的责难即为此例。另一方面，"帮助信息网络犯罪活动罪"则对为利用网络侵害法益行为提供间接帮助的网络服务者进行了规制。

综上所述，本部分对"涉网金融交易"的主要衍生风险及其规制逻辑，即涉及公民信息保管不善及滥用的这一衍生风险，并结合我国刑法的现行规定，"从点到面"和"从内容到路径"两条规制逻辑进行了简要阐述。需要注意的是，虽然笔者所用的表述是"衍生"风险，且该部分的论述亦被置于似乎更为前沿、精细、炙手可热的涉网金融交易产品因交易本身所涉刑事风险之后，但其重要性并不因为一种边缘化的表达方式或结构安排而显得黯淡。我们很难去比较大众投资者的经济利益丧失和关涉其名誉的个人信息泄露二者的痛苦程度孰轻孰重，因此对二者基于平等公正的关注，而非重此轻彼，应是刑法相关的司法人员、学者和其他从业人员需要进一步思考的重要问题。

第六节　涉网新型金融诈骗刑法规制
与"金融诈骗罪"

我国涉网新型诈骗罪的刑法规制，主要是以我国刑法中的"金融诈骗罪"为主要依据，因此从理论的角度讨论该类犯罪是不可或缺的一环。事实上，我国"金融诈骗罪"本身的构成要件有诸多可供商榷之处。其中，作为财产要件的"经济的财产损失"及作为责任要件的"非法占有目的"最值得被关注。

一　以规范的财产概念塑造金融诈骗罪构成要件之探讨

我国之金融诈骗罪多脱胎于诈骗罪，为诈骗罪之特殊法条，因而其本质上仍属一种财产犯。我国刑法中的诈骗罪基本延续了大陆法系的通常观点，即认为设置诈骗罪是通过保护被害人的处分自由进而实现保护财产。是故，保护财产处分自由仅仅是保护财产的中间手段，而不是诈骗罪的保护法益。同时，金融诈骗罪通常为诈骗罪之加重构成要件，例如，集资诈骗罪即是在诈骗罪构成要件基础上增设"非法集资"这一构成要件要素。此外，由于部分金融诈骗罪的构成要件明确规定"数额较大"，采取了"重结果"的入罪模式，排除了财产损害之危险作为行为结果之可能，因此多数金融诈骗罪均为造成实际财产损失的结果犯。

（一）以经济的财产损失概念为基础构造的金融诈骗罪

我国刑法中的金融诈骗罪乃诈骗罪的特别法条，故除部分罪名外，多沿用了诈骗罪中的财产损失概念。诈骗罪以整体财产为保护法益，是以，通常而言是通过对比处分前后被害人的整体财产数额来判断财产损失，如被害人变得更穷了，即存在财产损失。进一步讲，在这种以整体财产为保护法益的规范下，某利益能否成为刑法保护的适格财产，主要取决于其是否具有可结算的客观经济价值。但问题在于：本于经济的财产损失概念构造诈骗罪之规范，是否全无疑义？

在德国刑法理论下，财产概念之主要争点在于诈领不法给付情况下法律评价与财产经济价值间的衡量问题。法律财产概念将财产理解为自刑法之外的其他法规范所保护的利益。此说一方面肯认行为人只要侵害了相应的财产权利，即使未造成经济损害，亦可构成财产犯罪；另一方面又认为，倘若现行财产法之规范未对某种利益予以保护，纵使其具有经济价值，亦不可成为财产犯罪之保护客体。[1]另有经济财产概念则从财产之交换价值角度出发，认为凡具有市场价值的利益，皆可成为刑法财产犯罪之保护客体，即使是禁制物等不受法律保护之物亦概莫能外，以避免出现不受保护之刑法空窗（strafrechtsfreier Raum）。通行的法律经济财产则在经济财产概念之基础上，依照法秩序一致性原则，排除明显抵触法秩序范围内之财产。[2]因此，法律经济财产概念之基础仍然是经济财产概念，仅系自法秩序角度对其予以限缩而已。

日本法则从窃取财物的典型的财产犯罪样态出发，思考财产犯罪

---

[1]　谢煜伟：《财产犯、财产法益与财产上利益》，载谢煜伟《刑事法与宪法的对话：许前大法官玉秀教授六秩祝寿论文集》，台北：元照出版有限公司2017年版，第695页。

[2]　许泽天：《刑法各论（一）财产法益篇》，台北：新学林出版社2017年版，第126页。

的保护客体。本权说认为唯有破坏基于合法权源之占有，方构成对于财产之损害，占有说主张任何事实上的占有状态皆应受保护。通行的折衷说则是对本权说进行扩张形成修正的本权说或对占有说进行限缩形成平稳的占有说，二者本质上并无明显区别，前者主张以外行人标准界定持有是否值得保护，后者反过来从事后的可能以优势证据证明被害人有无合法权源来进行界定，①唯前者可在构成要件该当性阶段阻却构成要件该当，后者须进一步在违法性阶段阻却违法性。表面上看，日本法中的理论似乎已进一步处理了人对于财物的占有关系本身。不过严格来说，位于占有背后的合法权源并不会因窃取而丧失。换言之，破坏占有关系不等于侵害合法权源，仅是对合法权源之行使造成现实上的障碍，亦即其侵害的仍然是现实中的利益。本权说与占有说的区别在于，到底是侵害了能够使合法财产性权利实现的利益还是侵害了现实中占有的利益，这个问题其实也可以回到德国法上的法律财产说与经济财产说之论争。

德日理论中的此等财产概念之特点便在于，其主要是为解决解释财产损失这一构成要件要素而衍生的。因此，从一开始，其主要任务便在于界定受刑法保护之财产范围。如果我们进一步思考前述财产概念，便会发现其并非在回答"什么是财产"这一问题，而是在回答"什么样的财产应受刑法保护"。但是这种回答方式，已经预设了刑法上的财产是独立于主体之外的一种客观存在，换言之，即预设刑法只需要处理客观上受保护的财产之范围。

进一步的问题是，作为一种法益的财产，能否脱离人而进行思考。首先，无论是德国法还是日本法，均将财产犯中的盗窃罪、抢劫罪与恐吓抢劫罪视作侵害个别物之犯罪，是故此类犯罪之成立仅要求出现个别物之占有移转，换言之，即使给付相当之对价，但未经同意而移转占有依然得以成立犯罪。这类犯罪尽管在名义上是保护财物，然其甚至不允许行为人在行为时以相当对价填补损失而阻却构成要件该当，可谓其实

---

① ［日］山口厚：《刑法各论》（第2版），王昭武译，中国人民大学出版社2011年版，第215—221页。

质上并非仅仅旨在保护财物之经济价值，而是保护对该特定的个别物的处分自由。其次，另一问题发生在整体财产之罪中，尽管大陆法系通常以整体财产价值作为诈骗罪的保护法益，对于此等犯罪，财产之减少（Vermögensmiderung）并不足以成立财产损失，唯出现财产的金钱价值减少（Minderung des Geldwertes eines Vermögens）方属该当本罪。[1]然而，法院在判断经济价值减损时，又时常重拾个别化原则（Grundsatz der Individualisierung），例如，在行为人的对待给付无法实现被害人合同目的以致根本无法利用的情形中，即使行为人所提供之对待给付具有相当之经济价值，法院亦可能认定存在财产损害。[2]事实上，在今日的财产损失认定中，处理目的落空情形下的个别——客观的损害概念要求充分考虑包括市场价值、合同目的及持续利用状况在内的一切客观情状，自理性第三人的角度来判断是否发生经济价值的减损。实质上，前述标准不过是在协调考虑客观金钱价值与主观利益之间的落差，当在个别—客观的损害概念下考虑的客观情状越多，越贴近被害人，则所谓理性第三人的判断将越接近被害人之主观利益，反之，理性第三人之判断则将越接近客观金钱价值减损，究竟主观客观，取决于法院欲纳入的客观情状之范围几何。

换言之，财产可自两个角度加以理解：其一，财产乃市场交换之标的物，单纯的处分自由实际不生影响，例如货币，此等财产并非被转移占有即可该当盗窃，毋宁考虑整体财产损失，例如行为人自被害人钱包内窃取崭新钞票而后放入旧钞，此时，若不采取经济的财产概念，结论将是亦构成盗窃。其二，财产乃个体使用之标的物，纵使其交换时所对应的对价微薄，权利人亦不愿放弃处分自由，例如捐助款，尽管被害人并不要求任何对价，然行为人如以欺骗方式取得被害人之捐助款，法律亦不会将其归属为被害人有意识自我损害而排除可罚性。前述德国法在保护经济价值与保护处分自由间的徘徊，正是试图解决此等财产属性上

---

[1]　Binding K., *Eine Revolution in der Rechtsprechung des Reichsgerichts über den Betrug*, Deutsche Juristen-Zeitung, 1911, S. 559.

[2]　BGH NJW, 1962, 310.

的矛盾。财产的交换价值与使用价值均为财产的价值。换个角度来说，财产的交换价值并非天然是客观的，某一财物定价如何，端视权利人出价如何。唯今日市场交易发达，吾人可自市场中观察某一财物的平均交易价格，然而，此等市场上的平均交易价格为何可取代权利人并非不言而喻之理，相反，不由分说以市场平均价格决定交换价值体现出的乃是司法程序对主体意志的僭越。同时，正因为今日市场交易范围无远弗届，以至于吾人错误推理认为财产均是有客观的市场价格的，此举实际上不过是以是否存在足够数量的买家与卖家来决定法律是否保护某一利益而已。此外，使用价值亦非纯粹是主观的处分自由，因不论财产之主体为何人，其使用价值均是确定的，唯对于不同的人，这种使用价值具有不同的效用而已，但效用不同影响的多半是权利人在交换该财产时的出价几何，意即影响的反而是财物的交换价值。然而，但凡需要使用财物，皆离不开处分自由之行使。换言之，处分自由所体现于现实生活中的利益本身也是财物使用价值的一部分。

综上，今日通行的法律经济的财产损失概念，相当程度上乃市场经济发达之附带产物，因市场交易范围扩展，许多财物有其市场价格。然而，许多财产在现实中有市场价格这一命题并不能推理出财产应当有其市场价格方能为刑法所保护这一结论。实际上，不论是强调财产交换价值的经济的财产损失概念还是强调使用价值的法律的财产损失概念，都不必然是客观的或者主观的，吾人认为经济财产损失概念客观，乃是因为已不由分说地以市场平均交易价格取代了权利人之出价，法律财产损失过于主观，乃是将某财物对于权利人的效用当作了财物本身的使用价值。

（二）以规范的财产概念塑造金融诈骗罪构成要件

财产法益与自由法益并非泾渭分明的两种法益，而是现行的规范在多大范围内，将某种事实上的支配关系所带来的各种现实利益，承认为一种财产法益。无论是法律的财产概念，还是经济的财产概念，其要旨皆为尽可能将个人与财产相剥离，从而塑造一个独立的财产概念。然而，对于刑法规范而言，纯粹的财产本身并不具有保护价值，唯处于个人之组织活动空间内的财产方有被侵害之可能，是故，财产利益无论如何都必须附随于个人。据此，德国学者奥托（Otto）提出财产刑法规范所要保护的是"主体与客体之间的事实上关系"，法律的财产概念强调主体对财产的占有，而混淆了处分自由与财产损害，经济的财产概念则强调财产作为一种客体，但其结果是保护与否仅取决于该财产有无市场可言，然而，保护财产的目的与保护自由的目的是一致的，都是为了确保个人的人格得以健全发展。因此，不论是整体法秩序下具有交换价值的独立客体，还是可以被支配形成经济能力的客体，只要是个人对于财产利益所形成的支配关系，都可以成为刑法保护对象。① 赫芬德尔（Hefendehl）进一步澄清所谓的事实上的支配关系乃是一种事实上的期待权（Exspektanz），即单纯的支配事实，仅仅是一种自然意义上的状态，唯有透过法秩序赋予其合法的支配地位，方能将事实状态转化为应受保护的财产。Hefendehl 将这种是否具有规范赋予事实状态以法律价值的判断准则总结为"支配原则"（Herrschaftsprinzip），而支配原则最主要地受民法上优先权（Primat des Zivilrechts）影响。②换言之，其实任何可移转之客体，无论有形与否，皆可建立事实上的支配关系。不过，并非所有事实上的支配关系皆为社会所承认，其中，财产制度其实扮演着利益分配的关键角色，其主要功能是将不同的利益归属于不同的主体。换言之，即承认哪些事物可被支配，哪些则不可以被支配，而这种确立客体可否被支配的财产制度，最主要的便是民法规范，因此刑法上的财产概念同时也不可能脱离民法规范来理解。

　　刑法上的财产概念有着双重的属性：一方面，财产是主体对于客体的支配关系，这种支配关系表现为其具有排除外界干涉之能力；另一方面，支配关系为法秩序所承认方可构成财产，因民法构成了财产制度的主要规范，是以这种判断优先地出自民法而非刑法独立所为，支配关系仅在民法规范承认主体可具有支配之地位时方可作为财产，

---

　　① 张天一：《刑法上之财产概念——探索财产犯罪之体系架构》，博士学位论文，辅仁大学，2007 年。

　　② 张天一：《刑法上之财产概念——探索财产犯罪之体系架构》，博士学位论文，辅仁大学，2007 年。

这种规范的承认表现为具备通过民法实现利益之可能。

美国反欺诈规范将规范的财产概念纳入了欺骗这一构成要件要素之中。观察美国反欺诈规范，其显著特点在于一方面减弱财产损失要件之要求，基本上具备形式的个别财产损害或具备引起财产损害之危险即可该当；另一方面，则是特别对欺骗作出限缩解释，要求其具备"重大性"。依前文所述，重大性指欺骗理性第三人将欺骗内容作为交易决策之重要参考，或依照行为人之特别认知，欺骗足以影响被害人之决策。如深入审视该要求则不难发现，重大性其实并非单纯自骗术本身的角度来定义，相反，其乃划定一个支配财产之领域，在此领域内被害人处分财产应仅本于其个人意志，行为人不得以骗术扭曲之。换言之，重大性要求行为人所实施之欺骗，具有侵入被害人支配领域之"内在倾向"。唯个体之支配领域并非一切关于财产之事项，而是取决于社会经济秩序如何分配，因此可见该当重大性须"理性第三人"以之为重要参考，换言之，即合乎现行经济秩序；此外，今日之私法体系普遍保护当事人意思自治，因而，即使行使财产权之目的或方式不具理性，如其落入行为人与被害人互动所形成的特别领域，亦为现行经济秩序所认可。例如，行为人明知被害人买卖时以占卜结果为参考，纵使理性第三人不会将占卜作为交易决策之参考，然行为人对此特定被害人作出不实占卜结果之陈述亦属重大欺骗。换言之，重大性实际上与规范的财产概念有着异曲同工之妙，重大性自骗术出发，要求骗术本身一方面具备侵入支配领域之特性，另一方面将其限缩于理性第三人认可之支配领域（欺骗作为理性第三人交易决策的参考），或者是被害人与行为人法律交往所形成之特别领域（行为人特别认知到欺骗可影响被害人交易决策）。同理，规范的财产概念自财产损失出发，要求财产损失之成立一方面是现实地破坏了被害人对财产的支配关系，另一方面自民法规范的角度出发，要求只有经由民法规范请求之利益方属于适格之财产，进一步地，这种可经由民法请求之利益，亦可分为民法上明文规定的各种类型之财产，即虽不属于法定之财产类型，但仍可本于双方意思表示而透过意思表示解释规则加以具体化的期待利益。

倘若采取规范的财产概念，则金融诈骗罪的不法内涵之重心应在于欺骗本身是否具有重大性，以至于侵害主体与财产之间受民法肯认的支配关系，而不是客观上的经济损失。对比美国法，不难发现诈骗罪，或者说金融诈骗罪，在构造上可分为：（1）禁止通过侵害财产处分自由的欺骗来保护财产；（2）禁止具有财产损害危险的欺骗来保护财产处分自由。前者即为我国金融诈骗罪的典型构造，后者则大幅弱化了财产损失之要求，仅要求出现财产损失具体危险或个别的形式的财产损失，不过在欺骗层面要求骗术具有重大性，强调欺骗侵入了被害人受规范认可的财产支配领域。前者旨在禁止出现财产损害，后者旨在禁止重大欺骗。实际上，如若深入观察，规范的财产概念相较经济的财产概念只是通过转用民法规范而将某些基于双方合意所产生的无形的期待利益之债纳入了保护范围，使财产概念不拘泥于是否存在对应的买卖市场，不过是对当今财产的利用方式与目的越来越不受限而更多取决于当事人合意之妥协。因而这一问题又回归到刑事政策上当如何确定财产保护范围，而此方为我国金融诈骗罪构成要件所真正面临的抉择问题。

二　非法占有目的不应过度承载不法内涵

然而，即使澄清非法占有目的之实质内涵，亦不能缓解我国司法实践中的困难，盖因我国司法实践中非法占有目的已与财产损失及因果关系这两个构成要素紧密结合。将金融诈骗罪理解为一种整体财产犯，遇到的首个难题乃财产损失的证明困难。我国学界通常将诈骗罪理解为一种整体财产犯，[1]即使个别财产犯理论的支持者，亦将其理解为一种"实质的"个别财产，肯认提供与实质经济价值相当的对待给付不一定构成诈骗罪，[2]因此结论上基本与整体财产犯一致。在整体财产犯的脉络下，诈骗罪被理解为一种不同于盗窃罪等所有权犯这类取得犯的财产减损犯，财产损失存在与否需对比行为前后被害人之整体财产确定被害人之经济地位是否恶化。然而，此等结算在许多金融

---

① 付立庆：《财产损失要件在诈骗认定中的功能及其判断》，《中国法学》2019年第4期；刘明祥：《财产罪比较研究》，中国政法大学出版社2001年版，第245—248页。
② 张明楷：《论诈骗罪中的财产损失》，《中国法学》2005年第5期。

诈骗中却难以实现。盖因在许多情况下，行为人并非单方自被害人处取得给付，而是以发售的金融工具或承诺给付本息为对价取得被害人之给付，但行为人所出售的金融工具或承诺本身往往不具流动性，根本无从测算其客观价值。如此一来，财产损失之概念通常又与再度非法占有目的相结合——唯透过事后发现行为人所发行之金融工具显然不具经济价值或给付承诺显然不具实现之可能性才能推断出财产损失之存在。例如，在公报案例江苏省南京市人民检察院诉许某成、许某卿、马某集资诈骗案中，判旨摘有：

> 应当根据案件具体情况全面分析行为人无法偿还集资款的原因，若行为人没有进行实体经营或实体经营的比例极小，根本无法通过正常经营偿还前期非法募集的本金及约定利息，将募集的款项隐匿、挥霍的，应当认定行为人具有非法占有的目的。

尽管判决是在探讨行为人是否具有非法占有目的，然其同时也在检验行为人还款不能的原因是否属一种可归责于行为人还款能力的降低或不足。因行为人的还款能力又进一步关系到行为人还款承诺作为对待给付是否可能引起被害人整体财产之减损，如若行为人在不具还款能力时将未来之还款承诺作为对价，显然属不相当之对价。由于将财产损失与非法占有目的联结，金融诈骗犯罪在既遂时往往并不具有检验财产损失之可能，唯有在犯罪终了的情况下，行为人实施隐匿、挥霍款项等行为方才可能自无法偿还本息之事实中推断出财产损失。

此外，因果关系亦与非法目的相结合，欺骗之范围几乎被限缩于明示或默示的积极欺骗之中。诈骗罪的另一要求乃是财产损害与欺骗行为之间应具关联，具体而言，即要求被害人因陷入错误认识而处分财产进而导致受有财产损失。然而，一如国内学者高燕东所言，多数情况下的涉网新型金融诈骗早已脱逸传统诈骗之意涵："很多融资案早脱离了'一个人向社会公众集资'的初始阶段，而是角色极为复杂的共同参与、互相博弈的过程。小资金者犹如'卒'，既是'车'手中的工具，也常常以一搏十；那些有公权背景的持资者犹如

'炮'，可以隔山取利；卒可以将军，帅可能是傀儡。这其中，实业经营与非法占有是两可的，受害人和加害人身份是模糊的，错误认识与嫁祸意识是混同的，因果关系与危害后果是隐形的。"[1]许多情况下，被害人并未相信行为人的陈述本身，又或者是不实陈述与财产损失并无因果关系。因此，在我国司法实践中，因果关系问题亦常被转化成非法占有目的下的问题。例如，在法院参考案例钢浓公司、武某骗取贷款、诈骗案中，法院判决指出：

> 对于擅自改变贷款用途，导致贷款资金脱离银行等金融机构所能预期的经营状况，后因正常经营风险无力偿还的，既要考虑实际用款项目的正常盈利可能，也要结合行为人贷款前的实际经济状况，申请贷款时有无欺诈行为等具体情节，结合证人证言、被告人供述等言词证据准确界定行为人是否具有非法占有之故意。

前述论证表面上在探讨非法占有目的，而实际上处理的是行为人虽在申请贷款时作出了不实的贷款用途陈述，然因无法偿还贷款所生的财产损失与该等不实陈述有无因果关系之问题，换言之，因果关系问题亦被作为非法占有目的问题。然而，将非法占有目的与因果关系结合进一步引致欺骗行为被限定于积极欺骗之范畴，在单纯的隐瞒真相之情况下，纵使行为人负有排除错误之保证人地位，然其本质仅仅是一种信息优势地位的滥用，至于获利则是进一步之结果，因此尚难以证明其具有非法占有之目的；相反，积极欺骗则是一种事后观察出来的结果，因为我们透过后续行为与先前的陈述对比才能确定这是一种积极欺骗，确定存在积极欺骗本身已附带性地检验了非法占有目的。是故，司法实践中往往不进行不作为诈骗的检验。

另外值得注意的是，我国金融诈骗罪的非法占有目的尽管均为侵

---

[1] 高燕东：《诈骗罪与集资诈骗罪的规范超越：吴英案的罪与罚》，《中外法学》2019年第4期。

害财产之犯罪，诈骗罪与盗窃罪中的非法占有目的应作完全不同的解释。在盗窃罪中，传统大陆法系以个别物的所有权为保护对象，从民法的角度来看，不法侵夺始终不能发生所有权变动之效果，自有必要强调行为人具备占有意图。相反，欺诈并不影响财产处分之效力，仅赋予被害人撤销权而已，从民法角度来看，被害人交付财产即发生所有权移转之效果，即使事后撤销，也不能否定行为时发生所有权变动之效果，根本没有必要强调行为时的非法占有目的，因为只要行为人透过欺诈而取得被害人交付的财产，就必然会发生取得所有权或取得利益之效果，这也是为何在判断财产损失时诈骗罪要求从整体财产的角度来检验。

因此，如果对诈骗罪中的非法占有目的与盗窃罪做相同解释，将使其被解释成"拒不返还"或"以行为表示拒不返还"。依照前文所述，盗窃罪因始终不能发生所有权变动之效果，转移占有后即返还的使用盗窃与根本不打算返还的侵夺所有在客观层面上无法区别，因此，需要特别加入非法占有目的从行为人是否具有排除他人所有之意思来限缩处罚范围。然而，诈骗罪中根本不存在此等问题，因行为人已透过给付不相当的对价而取得了所有权或相应利益。是故，对非法占有目的本身的判断，其实只需要行为人在行为时不反对具有为自己或第三人增加财产或减少支出之效果即可。换言之，因为在欺诈取财的情形下必然会发生所有权移转之法律效果，即排除所有的效果必然发生，只要这个效果不是行为人所明确反对的某种不可避免的附带结果，即足以证明其同时具备排除他人所有意思与建立自己或第三人所有之意思。至于司法实践中常出现的是否归还或者是否维持归还能力，乃是攀附盗窃罪中非法占有目的解释之结果，然而在欺诈取财的情形下，行为人已经取得了相应的财产，此时再判断行为人是否意欲归还，其实已经超出了此处非法占有目的的范围，而进入了类似侵占罪中"拒不返还"的解释范畴。

实际上，诈骗罪中的非法占有目的应当在解释方向上以强调行为人获利与被害人损失的同质性（Stoffgleichheit）要求为重点。尽管诈骗罪与盗窃罪在保护法益上有所不同，但此等不同并不表明诈骗罪构成要件不要求非法占有目的。相反，因诈骗罪中往往伴有附随的经济损失，因而诈骗罪中的非法占有目的应是强调行为人主观上所追求之获利与被害人在客观上处分的财产具有直接的关联。举例而言，行为人受雇为被害人的"操盘手"，期间受某上市公司的嘱托，利用被害人的资金购入该公司的股票，因而取得 50 余万元之"介绍费"，同时，为避免被害人起疑，又照常向被害人收取 1000 元的管理费。行为人向被害人收取 1000 元的管理费，自是因其施行欺骗令被害人误以为其恪尽忠实义务而处分财产，并令其遭受与对价不相当的财产损失。然行为人向上市公司收取的 50 万元介绍费，则根本与被害人之财产处分无关，不应评价为诈骗罪之财产损失或行为人获利。可见，非法占有目的主要是在佣金欺诈的情形中，透过行为人的主观目的来判断获利与损失之间是否具有直接关联而限缩诈骗罪的可罚性范围。

英美的刑法规制事实上体现出与我国截然不同的取向：禁止重大欺骗抑或禁止财产损害。英国法例基本抛弃了财产损失结果作为欺诈罪的构成要件。在英国《2006 年欺诈法》规定的一般欺诈罪中，法条仅要求行为人具备获利或造成损失的意图足以；普通法中的串谋欺诈罪的适用范围更为无远弗届，透过不诚实的手段侵害第三人利益；《2000 年金融服务与市场法》的误导陈述罪与操纵市场罪的故意犯，亦均仅要求行为人具备引诱他人投资决定或意图通过创设的表象获利或造成损失足矣。类似地，在美国法例中，欺诈罪与盗窃罪属两类不同的罪行，其中欺诈罪之不法内涵重点不像盗窃罪般在于透过禁止欺骗来保护财产，而是禁止欺骗本身。因此，观诸美国法上规制金融诈骗之主要规范，可见两点显著特征：第一，弱化了财产损害之要求；第二，对不作为欺诈进行了扩张解释。就前者而言，在邮件与电信欺诈罪中，判决虽指出要求欺骗具有财产损害之危险，但仅要求具有"从受害者那里获取金钱或其他财产"[1] 之可能足矣，且实施欺骗本身即已达至既遂，换言之，该说近似于日本学说中的形式的个别财产

---

① 参见 *United States v. Walters*，997 F. 2d 1219 (7th Cir. 1993) (Miles, 2010, p. 1137)。

损失说，只要被害人交付财产，即已构成财产损害；在银行欺诈罪中，亦是仅要求意图取得银行控制的财产；而在证券欺诈罪中，则是根本未对财产损害与因果关系作出要求。就后者而言，邮政与电信欺诈罪中的侵夺诚信服务之权利及证券欺诈罪作为内幕交易规范时，皆自信义义务或忠实义务的角度出发，将其解释为一种负有说明义务而不说明的不作为欺诈，这种将背信纳入欺骗意涵的思考进路，亦表明了美国法上以欺骗为本质的诈骗罪规范构造，涉网新型金融诈骗刑法规制领域亦是如此。

第七节 涉网新型金融诈骗刑法规制的其他问题

一 分类监管路径及我国涉网金融新型诈骗刑法规制之反思

英国是互联网众筹的发源地，截至 2014 年，市场上已有超过 50 家企业获得金融行为监管局的授权或临时许可而从事 P2P 借贷业务，资金规模达到了 13 亿英镑。[①]不同于美国以证券法监管为主导的监管体系，英国当局将互联网众筹平台区分为提供信用信息服务的借贷型众筹[②]与从事金融推介的投资型众筹，[③]后者因其直接涉及英国《2000 年金融服务与市场法》中规定的金融推介而受到额外限制，此后《2012 年金融服务法》进一步扩大了受监管活动的范围，借贷型众筹自 2014 年后亦被金融行为监管局要求获得许可。

英国于 2006 年制定的《欺诈法》概括性地将欺诈与不诚实地获取服务纳入欺诈犯罪范畴。本法将《1968 年盗窃法》与《1978 年盗窃法》中的诸多欺骗性行为加以概括性规定，此外亦对相关概念作出

---

① 参见 Financial Conduct Authority（FCA），*A Review of the Regulatory Regime for Crowdfunding and the Promotion of Non-readily Realisable Securities by Other Media*，Uk，2015，http：//www. fca. org. uk/static/documents/crowdfunding-review. pdf. Accessed 20 Nov 2018.

② 仅限个人与个人、个人与企业间的借贷，企业与企业间的借贷不在此限。

③ 参见 DBS AND EYNOVEMBER 2016 The Rise of FinTech in China Redefining Financial Services。

了明确的扩张定义使其扩展至规制各种类型的金融欺诈行为，因此本法为英国规制金融欺诈犯罪的主要法条。

英国金融行为监管局（Financial Conduct Authority，FCA）将互联网众筹分为了捐赠型众筹、预购或奖励型众筹、借贷型众筹与投资型众筹四种类型。其中捐赠型众筹指捐赠者通过平台向特定的企业或个人无偿支付资金，我国的轻松筹、水滴筹等公益性众筹即属于捐赠型众筹；在预购或奖励型众筹中，消费者通过平台向特定的项目支付资金，并以相应的商品或服务作为回报，我国的淘宝众筹即属于此类。由于上述二者并不涉及信用活动，所以在 FCA 发布的《FCA 对互联网众筹和基于其他方式发行非随时可变现证券的监管规则》（*The FCA's regulatory approach to crowdfunding over the internet，and the promotion of non-readily realizable securities by other media，FCA's regulatory*）中并未将上述两种众筹纳入规制范围，但因其提供了支付服务，因此根据《2017 年支付服务监管法案》（*The Payment Services Regulations 2017*）须获得许可，并且需要符合 FCA 关于支付服务方面的要求。

借贷型众筹与投资型众筹都直接涉及《2000 年金融服务与市场法》中的受监管活动，不过 FCA 对借贷型众筹与投资型众筹的监管有着显著的区别，后者需要符合更高的投资者适当性要求。借贷型众筹即我们熟悉的 P2P 借贷，投资人在平台向其他个人或企业提供小额借款；而投资型众筹平台进一步为投资人提供了购买不易变现证券的平台，其中以股权众筹为主要类型。FCA 认为投资人在投资型众筹中面临着包括商业失败、股权稀释、回报周期长、欠缺流动性等资金亏损的风险，因此在 FCA's regulatory 中提出了更高的投资人适当性要求，具体为：（1）专业投资者；（2）经证实从获授权人处取得受监管的投资顾问或投资管理服务的散户投资者；（3）与风险投资或公司融资有关的散户投资者；（4）被认证为高净值投资者的散户投资者；（5）经证实不会将超过其可投资资产净值 10% 的资产投资于非上市股票或债券的散户投资者。换言之，不同于美国以是否能够适用 Regulation D 下 506（c）对众筹进行注册或注册豁免之区分并实施以证券法为主（强制信息公开）的监管体系，英国法将众筹区分为借贷型众筹与投资型众筹，并对后者提出更高的投资人适当性要求，作为与借贷型众筹在监管方面的主要区别之一。简而言之，FCA 明确地区分了借贷型众筹与投资型众筹的授权范围与规范要求。

总体而言，因为《2006 年欺诈法》规定了统一的欺诈罪行，并明确将信息系统纳入欺诈的对象，形成了以单一法条规制各类欺诈（包括金融欺诈在内）的反欺诈立法结构。同时，在互联网众筹方面，FCA 对借贷型众筹与投资型众筹采取区分监管，使得二者的界限更为清晰，因此在有关受监管活动授权类的犯罪上也更为明确。

与英国法例相比较，我国的互联网众筹活动则面临着复杂得多的刑法规范。就我国 P2P 网络借贷而言，根据我国《最高人民法院关于审理非法集资刑事案件具体应用法律若干问题的解释》（以下简称《非法集资案件解释》）第 1 条①之规定，非法吸收公众存款包括未经批准、向社会公众宣传、承诺还本付息、向社会公众吸收资金此四项构成要件，然而 P2P 网络借贷活动本身就涉及行为人利用互联网平台面向公众进行资金募集，同时，借款也必然意味着承诺还本付息，因此，行为人寻求 P2P 网络借贷行为本身即具有构成非法吸收公众存款罪的风险。《非法集资案件解释》第 3 条第 1 款第 1 项规定，"个人非法吸收或者变相吸收公众存款，数额在 20 万元以上的，单位非法吸收或者变相吸收公众存款，数额在 100 万元以上的"。同时，《网络借贷信息中介机构业务活动管理暂行办法》（以下简称《网络借贷规定》）第 17 条第 2 款亦要求"同一自然人在同一网络借贷信息中介机构平台的借款余额上限不超过人民币 20 万元"。换言之，同一自然人

---

① 违反国家金融管理法律规定，向社会公众（包括单位和个人）吸收资金的行为，同时具备下列四个条件的，除刑法另有规定的以外，应当认定为刑法第 176 条规定的"非法吸收公众存款或者变相吸收公众存款"：

（一）未经有关部门依法批准或者借用合法经营的形式吸收资金；

（二）通过网络、媒体、推介会、传单、手机短信等途径向社会公开宣传；

（三）承诺在一定期限内以货币、实物、股权等方式还本付息或者给付回报；

（四）向社会公众即社会不特定对象吸收资金。

在同一平台借款超过 20 万即属违法，因此行为人借款超过一定数额即可能构成非法吸收公众存款罪或集资诈骗罪（若具有非法占有目的），同时平台经营者往往经由撮合交易而抽成或进行推介，若对此具有认识亦可能构成共同犯罪①。此外，若平台经营者发布虚假标的进行自融或者归集客户资金进行投资亦构成非法吸收公众存款罪，若具非法占有目的，则可能成立集资诈骗罪。若平台通过设置风险准备金、自行或借助第三方对还款提供担保，又或者是将融资项目进行期限拆分并通过回购安排实现期限转换，即进行了信用创造与流动性创造，依据《非法金融机构和非法金融业务活动取缔办法》之规定，此类经营活动可能构成非法金融活动，因此经营者可能构成擅自设立金融机构罪；若借此吸收公众资金，可能构成非法吸收公众存款罪；具有非法占有目的的，则可能构成集资诈骗罪。

股权众筹则面临着更为模糊的规范。依我国《证券法》第 10 条的规定，公开发行证券须经有关部门核准，因此我国当下的"股权众筹"活动多是私募股权融资。不过问题在于，根据《证券法》第 10 条的规定，凡具有向不特定对象发行证券或向特定对象发行证券累计超过二百人此两种情形之一的皆构成公开发行，此外，本条亦强调"非公开发行证券，不得采用广告、公开劝诱和变相公开方式"，然而，互联网天然具有公开性，行为人借由互联网股权众筹平台进行融资必然构成"公开方式"。更为棘手的是，对此问题相关行政法规亦未能加以解决。目前《场外证券业务备案管理办法》委婉地将通过利用互联网私募股权融资称为"互联网非公开发行股权融资"，而就目前的运营情况来说，多由平台严格限定合格投资者标准或采取合伙企业形式来避免构成公开发行。换言之，行为人借由互联网进行股权融资实际上游走在擅自发行股票、债券罪的边缘。此外，由于股权代表着对企业剩余利润的索取权，而可能被认定为变相吸收资金，因此

---

① 《非法集资案件解释》第 8 条第 2 款：明知他人从事欺诈发行股票、债券，非法吸收公众存款，擅自发行股票、债券，集资诈骗或者组织、领导传销活动等集资犯罪活动，为其提供广告等宣传的，以相关犯罪的共犯论处。

有可能构成非法吸收公众存款罪；若以非法占有目的为之，则可能构成集资诈骗罪；平台若直接归集客户资金从事投资，则可能因为构成基金管理活动而成立擅自设立金融机构罪或上述的集资犯罪；如果平台涉及发展塔式层级组织收取"会员费"，还可能因此成立组织、领导传销活动犯罪。

换言之，相较于英国法上所形成的清晰的欺诈类罪与授权类罪两类犯罪，由于行政法规的模糊，我国《刑法》第三章第五节的金融诈骗罪往往与本章第三节的妨害对公司、企业的管理秩序罪与第四节破坏金融管理秩序罪以及相关的行政法规交互影响，从而带来司法实践上的困难。

表 5-1　　　　　　　　　中美英互联网众筹监管对比

	中国（大陆）	美国	英国
专门规定	《防范和处置非法集资条例》（2021）；《网络借贷信息中介机构业务活动管理暂行办法》等	尚未制定专门法案规范互联网众筹。目前主要以证券监管体系为主，① 在不符合注册豁免情形下，平台作为发行人需要进行发行注册与持续公开	《2000 年金融服务与市场法案》
行政许可	申领工商营业执照并在地方金融监管部门备案		投资型众筹须获得金融行为监管局许可（2014 年后借贷型众筹亦同）
其他事项	仅允许提供信息中介与信用评级服务，禁止以任何形式进行信用创造或流动性创造	依照 Regulation D 下 506（c）可进行公开劝诱的私募众筹，但需确保投资者符合合格投资者条件；平台依据《证券法》4A（a）6 作为经纪自营商登记后可向公众发行小额证券	借贷型众筹须遵守各项 FCA 原则和 FCA 核心规定（信息披露、最低资本、客户资金保护、争议解决机制）；投资型众筹需要符合更高的投资者适当性要求

此外，这也在一定程度上加大了司法实践中对诈骗行为与认识错

---

① 《1933 年证券法》《1934 年证券交易法》《工商初创企业推动法案》。

误间因果关系的认定难度。诈骗罪的成因在于交易双方的信息不对等。然而，并非任何交易者都会因此陷入认识错误，如果投资人具有充分的专业知识或具有充足的资本，此类投资人或者对表意人的意思表示毫无信任而借由自己的专业知识作出投资判断，或者根本对对方所作的意思表示不屑一顾，此情形下投资人根本未曾因表意人的意思表示而陷入认识错误。这类具有专业知识或者充足资本的投资人通常又被作为合格投资者。在诈骗犯罪中，此类合格投资人往往并没有对行为人产生信赖，因而在证明诈骗行为与认识错误间因果关系的过程中往往需要其他证据加以补强。此问题在英美刑法中通常被作为信赖关系而加以探讨，不过无论是美国还是英国对此都较之于我国更易解决，原因在于无论是美国的注册豁免证券还是英国的投资者适当性标准，都仅允许行为人向合格投资者出售高风险的金融商品，而合格投资者一般而言也对此中的风险具有充分认识。反观我国目前对 P2P 借贷与股权众筹之规定模糊不清，加之平台审核不严，大量欠缺风险认识的散户投资者与具备足够能力的合格投资者共同参与此类高风险金融商品的交易，此时无从刻画一个单一的理性投资人形象，一旦诈骗情事发生，须个案深入判断各个群体是否因欺骗行为而陷入认识错误。

二　不作为的诈骗及涉网金融诈骗的刑法规制

就多数自然犯而言，借由刑法评价重点考察行为系属作为还是不作为并不困难，但在互联网金融诈骗犯罪问题上，则难以界分。首先，自然犯中少有以特定身份或资格作为构成要件要素之要求，因此行为人通常不因其身份而负有防止构成要件实现的法义务，加之从行为概念本身经由身体之动静的认识出发，行为的类型化通常通过一个作为而加以描述，但金融诈骗犯罪中行为人往往因其特殊的身份而负有完全说明之义务。此外，金融诈骗罪作为法定犯，立法者在描述其构成要件时往往无关日常生活中所出现的身体举止，刑法评价的重点在于不得欺骗之义务。其次，互联网金融交易以互联网为载体，一方面，行为人可以轻易利用不法获取的个人信息并借助即时通讯软件进行针对被害人"量身定制"的欺诈推介、销售，行为极为隐匿，且因电信诈骗的便捷性而涉及人数众多，实践中难以查明行为人在面对被害人时到底作出了何种意思表示①；另一方面，借由互联网公开金融商品之信息成本极为便捷，且依现行行政法规，网络借贷信息中介等平台负有严格的披露义务②，加之各大互联网金融平台为吸引客户亦积极主动披露各类其他信息，现实中虽可能无法查明行为人面对客户时作出了何种意思表示以及逐一判断该意思表示是否具有欺骗性，但是足以查明行为人对于有关事项是否作出过说明，若未作说明或说明不完全，此时再以行为人是否负有排除他人错误的说明义务检视之，显然更具诉讼效率，也更有利于克减实务中以兑付障碍之结果倒推诈骗故意并加以定罪之取向。

不作为犯罪中的保证人地位与风险归属二者常为困扰司法实践中认定不纯正不作为犯之等价性问题。上文美国法中的披露义务人与披露义务之问题，尽管可能同时涉及以作为方式所实施的默示诈骗与以不作为方式所实施的诈骗问题，但其对于我国就有关金融诈骗罪构成要件之解释颇有借鉴意义。保证人地位问题，所追问的是行为人为何处于担保构成要件不至实现的地位上，于金融诈骗中，便是解决发行人或交易商为何须担保投资人不至因错误认识而发生财产损害之问题。此外，我国互联网金融市场与在线金融机构的服务对象多为中小企业与个人，尤其是在个人消费信贷中，作为借款人的个人亦享有隐私权③，其个人信息亦受法律和行政法规保护④，因此有关信息披露之要求势必影响隐私权的实现，是故对于信息披露之解释须在充分权衡个人隐私权与市场信息公开间影响的情况下进行。加之信息公开带来的成本上的客观限制，现实中往往无法做到对于所有信息尽数公开，问题则是凡此种种情势下的因信息未能

---

① 刘坤、高春兴：《互联网金融犯罪特点与侦防对策研究》，《社会治理法治前沿年刊》2016年第1期。
② 参见《网络借贷信息中介机构业务活动管理暂行办法》。
③ 《民法典》第110条。
④ 《民法典》第111条。

公开所带来的损害如何分配，此即风险归属问题，其解决的是信息不明下的风险归属范围。

具体而言，保证人地位依照其功能，可分为因对特定法益负有保护义务的保护者保证人地位与因对特定危险源负有防止风险现实化的监督者保证人地位。就保护者保证人地位而言，前述美国法例上信托理论所界定的信托义务人多为此类型，此时行为人与交易相对人间存在信托关系，受托人在从事金融交易时须以受益人之利益优先而负有远超出民法上一般的诚信义务。①例如在私募股权众筹中②，由于涉及对发行人证券的推介，并且往往因涉及对于投资人账户的管理而有利益冲突之可能，尤其是因平台的特殊地位而更可能轻易地掌握有关于发行人的重大信息甚至与之进行内幕交易，此时平台虽非发行人公司的内部人，但其因对投资人负有信托义务而负有完全说明义务，若投资者因平台对其所掌握的重大信息秘而不宣而陷入认识错误进而引起财产损害，亦足以构成诈骗罪的共同正犯。唯美国法中不当自取理论下的外部人存在疑问，因金融诈骗罪借由保护金融交易秩序进而保护投资人财产，不当获取重大信息的外部第三人并不负有对于被害人的完全说明义务，故意加功于金融诈骗仅可能构成相应金融诈骗犯罪的帮助犯，除非行为人依法负有防止他人欺诈之义务，但我国智能投资顾问业发展程度有限，目前未见此类案件发生。而就监督者保证人地位而言，美国法上更正义务人和完全说明义务人与之关系紧密，此二者皆可能构成因先行行为而负有说明义务③。在更正义务人的情形下，因客观情势的变更致使先前所作出的说明具有足以构成引起认识错误的危险，例如，在保险合同中双方因最大诚信原则而承担远超出民法

---

① 《民法典》第7条。

② 根据我国现行《证券法》，股权众筹因涉及证券公开发行而需要获得行政许可，未经证监会批准的小额、非公开发行的互联网股权融资被视为"通过互联网形式进行的非公开股权融资或私募股权投资基金募集行为互联网非公开股权融资"。具体参见《关于对通过互联网开展股权融资活动的机构进行专项检查的通知》。

③ 值得注意的是，尽管通说均认为先行行为需具有足以引发构成要件实现的危险，但对先行行为是否具有违法性、先行行为的行为人是否具备罪责存在争议，本书认为此处的先行行为应当达至违反保护他人法益的规范的义务违反性之程度。

上的诚信原则的说明义务，行为人在保险标的的危险程度发生未曾估计的显著增加时，负有告知保险人之义务[1]，而在保险产品的互联网销售中，对保险标的之风险评估本就困难，加之企业内部线上销售与线下理赔环节中二者间的人员往往因组织架构而存在信息差异，更加大了投保人或受益人不作完全说明时的风险，是故行为人若对保险标的危险程度显著增加之事项不作说明而于保险事故发生后请求给付保险金，则亦足以构成保险诈骗罪。同样地，在完全说明义务人的情况下，行为人因其作出的说明不完全而具有误导性，因此有必要对相关事项作出说明以排除信息受领人的错误认识。但行为人对消息受领人负有的说明义务应当与保护消息受领人的规范的义务违反有关，在实务中常常出现于第三方支付中的转账错误问题上。第三人错将资金转入行为人支付宝账户中，行为人随即发起余额提现取出该笔资金的行为，是其依据用户协议所享有的权利主张，是否对第三人负有不当得利返还义务与之无关，行为人提现时对此不作说明，不构成对支付宝的诈骗。

信息公开必然存在其客观限制，因而可能致使信息受领人对此误读而引发财产损害，因此，风险归属所要解决的核心问题在于信息不明时财产损害结果是否应当被归属至行为人的行为。此问题可参考美国法例上的理性投资人极有可能之标准以排除因非重大信息未进行公开而引发认识错误之归属。不过，更为重要的一点在于，借鉴美国最高法院一再表明拒绝明确界限之标准而主张个案检验的方法论。原因在于，互联网金融发展秉持着普惠金融与金融民主化之理念[2]，借助信息技术进一步降低交易成本，互联网金融平台为无法从公开证券市场或银行获取资金的小微企业提供了融资渠道，也为长期被排除在传统市场外的大众投资者提供了购买金融商品的便捷选择，换言之，其服务对象多为无法进入正规市场的"长尾客户"，因此互联网金融市

---

[1] 《中华人民共和国保险法》第52条。
[2] 国务院《推进普惠金融发展规划（2016—2020年）》；银保监会《中国普惠金融发展情况报告》。

场的参与者往往并非具有充足资本与专业金融知识的"合格投资者"，加之利用互联网为载体所实施的金融商品推介影响范围更为广泛，无法确定一个单一的受众形象。此外，美国法上所采用的价格冲击检验方法因其假设建立于效率市场上，而互联网金融市场可能因其流动性相较于传统金融市场更差而使得其中的金融商品价格不能够充分反映可得信息而存有疑问。因此，对此问题有必要参考美国最高法院之意见，放弃明确界限之尝试，转而深入结合个案情形与所公开的信息内容逐一判断。

三　增设计算机诈骗罪必要性检讨

德国法与日本法中的盗窃罪都仅以个别物的所有权（或平稳的占有）为保护对象，致使可能出现法益保护漏洞。在以个别物的所有权为保护对象的情形下，刑法实际上保护的是规范上的行为人对物或物上的体现价值以所有权人般支配之地位，而经济利益减损只是发生在现实中的伴随现象，而这种现实生活中的伴随现象存在与否，与所有权犯本身并无关系。①所有权或平稳的占有仅以有体物为限，因此从经济角度检视的财产性利益并不在盗窃罪的保护范围之内。特别是在非法使用他人信用卡的情形下，因信用卡本身仅具有验证身份的钥匙功能，在 ATM 机上使用并不会减损其体现的价值，因此使用他人信用卡并不构成盗窃②，而欺诈罪又仅限于自然人，此情形下放任行为人如此堂而皇之地侵害信用卡持有人之经济利益并无刑事政策上理由，因此，为填补法益保护漏洞，德国刑法专设第 263 条（a）计算机欺诈罪。而在日本刑法中，虽认为提出现金后可该当盗窃罪，但如果行为人不将卡中余额提现，而仅仅是转账至自己或第三人之账户，则仍未有现实中的有体物遭受侵夺，因此亦出于类似考量而设置使用计算

---

① 因此德国与日本的盗窃罪都不以"数额较大"作为结果要件之一。

② 但在行为人使用过后将他人信用卡占为己有或抛弃的，则构成排斥他人支配地位，可能就盗窃信用卡本身成立盗窃罪。参见许泽天《刑法各论》（一），台北：新学林出版社2017 年版，第 46 页。

机诈骗罪。①

我国的盗窃罪和金融诈骗罪同时以财物与财产性利益为保护对象。由于财产性利益概念包含了一切具有经济上价值的合法利益，因此实际上我国刑法中的盗窃罪是将整体的财产利益作为保护对象的，同时为避免刑罚泛滥，追加设置"数额较大"此结果要件②以表明行为所具有的"社会危害性"。当以整体财产作为保护对象时，行为人盗窃他人信用卡并提款或转账的行为，当然未经被害人同意打破了被害人对银行享有的债权并建立了自己或第三人对相应债权的支配，如果不考虑竞合问题，足以成立盗窃罪，因此并不存在类似于德日刑法中的法益保护漏洞。

典型的如，我国信用卡诈骗罪所规定的行为方式中包含数种不属于典型诈术③的不正当的信用卡使用，实际上是以非法占有为目的的不当使用信用卡犯罪。不过，就目前司法实践的观点来看④，在非法使用他人信用卡的情形下，盗窃罪与信用卡诈骗罪的分界仅仅在于行为人取得信用卡的方式，除以盗窃方式取得他人信用卡并使用外，其他任何无权使用他人信用卡或信用卡信息的行为，皆构成信用卡诈骗罪。在冒用他人信用卡与盗窃他人信用卡并使用的情况下，二者均为侵害他人财产，即使是以金融管理秩序论之，仅仅冒用他人信用卡恐怕也难以言及破坏金融管理秩序，但信用卡诈骗罪的法定刑却明显重于盗窃罪，若从通过设置计算机诈骗罪以衔接二者实现刑罚均衡的角

---

① 参见［日］山口厚《刑法各论》，王昭武译，中国人民大学出版社 2011 年版，第 321 页。

② "数额较大"作为结果要件亦表明盗窃罪侵害的是他人具有市场价值的经济利益，而不是抽象意义上的所有权人地位。

③ 其中使用伪造的信用卡、使用以虚假的身份骗领的信用卡、使用作废的信用卡可能构成对价款结算的虚构，冒用他人信用卡可能构成对他人持卡人身份的冒充，而恶意透支则难以认定，部分学说经由三角诈骗加以解释其中的欺骗行为。

④ 根据刑法第 196 条第 3 款，盗窃信用卡并使用的，依照盗窃罪定罪处罚；《关于办理妨害信用卡管理刑事案件具体应用法律若干问题的解释》第 5 条第 2 款规定，"冒用他人信用卡"包括：（一）拾得他人信用卡并使用的；（二）骗取他人信用卡并使用的；（三）窃取、收买、骗取或者以其他非法方式获取他人信用卡信息资料，并通过互联网、通讯终端等使用的；（四）其他冒用他人信用卡的情形。

度论之，似乎在刑事政策的意义上更为合理。不过，此时的计算机诈骗罪并非日本刑法中作为补充适用的补充法条，而是对于盗窃罪和信用卡诈骗罪的特别法条①。总之，我国刑法中是否应增设计算机诈骗罪，对于涉网新型金融诈骗的刑法规制而言，仍需进一步探讨，若不考虑立法成本，增设计算机诈骗罪显然对涉网新型金融诈骗的刑法规制具有积极意义。

---

① 对盗窃罪是加重构成要件，对信用卡诈骗罪是减轻构成要件。

结　　论

　　金融诈骗犯罪历经数百年，如今在新金融的大背景之下，逐渐发展成为涉网新型金融诈骗。在传统金融逐渐转向新金融（互联网金融）的进程中，金融犯罪行为也逐渐呈现出新的特点。一方面，传统的金融诈骗犯罪因互联网的发展而展现出新的特征；另一方面，互联网金融也催生了新样态的金融诈骗犯罪。这两类犯罪，在本书中被称作"涉网新型金融诈骗犯罪"。长久以来，刑法都是维持金融法治秩序的利器之一，其介入互联网金融市场、规制涉网金融犯罪的正当性已成共识。2021年2月10日，国务院最新发布了《防范和处置非法集资条例》，对涉网新型金融诈骗中涉网非法集资的相关行为作出了进一步明确。以互联网金融为背景，结合刑事立法的新发展，重新讨论涉网金融诈骗犯罪及其刑法规制问题正当其时。

　　自改革开放以来，我国金融业的迅速崛起，对社会经济发展一直起着举足轻重的作用。但随着金融与银行业的飞速发展，金融诈骗案件的数量在近年来也不断攀升。尽管金融诈骗在我国并不是严格意义上的刑法概念，但我国刑法在对其的规制中却从未缺席。我国《刑法》第三章第五节所规定的"金融诈骗罪"，便是规制涉网新型金融诈骗行为最为重要的制定法依据之一。然而，在近来的实践中，新金融交易模式对现有金融诈骗规制体系带来了冲击。有鉴于此，我们需要重新审视新金融交易模式下金融诈骗犯罪行为的新特征以及金融诈骗罪在对其规制之时所面临的问题与挑战。

　　对于这一问题，域外国家有着一定可供参考的经验。本书首先考察了英、美、德、日四个国家应对涉网新型金融诈骗犯罪的立法与实践，以期立足于我国本土新金融制度，结合我国涉网新型金融诈骗犯罪的现状，权衡其利弊，加以借鉴。总结而言，与我国的金融诈骗罪入罪模式不同，美国的涉网金融诈骗刑法规制涉及的罪名，不仅强调造成被害人损失，而且更多地体现出一种将欺骗行为本身作为构成要件的特征。无论是对金融机构作出虚假陈述罪、银行欺诈罪，抑或是Rule 10b－5下的证券欺诈罪（包括通过互联网方式实施的证券欺诈罪），都将对于重要事实的"虚假陈述"作为判定是否构成诈骗的根据。这种立法体例及方式，一方面避免了我国依照"金融诈骗罪"规制涉网新型金融诈骗行为时难以判定的"财产损失"问题（我国采用"财产损失"作为金融诈骗罪的财产要件，不可避免地会造成司法实践中若无财产损失，欺诈行为本身因缺乏要件，在侵害了金融管理秩序的前提下仍难入罪的情况）；另一方面也避免了我国刑法要求"非法占有目的"作为成罪要件，在无财产损失时难以认定的问题。当然，我国不可能照搬美国相关的立法例，但在未来研究涉网新型金融诈骗刑法规制时，不可避免地需要对"金融诈骗罪"构成要件进行再讨论。

与美国相似，英国可适用于规制涉网新型金融诈骗的刑法规制依据多不需行为人真正获利或造成实际上的财产损失，因而与我国"金融诈骗罪"相较，有着更低和更容易操作的入罪标准。此外，英国在涉网新型金融诈骗犯罪刑法规制问题上，对"滥用地位"及违背"忠实勤勉义务"的强调处处可见。在《2006年欺诈法》中，直接将滥用地位的欺诈罪规定为一种犯罪，从而强调行为人处在较受害人更为强势的地位时，利用该种地位实施欺诈具有直接的刑事可罚性。对于涉网新型金融诈骗的刑法规制而言，多数受害者为弱势的个体以及这些个体分散组成的所谓"大众"，而行为人则多为机构，具有"强且智"的特性。很显然，英国刑事法对这类情况下行为人实施欺诈行为的规制，较我国而言更为直接和强势。英国的互联网金融监管模式与我国不同，采用了典型的分类监管模式，将互联网平台区分为提供信用信息服务的借贷型与从事金融推介的投资型，后者因其直接涉及英国《2000年金融服务与市场法》中规定的金融推介而受到额外限制，此后《2012 年金融服务法》进一步扩大了受监管活动的范围，借贷型众筹自 2014 年后亦被金融行为监管局要求获得许可。这种分类监管模式，体现出英国对互联网金融监管，乃至相关刑法规制的底层逻辑与我国的分别。甚至可以说，英国的涉网新型金融诈骗之刑法规制，在很大程度上较我国而言重视不同种类金融诈骗背后金融交易模式的区分，这与本书所主张的涉网新型金融诈骗刑法规制的应有逻辑不谋而合。而德日的经验不仅对重构我国"金融诈骗罪"的"财产损失"要件及"非法占有目的"之责任要件的探讨有所启示，且两国都设立了专门的计算机诈骗罪，为我国未来是否增设此罪之必要性探讨提供了可供参考的经验。

结合大数据及案例不难看出，我国涉网新型金融诈骗犯罪活动的"金融创新"之发达程度，早已远超传统金融业务模式的既有范围，有些技术和交易"创新"方式，甚至超越了合法的涉网金融活动。无论是基于计算机信息技术的创新金融业态，还是基于融合了"互联网＋"的传统金融业务，涉网新型金融诈骗犯罪都呈现出前所未有的新的犯罪形态。从总体情况来看，以涉网集资诈骗案数量最为庞大，占涉网新型金融诈骗犯罪的 90% 以上。利用 P2P 集资，建平台炒外汇、炒期货以及利用比特币等手段进行非法集资，实施违法犯罪活动。同时，与涉网集资诈骗手段相同，但不具有刑法要求的"非法占有目的"的集资行为往往被非法吸收公众存款罪所规制。因此，对其规制的主要罪名——集资诈骗罪进行分析，也离不开对非法吸收公众存款罪的考察。与此同时，由于互联网金融下新的支付手段（e 支付）的普及，人们普遍习惯于支付宝支付和微信支付，并且将互联网支付方式与银行卡进行绑定。一旦互联网支付账户因种种原因失去安全性，随之而来的便是涉网信用卡诈骗案件的发生，因而涉网信用卡诈骗案件在近年来也较为高发。本书在对涉网新型金融诈骗犯罪总体情况进行数据分析的基础上，结合大量案例对当前涉网新型金融诈骗犯罪进行了梳理与归纳，尤其是对以集资诈骗罪规制的涉网新型金融诈骗案件进行了详尽的分类与讨论。

可以说，近年来我国的涉网新型金融诈骗刑法规制取得了相当的成就，但也暴露出一定的问题。究其根本原因，在于我国目前刑法规制的底层逻辑不甚清晰。涉网新型金融诈骗罪的刑法规制从本质上与传统金融诈骗犯罪的刑法规制逻辑有着巨大差异，其所保护的法益和风险承担与传统金融诈骗刑法规制皆有不同。传统金融诈骗罪无法契合涉网新型金融交易中风险的分配，也难以应对涉网新型金融诈骗罪的行为特征。因而，应在考虑涉网新型金融诈骗犯罪所涉及的交易结构及其风险之基础上，探讨我国对涉网新型金融诈骗犯罪刑法规制的相关问题。

尽管从表面看来我国目前刑事规制方式略显粗糙，但其解决问题的方式并不只是设立更多的罪名。对涉网金融交易本身的交易特征及结构进行分析，并在此基础上探寻其刑事风险的"风险点"也是实现精细化规制的可行性方式之一。事实上，涉网金融交易的刑事风险和刑法规制问题已不再是单纯的刑法问题，它在很大程度上体现出刑法学与金融法学交叉的特征。这一刑法领域中的大多罪名都以相关民商事法规及其交易结构为基础，据此探析其刑事风险也是应有的思路。

我国目前金融市场中的涉网金融交易，从交易内容和结构角度看大致包括四类：以债权交易为基础的债权型涉网金融交易，以基金交易为主要内容的基金型涉网金融交易，以信托交易为主要内容的信托型涉网金融交易，以及以兼具理财功能的保险交易为主要内容的保险型涉网金融交易。上述四种类型的涉网金融交易公司都会"至少"经历从设立到运营两个阶段。其面临的刑事风险可以大致被总结为三类："擅设"风险、运营风险以及具有共性的衍生风险。第一，涉网金融交易的"擅设"刑事风险，主要是指其设立阶段中不具有法定资格，擅自利用互联网设立金融机构从事相关业务的刑事风险。某种类型的涉网金融交易是否面临"擅设"风险，主要取决于法律对设立该特定类型、采取特定交易结构的涉网金融交易公司是否有强制性的前置要求。除债权型涉网金融交易之外，其余三种类型的涉网金融交易公司都可能因不符合该前置性要求而触及我国《刑法》规定的擅自设立金融机构罪。第二，在运营阶段中，四种类型的涉网金融交易公司都有可能面临因未经国家有关主管部门批准，利用互联网实施非法经营证券、期货、保险业务或非法从事资金结算业务的非法经营刑事风险。此外涉网金融交易还有可能因不具法定资格但却利用互联网之便利向公众汇集资金而面临非法集资相关刑事风险。尽管从表面看，对"擅设"和运营两种风险的刑事规制方式都是通过擅自设立金融机构罪、非法经营罪、非法吸收公众存款罪及集资诈骗罪等罪名实现的，但每种类型的涉网金融交易公司之行为被规制的逻辑，却因其交易结构不同而应有所区分，刑事规制背后的逻辑应当考量每种类型的涉网金融交易之特性及结构。而第三类风险即衍生刑事风险虽然与涉网金融交易本身没有直接关联，但却大量衍生于其业务的风险，目前主要包括因对公民信息的不法利用及侵害而导致的刑事风险。与前两类刑事风险相比，我国刑法对衍生刑事风险的规制逻辑是一种更具共性的从点到面、从内容到路径的逻辑。

我国《刑法》中的"金融诈骗罪"，是规制涉网新型金融诈骗的主要制定法依据。因此从理论的角度讨论此罪是不可或缺的一环。事实上，我国的"金融诈骗罪"本身的构成要件有诸多可供商榷之处。其中，作为财产要件的"经济的财产损失"及作为责任要件的"非法占有目的"最值得被关注。本书认为，应以规范的财产概念重构"金融诈骗罪"的财产要件，且"非法占有目的"不应过度承载本罪之不法内涵。此外，有关涉网新型金融诈骗刑法规制尚有其他问题需要讨论，主要包括：英国分类监管模式与本书所秉持的刑法规制之底层逻辑具有相当的一致性，有助于理清较为混乱的刑法规制现状；由不作为构成的涉网金融诈骗行为之核心在于信息不透明带来的风险分配及保证人义务之认定；增设计算机诈骗罪在理论上具有一定可行性。

总之，互联网金融交易在近年来迅速发展，与之相伴的涉网新型金融诈骗犯罪不容忽视，对其进行刑法规制也是不得不然的选择。我国涉网新型金融诈骗犯罪的刑法规制在近年来取得了相当的进展，同时也出现了一定问题。本书立足现实，结合本土数据案例，参考域外经验、关注相关犯罪背后的底层交易结构与风险，重新审视了我国刑法中的"金融诈骗罪"，以探讨我国涉网新型金融诈骗犯罪及其刑法规制问题。

篇幅及能力所限，仅抛砖引玉，作一得之见。

参考文献

一　中文文献

（一）著作

白建军：《金融欺诈及预防》，中国法制出版社 1994 年版。

陈兴良：《刑法疏议》，中国人民公安大学出版社 1997 年版。

陈兴良主编：《经济刑法学》（各论），中国社会科学出版社 1990 年版。

储槐植主编：《美国德国惩治经济犯罪和职务犯罪法律选编》，北京大学出版社 1994 年版。

高铭暄、马克昌主编：《刑法学》，北京大学出版社 2016 年版。

高艳东：《金融诈骗罪研究》，人民法院出版社 2003 年版。

郭华：《互联网金融犯罪概说》，法律出版社 2015 年版。

何炼成、邹东涛主编：《中国市场经济发展的无序与有序》，西北大学出版社 1993 年版。

黄爱学：《金融商品交易反欺诈制度研究》，法律出版社 2012 年版。

黄达：《金融学》，中国人民大学出版社 2017 年版。

赖英照：《最新证券交易法解析：股市游戏规则》，台北：元照出版有限公司 2017 年版。

李扬、王国刚：《金融蓝皮书中国金融发展报告（2014）》，社会科学文献出版社 2014 年版。

刘明祥：《财产罪比较研究》，中国政法大学出版社 2001 年版。

刘远：《金融诈骗罪研究》，中国人民大学出版社 1999 年版。

马红霞：《美国的金融创新与金融监管》，武汉大学出版社 1998
年版。

毛玲玲：《金融犯罪的实证研究——金融领域的刑法规范与司法制度
反思》，法律出版社 2014 年版。

彭冰主编：《互联网金融的国际法律实践》，北京大学出版社 2017
年版。

舒慧明主编：《中国金融刑法学》，中国人民公安大学出版社 1997
年版。

许泽天：《刑法各论（一）》，台北：新学林出版社 2017 年版。

王和：《大数据时代保险变革研究》，中国金融出版社 2014 年版。

王新：《金融刑法导论》，北京大学出版社 1998 年版。

吴晓求：《中国资本市场研究报告（2014）——互联网金融：理论与
现实》，北京大学出版社 2014 年版。

谢煜伟：《财产犯、财产法益与财产上利益》，《刑事法与宪法的对
话：许前大法官玉秀教授六秩祝寿论文集》，台北：元照出版有限
公司 2017 年版。

余雪明：《证券交易法：比较证券交易法》，证券基金会 2015 年版。

张明楷：《刑法学》（第五版），法律出版社 2016 年版。

张明楷：《诈骗罪与金融诈骗罪研究》，清华大学出版社 2006 年版。

张学安：《证券法》，中国政法大学出版社 2003 年版。

赵秉志：《金融诈骗罪新论》，人民法院出版社 2001 年版。

郑高键：《刑事疑难案例司法认定与法理评析》，法律出版社 2015
年版。

周密主编：《美国经济犯罪和经济刑法研究》，北京大学出版社 1993
年版。

朱大明、陈宇：《日本金融商品交易法要论》，法律出版社 2017
年版。

（二）译著

［德］金德霍伊泽尔：《刑法总论教科书》，蔡桂生译，北京大学出版

社 2015 年版。

［美］法伯奇：《金融工具手册》，俞卓菁译，人民出版社 2018 年版。

［美］阿道夫·A. 伯利、［美］加德纳·C. 米恩斯：《现代公司与私
　　有财产》，甘华鸣等译，商务印书馆 2005 年版。

［美］杰里米·阿塔克、［美］彼得·帕塞尔：《新美国经济史：从殖
　　民地时期到 1940 年》，罗涛等译，中国社会科学出版社 2000 年版。

［美］约书亚·德雷斯勒：《美国刑法精解》，王秀梅译，北京大学出
　　版社 2009 年版。

［美］Tamar Frankel：《忠实法》，林鼎钧、翁祖立译，台北：新学林
　　出版社 2016 年版。

［日］山口厚：《刑法各论》，王昭武译，中国人民大学出版社 2011
　　年版。

［日］松宫孝明：《刑法各论讲义》，王昭武、张小宁译，中国人民大
　　学出版社 2018 年版。

［日］松根直彦：《金融商品交易法》（第三版），日本：商事法务出
　　版社 2014 年版。

［英］杰瑞米·侯德：《阿什沃斯刑法原理》（第 8 版），时延安、史
　　蔚译，中国法制出版社 2019 年版。

　　（三）期刊论文

白建军：《3 + 1 = ?》，《山东公安专科学校学报》2002 年第 3 期。

白建军：《论我国银行业的刑法保护》，《中外法学》1998 年第 4 期。

陈彤彤：《论我国互联网金融的刑法规制》，硕士学位论文，中国社
　　会科学院研究生院，2015 年。

陈伟、郑自飞：《非法吸收公众存款罪的三维限缩——基于浙江省
　　2013—2016 年 397 个判决样本的实证分析》，《昆明理工大学学报》
　　（社会科学版）2017 年第 6 期。

陈兴良：《金融诈欺的法理分析》，《中外法学》1996 年第 3 期。

陈兴良：《利用柜员机故障恶意取款行为之定性研究》，《中外法学》
　　2009 年第 1 期。

陈雪强：《浅议后金融危机时代我国金融犯罪的界定》，《犯罪研究》

2012 年第 5 期。

陈依苹：《美国史上最大破产案安隆（Enron）深度报导》，《会计研究月刊》2002 年总第 195 期。

陈依苹、郑惠之：《科技与人脑结合 IQ + EQ = BI 新经济商业智慧》，《会计研究月刊》2002 年第 201 期。

邓建鹏：《ICO 非法集资问题的法学思考》，《暨南学报》（哲学社会科学版）2018 年第 8 期。

段威、俞小海：《互联网金融犯罪中的事实问题研究》，《犯罪研究》2016 年第 5 期。

付立庆：《财产损失要件在诈骗认定中的功能及其判断》，《中国法学》2019 年第 4 期。

高艳东：《金融诈骗罪立法定位与价值取向探析》，《现代法学》2003 年第 3 期。

高艳东：《诈骗罪与集资诈骗罪的规范超越：吴英案的罪与罚》，《中外法学》2012 年第 2 期。

顾晓宁：《简析票据诈骗罪的主观要件》，《中国刑事法杂志》1998 年第 1 期。

何小勇：《我国金融体制改革视域下非法集资犯罪刑事规制的演变》，《政治与法律》2016 年第 4 期。

胡启忠：《集资诈骗罪"非法占有"目的认定标准的局限与完善》，《法治研究》2015 年第 5 期。

胡启忠：《金融刑法立罪逻辑论：以金融刑法修正为例》，《中国法学》2009 年第 6 期。

黄楠：《论互联网金融中的"非法集资"——兼评最新非法集资司法解释》，《天水行政学院学报》2014 年第 5 期。

黄韬：《刑法完不成的任务：治理非法集资刑事司法实践的现实制度困境》，《中国刑事法杂志》2011 年第 11 期。

黄欣、黄皓：《关于我国金融法治重构的思考》，《中国法学》2002 年第 4 期。

家澍、黄世忠：《安然事件的反思——对安然公司会计审计问题的剖析》,《会计研究》2002 年第 2 期。

姜涛:《互联网金融所涉犯罪的刑事政策分析》,《华东政法大学学报》2014 年第 5 期。

金善达:《互联网非法集资的刑事治理:2007—2014》,《犯罪研究》2016 年第 1 期。

李佳澎:《互联网票据理财的法律实质及其合法性问题》,《金融法苑》2018 年第 1 期。

李建华:《略论外国经济刑法立法形式》,《当代法学》2002 年第 2 期。

李萌、高波:《"银行主导"或"市场主导"金融体系结构:文化视角的解释》,《江苏社会科学》2014 年第 3 期。

李明:《诈骗罪中"非法占有目的"的推定规则》,《法学杂志》2013 年第 10 期。

李树文:《互联网理财产品特征与风险分析》,《大连海事大学学报》(社会科学版)2015 年第 3 期。

李文红、蒋则沈:《金融科技(FinTech)发展与监管:一个监管者的视角》,《金融监管研究》2017 年第 3 期。

李晓明:《P2P 网络借贷的刑法控制》,《法学》2015 年第 6 期。

李永升、胡冬阳:《P2P 网络借贷的刑法规制问题研究——以近三年的裁判文书为研究样本》,《政治与法律》2016 年第 5 期。

李勇:《互联网金融乱象刑事优先治理政策之反思》,《西南政法大学学报》2019 年第 6 期。

李真:《互联网金融:内生性风险与法律监管逻辑》,《海南金融》2014 年第 4 期。

廖凡:《鼓励与强制之间——美国证券法对前瞻性信息披露的规定》,《金融法苑》2003 年第 3 期。

林志洁:《未积极揭露利益冲突资讯与受托义务违反之刑事责任》(上),《月旦法学杂志》2015 年总第 239 期。

刘江伟:《互联网票据理财的法律风险及其化解建议》,《西南金融》2017 年第 3 期。

刘坤、高春兴：《互联网金融犯罪特点与侦防对策研究》，《社会治理法治前沿年刊》2016 年。

刘磊、朱一鸣：《民间融资与非法集资关联度实证研究》，《金融理论与实践》2015 年第 12 期。

刘明祥：《再论用信用卡在 ATM 机上恶意取款的行为性质——与张明楷教授商榷》，《清华法学》2009 年第 1 期。

刘仁文：《构建我国立体刑法学的思考》，《东方法学》2009 年第 5 期。

刘仁文：《立体刑法学：回顾与展望》，《北京工业大学学报》（社会科学版）2017 年第 5 期。

刘宪权：《互联网金融股权众筹行为刑法规制论》，《法商研究》2015 年第 6 期。

刘宪权：《互联网金融市场的刑法保护》，《学术月刊》2015 年第 7 期。

刘宪权、李舒俊：《网络移动支付环境下信用卡诈骗罪定性研究》，《现代法学》2017 年第 6 期。

刘宪权：《我国金融犯罪刑事立法的逻辑与规律》，《政治与法律》2017 年第 4 期。

刘晁：《中国互联网金融的发展问题研究》，博士学位论文，吉林大学，2016 年。

刘远：《关于我国金融刑法立法模式的思考》，《法商研究》2006 年第 2 期。

刘远、王玮：《金融刑法立法理念的宏观分析》，《河北法学》2006 年第 9 期。

刘远：《我国治理金融犯罪的政策抉择与模式转换》，《中国刑事法杂志》2010 年第 7 期。

刘远、于改之：《金融诈骗罪立法评说——从欺诈犯罪说起》，《法学》2001 年第 3 期。

刘远、赵玮：《金融犯罪构成形态的立法设计》，《人民检察》2005 年第 15 期。

刘宗华：《银行导向型和市场导向型金融体系的比较分析》，《当代财经》2003 年第 5 期。

卢勤忠：《金融诈骗罪中的主观内容分析》，《华东政法学院学报》2001 年第 3 期。

卢勤忠、盛林燕：《我国基金犯罪的界限认定问题》，《昆明理工大学学报》（社会科学版）2010 年第 6 期。

吕江涛：《团购信托层出不穷，投资者应警惕非法集资风险》，《证券日报》2014 年 12 月 12 日。

马克昌：《金融诈骗罪若干问题研究》，《人民检察》2009 年第 1 期。

马丽娟：《创新与合规：互联网保险破茧成蝶的两道关》，《中国保险报》2018 年 12 月 18 日。

毛玲玲：《金融犯罪的新态势及刑法应对》，《法学》2009 年第 7 期。

毛玲玲：《近年金融领域刑事司法状态的因果》，《法学》2011 年第 6 期。

彭冰：《P2P 网贷与非法集资》，《金融监管研究》2014 年第 6 期。

彭冰：《非法集资活动规制研究》，《中国法学》2008 年第 4 期。

彭冰：《非法集资行为的界定——评最高人民法院关于非法集资的司法解释》，《法学家》2011 年第 6 期。

皮勇、张启飞：《论我国互联网金融发展的刑法保障》，《吉林大学学报》（社会科学版）2016 年第 2 期。

乔远：《网上理财交易的刑事风险及其刑法规制逻辑》，《郑州大学学报》（哲学社会科学版）2021 年第 3 期。

乔远：《刑法视域中的 P2P 融资担保行为》，《政法论丛》2017 年第 1 期。

阙凤华：《浅析互联网保险消费者权益保护的法律风险》，《上海保险》2016 年第 8 期。

任永青：《互联网票据理财业务法律风险的若干思考》，《海南金融》2016 年第 6 期。

沈丙友：《诉讼证明的困境与金融诈骗罪之重构》，《法学研究》2003 年第 3 期。

孙静翊：《立足业务范围规制擅自设立金融机构罪》，《检察日报》2018 年 7 月 16 日。

万志尧：《互联网金融犯罪问题研究》，博士学位论文，华东政法大学，2016 年。

王钢：《德国刑法诈骗罪的客观构成要件——以德国司法判例为中心》，《政治与法律》2014 年第 10 期。

王新：《指导性案例对网络非法集资犯罪的界定》，《政法论丛》2021 年第 1 期。

王羽：《"e 租宝"非法集资案宣判·主犯丁宁被判无期并罚 1 亿元》，《上海企业》2018 年第 1 期。

王志远、齐一村：《非法占有目的：值得反思的路径依赖》，《社会科学战线》2018 年第 12 期。

吴晓求：《世界金融体系演变与中国的选择》，《经济研究参考》2005 年第 63 期。

吴一波、王冠：《ICO 融资模式下非法集资问题研究》，《行政与法》2018 年第 6 期。

吴玉梅、杨小强：《中德金融诈骗罪比较研究——以行为模式和主观要素为视角》，《环球法律评论》2006 年第 6 期。

武小凤、常莉：《金融诈骗罪立法评述》，《当代法学》2002 年第 2 期。

肖怡：《我国 P2P 网贷平台触及非法集资犯罪红线的研究》，《法学杂志》2019 年第 1 期。

谢杰：《区块链技术背景下金融刑法的风险与应对——以比特币交易对外汇犯罪刑法规制的冲击为视角》，《人民检察》2017 年第 8 期。

谢平、石午光：《金融产品货币化的理论探索》，《国际金融研究》2016 年第 2 期。

谢平、邹传伟、刘海二：《互联网金融的基础理论》，《金融研究》2015 年第 8 期。

谢平、邹传伟、刘海二：《互联网金融模式研究》，《金融研究》2012 年第 12 期。

谢望原、张开骏：《非法吸收公众存款罪疑难问题研究》，《法学评论》2011 年第 6 期。

徐凌波：《犯罪竞合的体系位置与原则——以德国竞合理论为参照》，《比较法研究》2017 年第 6 期。

徐凌波：《金融诈骗罪非法占有目的的功能性重构——以最高人民检察院指导案例第 40 号为中心》，《政治与法律》2018 年第 10 期。

徐凌波：《论财产犯的主观目的》，《中外法学》2016 年第 3 期。

许恒达：《电脑诈欺与不正方法》，《政大法学评论》2015 年第 140 期。

杨东：《互联网金融风险规制路径》，《中国法学》2015 年第 3 期。

杨兴培：《经济犯罪的刑事立法模式研究》，《政治与法律》2006 年第 2 期。

姚一凡：《保荐人先行赔付制度的解读与反思》，《金融法苑》2018 年第 1 期。

叶良方：《P2P 网贷平台刑法规制的实证分析：以 104 份刑事裁判文书为样本》，《辽宁大学学报》（社会科学版）2018 年第 1 期。

阴建峰、刘雪丹：《联网股权众筹的刑法规制问题论纲》，《法律科学》2018 年第 1 期。

尹风桐、刘远、赵玮：《论金融刑法改革的视域扩展》，《东岳论丛》2007 年第 4 期。

尹彦昌：《金融犯罪风险的防范》，《黑龙江金融》2001 年第 9 期。

于改之：《法域冲突的排除：立场、规则与适用》，《中国法学》2018 年第 4 期。

于改之：《金融诈骗罪争议问题探究》，《法学评论》2004 年第 1 期。

俞和明、杨希希：《刑法中的违法信贷行为——对近几年一系列银行大案的分析》，《金融法苑》2005 年第 6 期。

喻海松：《网络犯罪的立法扩张与司法适用》，《法律适用》2016 年第 9 期。

袁一绮、张旭东：《P2P 网贷中集资诈骗罪的司法认定——基于 28 个案件的实证分析》，《金融法苑》2019 年第 1 期。

曾康霖、虞群娥：《当代金融业的定位与发展》，《金融理论与实践》
　　2001 年第 5 期。

张建、俞小海：《擅自设立金融机构罪的司法认定》，《中国检察官》
　　2017 年第 20 期。

张钧翔：《从刑事政策论市场操纵法制》，硕士学位论文，台湾：国
　　立台湾大学法律学院法律研究所，2012 年。

张明楷：《论诈骗罪中的财产损失》，《中国法学》2005 年第 5 期。

张绍谦、颜毅：《论利用未公开信息交易罪的立法完善》，《法治论
　　丛》2017 年第 3 期。

张天一：《刑法上之财产概念——探索财产犯罪之体系架构》，博士学
　　位论文，台湾：辅仁大学，2007 年。

张曜：《互联网金融背景下信托投资模式的法律分析》，《北方金融》
　　2015 年第 5 期。

赵秉志：《论金融诈骗罪的概念和构成特征》，《国家检察官学院学
　　报》2001 年第 1 期。

周光权：《拒不履行信息网络安全管理义务罪的司法适用》，《人民检
　　察》2018 年第 9 期。

周行一：《从日本〈金融商品交法〉来探讨我国未来融市场发展方
　　向》，中华民国证券商业同业公会委托项目研究，2008 年。

子安：《保险领域非法集资的三个类型》，《理财》2017 年第 7 期。

（四）其他文献

最高人民法院、最高人民检察院：《关于办理妨害信用卡管理刑事案
　　件具体应用法律若干问题的解释》，2009 年 12 月 12 日。

最高人民法院、最高人民检察院：《关于办理妨害信用卡管理刑事案
　　件具体应用法律若干问题的解释》，2009 年 12 月 16 日。

最高人民法院：《关于审理诈骗案件具体应用法律的若干问题的解
　　释》，1996 年，［已被 2013 年 1 月 14 日最高人民法院《关于废止
　　1980 年 1 月 1 日至 1997 年 6 月 30 日期间发布的部分司法解释和司
　　法解释性质文件（第九批）的决定》所废止］。

最高人民法院：《全国法院审理金融犯罪案件工作座谈会纪要》，

2011 年 1 月 21 日。

最高人民检察院、公安部：《关于公安机关管辖的刑事案件立案追诉
标准的规定（二）》，2010 年 5 月 7 日。

中国人民银行：《商业汇票承兑、贴现与再贴现管理暂行办法》，
1997 年 5 月 22 日。

中国人民银行等十部委联合印发：《关于促进互联网金融健康发展的
指导意见》。

中国人民银行：《中国人民银行支付结算办法》，2018 年 8 月 7 日。

中国银保监会：《关于继续加强互联网保险监管有关事项的通知》，
2018 年 9 月 30 日。

中国银行业监督管理委员会、中华人民共和国工业和信息化部、中华
人民共和国公安部、国家互联网信息办公室：《网络借贷信息中介
机构业务活动管理暂行办法》，2016 年 8 月 17 日。

中国银监会：《信托公司集合资金信托计划管理办法》，2009 年 2 月 4
日起施行。

中国银监会联合工信部、公安部等四部委：《网络借贷信息中介机构
业务活动管理暂行办法》。

中国证监会：《关于对通过互联网开展股权融资活动的机构进行专项
检查的通知》，2015 年 8 月 3 日。

中国证监会：《货币市场基金监督管理办法》，2016 年 2 月 1 日。

中国证监会：《基金募集机构投资者适当性管理实施指引（试行）》，
2017 年 7 月 1 日。

中国证监会：《证券期货投资者适当性管理办法》，2017 年 7 月 1 日。

中国银保监会：《中国普惠金融发展情况报告》。

中国保监会：《互联网保险业务监管暂行办法》，2015 年 10 月 1 日。

国家互联网信息办公室：《即时通信工具公众信息服务发展管理暂行
规定》，2014 年 8 月 7 日。

国家互联网信息办公室：《计算机信息网络国际联网安全保护管理办
法》，2014 年 10 月 8 日。

国务院：《防范和处置非法集资条例》，2021 年 2 月 10 日。

国务院：《推进普惠金融发展规划（2016—2020 年)》。

互联网金融风险专项整治工作领导小组办公室：《互联网金融风险转向政治工作领导小组办公室关于加大通过互联网开展资产管理业务整治力度及开展验收工作的通知》，2018 年 3 月 28 日。

湖北省武汉市中级人民法院（2017）鄂 01 刑终 1470-2 号刑事裁定书。

杭州市富阳区人民法院（2017）浙 0111 刑初 531 号刑事判决书。

湖北省武汉市中级人民法院（2017）鄂 01 刑终 1470-2 号刑事裁定书。

北京市第二中级人民法院（2017）京 02 刑初 33 号刑事判决书。

江苏省南京市栖霞区人民法院（2016）苏 0113 刑初 499 号刑事判决书。

福建省厦门市思明区人民法院（2017）闽 0203 刑初 833 号刑事判决书。

湖南省澧县人民法院（2017）湘 0723 刑初 157 号刑事判决书。

重庆市渝中区人民法院（2016）渝 0103 刑初 1894 号刑事判决书。

北京市朝阳区人民法院（2017）京 0105 刑初 884 号刑事判决书。

北京市第二中级人民法院（2017）京 02 刑终 349 号刑事裁定书。

福建省南安市人民法院（2015）南刑初字第 1647 号刑事判决书。

福建省宁德市蕉城区人民法院（2018）闽 0902 刑初 167 号刑事判决书。

广东省高级人民法院（2017）粤刑终 923 号刑事裁定书。

北京市昌平区人民法院（2016）京 0114 刑初 677 号刑事判决书。

广西壮族自治区宾阳县人民法院（2016）桂 0126 刑初 26 号刑事判决书。

广东省佛山市中级人民法院（2017）粤 06 刑终 547 号刑事裁定书。

吉林省珲春市人民法院（2017）吉 2404 刑初 261 号刑事判决书。

江苏省连云港市中级人民法院（2018）苏 07 刑终 48 号刑事判决书。

辽宁省大连市中级人民法院（2017）辽 02 刑终 598 号刑事裁定书。

天津市南开区人民法院（2017）津 0104 刑初 681 号刑事判决书。

宁波市北仑区人民法院（2016）浙 0206 刑初 843 号刑事判决书。

山东省临沂市兰山区人民法院（2017）鲁 1302 刑初 11 号刑事判决书。

浙江省宁波市鄞州区人民法院（2017）浙 0212 刑初 1041 号刑事判决书。

浙江省嘉善县人民法院（2015）嘉善刑初字第 318 号刑事判决书。

浙江省桐乡市人民法院（2018）浙 0483 刑初 101 号刑事判决书。

二　外文文献

A. T. H. Smith，Property Offences，*The Protection of Property Through the Criminal Law*，London：Sweet & Maxwell Press，1994.

Alan R. Palmiter，*Examples & Explanations for Securities Regulation 7th Edition*，New York：Wolters Kluwer Press，2017.

Alan R. Palmiter，*Securities Regulation*，New York：Wolters Kluwer Legal & Regulatory Press，2017. Basic Inc. v. Levinson，485 U. S. 224，231（1988）.

Binding K.，*Eine Revolution in der Rechtsprechung des Reichsgerichts über den Betrug*，Deutsche Juristen-Zeitung，1911.

Blum.，B. A.，*Examples & Explanations for Contracts*，New York：Wolters Kluwer Press，2017.

Bradford R. Hise，"Federal False Statement Prosecutions：The Absurd Becomes Material"，*Journal of Criminal Law & Criminology*，Vol. 88.

Brickey，T. L. & Taub，J.，*Corporate and White-Collar Crime：Cases and Material*，New York：Wolters Kluwer Press，2017.

Bromberg，Lev，Andrew Godwin and Ian Ramsay，"Fintech Sandboxes：Achieving a Balance between Regulation and Innovation"，*Journal of Banking and Finance Law and Practice*，Vol. 28，No. 4，2017.

Buell，Samuel W.，"What Is Securities Fraud"，*Duke Law Journal*，Vol. 61，2011.

Calavita K.，Pontell H. N.，Tillman R.，*Big Money Crime：Fraud and*

Politics in the Savings and Loan Crisis, Los Angeles: University of California Press, 1997.

Carpenter, D. H., Murphy, E. V., & Murphy, M. M, The Glass-Steagall Act: A Legal and Policy Analysis, Library of Congress, Congressional Research Service, 2016.

Catherine Elliott, Frances Quinn, Criminal Law 11th Edition, London: Pearson, 2016.

Charles W. Calomiris & Joseph R. Mason, "Fundamentals, Panics, and Bank Distress Duringthe Depression", *American Economic Review*, Vol. 93.

Cliford Gomez, Banking and Finance: Theory, Law and Practice, New Delhi: Asoke K. Ghosh. PHI Learning Private Limited, 2011.

Cox J., Hillman R. &Langevoort D., *Securities Regulation: Cases and Materials (7th ed.)*, New York: Wolters Kluwer Law & Business, 2013.

Cox James D. and Thomas, Randall S., "Corporate Darwinism: Disciplining Managers in a World with Weak ShareholderLitigation", *North Carolina Law Review*, Vol. 95, No. 19,

2016, European Corporate Governance Institute (ECGI) - Law Working Paper No. 309/2016, Vanderbilt Law and Economics Research Paper No. 15-20, Duke Law School.

Public Law & Legal Theory Series No. 2015-46. *Criminal Law Act* 1977.

Dehner, Joseph, "The United States' Perspective on Data Protection in Financial Technology (Fintech), Insurance, and Medical Services", *Northern Kentucky Law Review*, Vol. 44, 2017.

Douglas W. Arner, Janos Barberis, Ross P. Buckley, "The Evolution of FinTech: A New Post-Crisis Paradigm", *Georgetown Journal of International Law*, Vol. 47, 2015.

Eisele, J., Strafrecht -Besonderer Teil II Eigentumsdelikte und Vermögensdelikte, 2017.

Ellen R. McGrattan & Edward C. Prescott, "The 1929 Stock Market: Irving Fisher Was Right", *International Economic Review*, Vol. 45, 2004.

Ellen S. Podgor, "Criminal Fraud", *American University Law Review*, Vol. 48, No. 4, 1999.

Ellen S. Podgor, Peter J. Henning, Alfredo Garcia, Cynthia E. Jones, *Criminal Law: Concepts and Practice Fourth Edition*, Durham: Caroline Academic Press, 2019.

Ernst & Ernst v. Hochfelder, 425 U. S. 185, 193 (1976).

Fama E., "Efficient Capital Markets: A Review of Theory and Empirical Work", *The Journal of Finance*, Vol. 25, No. 2, 1970.

Fama E., Fisher L., Jensen M. and Roll. R., "The Adjustment of Stock Prices to New Information", *International Economic Review*, Vol. 10, No. 1, 1996.

Federal Deposit Insurance Corporation, History of the Eighties: Lessons for the Future. Vol. 1, An Examination of the Banking Crises of the 1980s and Early 1990s, Washington, DC: FDIC, 1997.

FindWhat Investor Group v. FindWhat. com, 658 F. 3d 1282, 1311 (11th Cir. 2011). James D. Cox, Robert W. Hillman, Donald C. Langevoort, Securities Regulation: Cases and Materials, New York: Wolters Kluwer, 2016.

Frederic S. Mishkin, Stanley Eakins, Financial Markets and Institutions (9th Edition), London: Pearson, 2018.

Gary Richardson, "Categories and Causes of Bank Distress During the Great Depression, 1929 – 1933: The illiquidity versus Insolvency Debate Revisited", *Explorations in Economic History*, Vol. 44, No. 4, 2007.

Girgenti E., "Computer Crimes", *American Criminal Law Review*, 2018.

Gorge Staple, "Serious and Complex Fraud", *The Mordent Law Review*, 1993.

Graham Purcell and Abelardo Lopez Valdez, "The Commodity Futures Trading Commission Act of 1974: Regulatory Legislation for Commodity Futures Trading in a Market-Oriented Economy", *South Dakota Law Review*, Vol. 21, 1976.

H. Bierman, "Accounting/Finance Lessons of Enron: A Case Study", *Johnson School Research Paper Series*, No. #41-09, 2008.

Haft, F. Strafrecht. Besonderer Teil II: Delikte gegen die Person und die Allgemeinheit, 2005. (S. 104).

Hannah, L., William J. Hausman, PeterHertner and Mira Wilkins, Global Electrification: Multinational Enterprise and International Finance in the History of Light and Power, 1878 - 2007, New York: Cambridge University Press, 2008.

Harrington, Cynthia., "Why Fintech Could Lead to More Financial Crime", *CFA Institute Magazine*, Vol. 28, No. 3, 2017.

Hayashi, F., R. Sullivan, and S. Weiner., A Guide to the ATM and Debit Card Industry, Kansas: FRB Kansas City, 2003.

Howard Jones, "The Investigation of International Fraud: Policing Perspectives", *Commonwealth Law Bulletin*, Vol. 18, No. 4, 1992.

International Organization of Securities Commissions, Consultation on CIS Liquidity Risk Management Recommendations, 2017, CR04/2017.

James M. Landis, "The Legislative History of the Securities Act of 1933", *George Washington Law Review*, Vol. 28, No. 1, 1959.

James, H., Financial Innovation, Regulation and Crises in History (1st ed.). Milton Park: Routledge, 2014.

Jed S. Rakoff, "The Federal Mail Fraud Statute (Part I)", *Duquesne Law Review*, Vol. 18, No. 4, 1980.

Jennifer Taub and Kathleen Rickey, Corporate and White Collar Crime: Cases and Materials (6th ed.), New York: Wolters Kluwer, 2017.

Jens David Ohlin, Criminal Law: Doctrine, Application, and Practice, New York: Wolters Kluwer, 2016.

Jobst, Andreas, "Back to Basics-What Is Securitization?", *Finance & development*, Vol. 45, No. 3, 2008.

John C. Coffee, Jr., Understanding Enron: It's About the Gatekeepers, Stupid, Columbia Law School The Center for Law and Economic Studies.

Kroger, John R., "Fraud, and Securities Reform: An Enron Prosecutor's Perspective", *University of Colorado Law Review*, Vol. 76, No. 1, 2005.

Joseph G. Poluka, Michelle Ann Gitlitz, Mark M. Lee, and Thomas F. Brier, "Currency or Security? What United States v. Zaslavskiy Means for the Future of Cryptocurrency Regulation", *For The Defense*, Vol. 3, 2018.

Joseph J. Norton and George Walker (eds), Banks: Fraud and Crime. the 2nd edition, London: LLP Professional Publishing, 2000.

Joshua Dressler, *Understanding Criminal Law*, Durham: Carolina Academic Press, 2015.

Kevin C. Taylor., *FinTech Law: A Guide to Technology Law in the Financial Services Industry*, Arlington: Bloomberg BNA, 2014.

Korkor, Samer and Ryznar, Margaret, "Anti-Bribery Legislation in the United States and United Kingdom: A Comparative Analysis of Scope and Sentencing", *Missouri Law Review*, Vol. 76, No. 2, 2011.

Lanuti, J., "Mail and Wire Fraud", *American Criminal Law Review*, Vol. 56, No. 3, 2019.

Larcker, David F. and Tayan, Brian, "Loosey-Goosey Governance: Four Misunderstood Terms in Corporate Governance", *Rock Center for Corporate Governance at Stanford University Closer Look Series: Topics, Issues and Controversies in Corporate Governance*, No. CGRP-79, 2019.

Law Commission No. 228, Conspiracy to Defraud, London: HMSO (1994) paras 4.40ff.

Lawrence A. Cunningham, "The Sarbanes-Oxley Yawn: Heavy Rhetoric, Light Reform (and It Just Might Work)", *Connecticut Law Review*, Vol. 35, No. 3, 2003.

Linda M. Stevens, "The National Securities Markets Improvement Act (NSMIA) Savings Clause: A New Challenge To Regulatory Uniformity", *University of Baltimore Law Review*, Vol. 38, No. 3, 2009.

Loewenstein, Mark J., and William KS Wang, "The Corporation as Insider Trader", *Delaware Journal of Corporate Law*, Vol. 30, No. 1, 2005.

Madeleine Cane, Sephora Grey & KatherineHirtle, "Federal Criminal Conspiracy", *American Criminal Law Review*, Vol. 58, No. 3, 2021.

Markham, A Financial History of the United State: From The Age of Derivatives into the New Millennium, New York: M. E. Sharpe, 2002.

Markham, A Financial History of Modern U. S. Corporate Scandals: From Enron to Reform, Milton Park: Routledge, 2005.

Markham, Jerry W. , " Banking Regulation: Its History and Future", *North Carolina Banking Institute*, Vol. 4, 2000.

Mathy, P. , "Honest Services Fraud after Skilling", *St. Mary's Law Journal*, Vol. 42, No. 3, 2011.

Michael L. Levy, "The Mail and Wire Fraud Statute", *United States Attorneys' Bulletin*, Vol. 49, No. 6, 2001.

Michael P. Malloy, *Banking Law and Regulation*, New York: Wolters Kluwer Law & Business, Aspen Publishers, 2014.

Michigan Law Review Association, "The Role of the Commodity Futures Trading Commission Under the Commodity Futures Trading Commission Act of 1974", *Michigan Law Review*, Vol. 73, No. 4, 1975.

Milton Friedman, Anna Jacobson Schwartz, *A Monetary History of the United States*, 1867-1960, Princeton: Princeton University Press, 1963.

Model Penal Code. Moon, Wooyoung, and Soo Dong Kim, "Fraud Detection of FinTech by Adaptive Fraud detection algorithm", *Proceedings of The International Workshop on Future Technology*, Vol. 1, No. 1, 2017.

NickJoynson, "Securities Fraud", *American Criminal Law Review*, Vol. 57, No. 3, 2020. NY Penal Law.

Palmiter A. , Examples & Explanations: Securities Regulation (6th ed.), New York: Wolters Kluwer Law & Business, 2014.

Pease, Gregory J. , "Bluer Skies in Tennessee-The Recent Broadening of the Definition of Investment Contract as a Security and an Argument for a Unified Federal-State Definition of Investment Contract", *University of Memphis Law Review*, Vol. 35, No. 1, 2004.

R. Rajesh, T. Sivagnanasithi, *Banking Theory: Law and Practice*, New Delhi: Tata McGraw-Hill Publishing Company Limited, 2009.

Richard G. Singer, John Q. La Fond, Shima Baradaran Baughman, *Criminal Law*, New York: Wolters Kluwer, 2017.

Robert J. Shiller, Walter Dixon, et al. , *Finance and the Good Society*, Princeton: Princeton University Press, 2012.

Roxin, Tterschaft und Tatherrschaft, 8. Aufi. , 2006.

Rudinger v. Insurance Data Processing, Inc. , 778 F. Supp. 1334.

Sabarwal, Tarun, "Common Structures of Asset-backed Securities and Their Risks", *Corporate Ownership and Control*, Vol. 1, No. 4, 2006.

Sanford H. Kadish, Stephen J. Schulhofer, Rachel E. Barkow, *Criminal Law and its Processes: Cases and Materials*, New York: Wolters Kluwer, 2017.

ScottMah, Priya Datta, Mackenzie Dooner, Brett Kohler, Aleksey Pricinovskis, "Financial Institutions Fraud", *American Criminal Law Review*, Vol. 57, No. 3, 2020.

Securities and Exchange Commission, Final Rule: Selective Disclosure and Insider Trading, 2000.

Shefrin H. and M. Statman, "Behavioral Capital Asset Pricing Theory", *The Journal of Financial and Quantitative Analysis*, Vol. 29, No. 3, 1994.

Stanley Eakins Frederic Mishkin, Financial Markets & Institutions, London: Pearson, 2018.

State Teachers Retirement Board v. Fluor Corporation. , 654 F. 2d 843.

Steinberg, Marc I. , and William E. Kaulbach, "The Supreme Court and the Definition of Security: The Context Clause, Investment Contract Analysis, and Their Ramifications", *Vanderbilt Law Review*, Vol. 40, No. 3, 1987).

Storey, T. , & Martin, J. , Unlocking Criminal Law (5th edition), Milton Park: Routledge, 2015.

Swasdiphanich, Kamolnich. , "In an Era of FinTech: Strategies of Government to Deal with Virtual Currencies", *International Immersion Program Papers*, 2017.

Thomas A. Durkin, "Credit Cards: Use and Consumer Attitudes, 1970 –

2000", *Federal Reserve Bulletin*, Vol. 86, No. 9, 2000.

Thomas J. Miles, "Dupes and Losers in Mail Fraud", *University of Chicago Law Review*, Vol. 77, 2010.

Treasury, U. S., Opportunities and Challenges in Online Marketplace Lending, Washington, DC: US Treasury, 2016.

Trondle, Herbert, and Thomas Fischer, "Strafgesetzbuch und Nebengesetze", 52, Auflage. Munchen, 2004.

United States Congress Senate Committee on Banking and Currency, Stock Exchange Practices: Hearings Before the Committee on Banking and Currency, United States Senate, 1932-1934.

US Department of Justice, Federal Bureau of Investigation, 2011.

Walton, Joseph B. and G. Dhillon, "Understanding Digital Crime, Trust, and Control in Blockchain Technologies", AMCIS, 2017.

Wessels, J., Hillenkamp, T., & Hettinger, M., Strafrecht Besonderer Teil 2 Straftaten gegen Vermögenswerte, 2015.

William Wilson, Criminal Law, London: Pearson, 2007.

Wolfgang Joecks, Strafgesetzbuch: Studienkommentar, C. H. Beck, 2014.

David S. Huntington, Paul, Weiss, Rifkind, Wharton & Garrison LLP, "Summary of Dodd-Frank Financial Regulation Legislation", Harvard Law School Forum on Corporate Governance, 2010, https://corpgov. law. harvard. edu/2010/07/07/summary-of-dodd-frank-financial-regulation-legislation.

Donald L. Kohn, "The Evolving Nature of the Financial System: Financial Crises and the Role of the Central Bank: a Speech at the Conference on New Directions for Understanding Systemic Risk", 2006, https://www. federalreserve. gov/newsevents/speech/kohn20060518a. html.

FDIC, "Important Banking Laws. Retrieved from FDIC: Federal Deposit Insurance Corporation", 2019, https://www. fdic. gov/regulations/laws/important/index. html.

Financial Conduct Authority (FCA), A Review of the Regulatory Regime for Crowdfunding and the Promotion of Non-readily Realisable Securities by Other Media, Uk, 2015, http：//www. fca. org. uk/static/documents/crowdfunding-review. pdf. Accessed20Nov2018.

International MonetaryFund，"Financial System Abuse, Financial Crime and Money Laundering— Background Paper"，Monetary and Exchange Affairs and Policy Development and Review Departments，2001，https：//www. imf. org/external/np/ml/2001/eng/021201. pdf.

Krypital Group，"Security Token Case Analysis：Aspen Coin — The First Real Estate Security Token Offering"，2018，https：//medium. com/krypital/security-token-case-analysis-aspen-coin-the-first-real-estate-security-token-offering-bbbcc52ace5.

Oxford University Press：High Pressure Selling, 2019, https：//www. oxfordreference. com/view/10. 1093/oi/authority. 20110803095936174.

PayPal，"2020 Proxy Statement"，Apr. 8，2020，https：//investor. pypl. com/financials/sec-filings/sec-filings-details/default. aspx？FilingId＝14064658.

SEC Release No. 8984（November 24，2008）.

SEC，"Framework for 'Investment Contract' Analysis of Digital Assets"，Apr. 3，2019，https：//www. sec. gov/corpfin/framework-investment-contract-analysis-digital-\ assets#_ ednref11.

Statista，"e Commerce 2020：Trends and Outlook"，https：//spaces. statista. com/f698ac3e1bf2405190307ce8e6063f47. pdf.

后　　记

随着新金融（学界亦称"互联网金融"）的发展而产生的涉网新型金融诈骗犯罪，在传统金融诈骗犯罪的基础上演变出完全不同的特征。而刑法作为打击金融犯罪的利器，也因此面临新的挑战。于笔者而言，以"涉网新型金融诈骗犯罪及其刑法规制"作为研究对象的本书之成稿，亦自始至终面临着诸多挑战。回想提笔至今种种，不免百感交集。

彼时，笔者对涉网金融诈骗犯罪的研究，始于对"刑法介入金融市场的限度"这一抽象且宏大问题的思考。然而，"好知"易而"乐知"难，随着研究深入，新金融交易结构的复杂、新技术的晦涩、新型金融诈骗手段的多变、刑事立法的繁杂等，皆使笔者心生退意。想来羞愧，幸得当时重病母亲的支持和鼓励才得以坚持。这位强悍的女士在与癌症做斗争的最后几年，常以自身经历告诉我，对待人生的态度应当如她一般勇往直前。从某种意义上讲，本书的写作过程，不仅是笔者进行学术思考及总结的过程，更是笔者对自己习焉不察的怯懦与懒惰进行自我反思的过程。经此一事，笔者深感人生短暂，应驰而不息、不断精进。

在本书写作和出版的过程中，很多学界和实务届的前辈、朋友都对笔者给予了真诚、温暖的帮助。感谢笔者在中国政法大学博士后研究期间的导师王顺安教授。感谢本书成稿过程中提供宝贵意见的吴学斌教授、叶海波教授、周娅教授、张轶教授、薛波教授、苟晓雅教授等深圳大学的领导和前辈们。感谢笔者北大的博士生导师郭自力教授和师兄焦旭鹏教授数年来对笔者的偏爱。感谢王新教授、车浩教授、白建军教授给予的鼓励。本书由王新教授作序，笔者甚感荣幸。感谢蒋大兴教授的指导。感谢我的好友任启明教授、方军教授、张志刚教授。学界的前辈友人对笔者的勉励和关爱，笔者铭记在心。另感谢实务界的各位前辈和同仁。感谢李景武先生、郑三军先生、苏雁南先生等实务届前辈。感谢香港大学深圳医院的姜勇教授。感谢鲍爱武博士。感谢好友郭元媛博士、段宜敏女士、宿静女士、张赫师弟。感谢中国社会科学出版社的编辑许琳博士在本书出版过程中的耐心。另外，感谢曾艺先生、逯晨雨女士、祁傲翔先生、罗庚先生、叶力嘉女士、覃旭先生对本书在成稿过程中的帮助。感谢我的家人对我的包容。最后，特别感谢已故的母亲张女士。一路走来，笔者万分幸运，曾获帮助却未复有能回报者难以于此一一列举，各位的善意笔者铭记于心。

米兰昆德拉曾写："人生有大的不朽和小的不朽。大的不朽是世人对你言必称名，而小的不朽，不过是爱你的人依然记得你。"谢谢给予我爱与帮助的各位，成就了我微不足道却支撑我前行的小的不朽。

乔　远

二零二三年八月七日

于东京